BURGEN UND SCHLÖSSER

ZEUGEN DER GESCHICHTE

CHRIS GRAVETT

BURGEN UND SCHLÖSSER

ZEUGEN DER GESCHICHTE

Burgen und Schlösser aus der ganzen Welt

tosa

Bildnachweis

Corel Corporation 1; Matthew Uffindell 2–3

Bildrecherche vonThalamus Studios und Image Select international Limited

Lesley & Roy Adkins: 47 (unten), 58 (oben), 58 (unten); Agence Photographique de la Réunion des Musées Nationaux: 26, 180 (oben); AKG London: 6, 12; AKG London/Camoisson 154; Art Archive: 138, 170, 180 (unten), 181; Austrian Views/Jezierzanski: 84; /Simoner: 86; /Trumler: 88; /Bohnecker 89; B&U International Picture Service: 79 (unten links), 79 (unten rechts), 81 (oben), 83; Luigi Bertello 119; Corbis/Agence France Presse: 157; Corbis/Agence France Presse, Anatoly Maltsev 144; Corbis/Paul Almasy 7, 16, 107 (oben), (unten links), 140, 141, 150, 156; Corbis/James L. Amos 70; Corbis/Craig Aurness 183; Corbis/Hal Beral 99; Corbis/Yann Arthus-Bertrand 160, 163; Corbis/William A. Blake 175; Corbis/Dr. Christian Brandstätter 75; Corbis/Michael Busselle 104, 108; Corbis/Michelle Chaplow 103; Corbis/Elio Ciol 162; Corbis/Stephanie Colasanti 124; Corbis/Sheldan Collins 162; Corbis/Dean Conger 147; Corbis/Araldo de Luca 161;Corbis/Macduff Everton 53, 55; Corbis/Nik Wheeler 114; Corbis/John Farmar 47; Corbis/Franz-Marc Frei 115, 136; Corbis/Farel Grehan 62; Corbis/Richard Hamilton 19; Corbis/John Heseltine 124, 125; Corbis/Jeremy Horner 163; Corbis/Peter Horree 125, 127; Corbis/Harald A. Jahn; Viennaslide Photoagency 24; Corbis/Wolfgang Kaehler 68; Corbis/Kea Publishing Services Ltd 82; Corbis/Michael John Kielty 187; Corbis/Bob Krist 73, 77, 177; Corbis/Charles Lenars 155, 187; Corbis/Chris Lisle 131; Corbis/Abilio Lope 10; Corbis/Dennis Marsico 124; Corbis/Stephanie Maze 107; Corbis/Peter Mertz 91; Corbis/Beebe: Morton 93; Corbis/Richard T Nowitz 154, 157; Corbis/Gianni Dagli Orti 169; Corbis/Papilio 36, 148; Corbis/José F Poblete 27; Corbis/Carl Purcell 165; Corbis/Enzo & Paolo Ragazzini 101, 123; Corbis/Steve Raymer 146; Corbis/Carmen Redondo 126; Corbis/Hans Georg Roth 112, 115, 116; Corbis/Kim Sayer 123; Corbis/Phil Schermeister 143; Corbis/Gregor M. Schmid 85, 145; Corbis/Joseph Sohm 179; Corbis/Paul A. Souders 130; Corbis/Michael St. Maur Shiel 63, 64, 65; Corbis/Keren Su 165; Corbis/Roger Tidman 57; Corbis/Sandro Vannini 134, 97, 121, 142; Corbis/Patrick Ward 74; Corbis/Kurt-Michael Westerman: 87; Corbis/Roger Wood 151; Corbis/Adam Woolfitt 90, 100, 10, 135, 175, 179; Corbis/Michael S Yamashita 167 (oben), 167 (unten links); Corbis/Felix Zaska 60; Corel Corporation: 9, 11, 20, 21, 22, 25, 30, 31, 32, 34, 35 (unten), 36 (unten), 38, 39, 40, 41, 41, 45 (rechts), 45 (unten), 46, 48, 49 (oben), 49, 50, 51 (unten), 51 (Mitte), 55, 56, 57, 65 (oben), 72, 75 (oben), 78, 79 (oben), 80, 91 (unten), 91 (oben), 94, 95, 96, 97 (oben), 98, 99 (oben), 101 (unten), 106, 109 (unten), 111, 115 (oben rechts), 128, 131 (oben), 153, 159 (oben links), 159 (oben rechts), 164, 166, 167 (unten rechts), 168 (oben), 168 (unten), 169 (oben), 182 (oben), 188, 189 (oben), 189 (unten); Maurizio di Stefano: 118, 120, 122 (rechts); Dúchas, The Heritage Service 61 (oben); E.T. Archive 35 (oben); Oliver Frey-Thalamus Studios: 14, 15, 17, 171, 172, 173, 184 (oben); Fyntour: 132; Deutsche Zentrale für Fremdenverkehr: 66, 67, 76; Christopher Gravett: 36 (links), 51 (oben); Nicholas Hall, Royal Armouries: 182; Image Select: 42, 186; Image Select/Ann Ronan: 13; Jarold: 43 (unten); A. Martinuzzi: 126 (unten); Photri-Microstock: 184 (unten), 185 (links), 185 (rechts); Skyscan Balloon Photography: 176; Spectrum Colour Library: 8, 10, 18, 19 (oben), 23 (unten), 28, 29, 33, 37, 43 (oben), 44. 52, 61 (rechts), 113, 117, 143 (oben), 149, 152, 159 (unten), 174; Thalamus Publishing: 23 (oben), 92, 93 (oben), 102 (Mitte), 105, 109 (oben), 122 (links), 133, 136 (oben), 139, 145 (oben), 146 (links), 147 (Hintergrund), 158.

Thalamus Publishing war bemüht, die Inhaber aller Urheberrechte ausfindig zu machen und korrekt zu zitieren, und entschuldigt sich für alle unbeabsichtigten Irrtümer und Auslassungen, die in einer späteren Ausgabe dieses Buches korrigiert werden.

Titelblatt:

Schloss Königstein in Sachsen balanciert gefährlich dicht an der Kante des Felsens.

Vorige Doppelseite:

Mehr als 900 Jahre alt. Die Burg von Ludlow in England in der Dämmerung.

Gegenüber: Tarascon an der Rhône unterhalb von Avignon: Grundriss mit Wohnräumen (*siehe Seite 27*).

Aus dem Englischen von www.textwerkstatt.at, Ulrike Müller-Kaspar
Erstveröffentlichung 2001 unter dem Titel *Castles – Fortifications from Around the World*

Covergestaltung: kraxenberger konzept & design, München, unter Verwendung von Bildern aus dem Inhalt; ausgenommen Bild oben: Eileen Donan Castle, Edinburgh, Schottland
Printed by DELO tiskarna, Slovenia

www.tosa-verlag.com

Inhalt

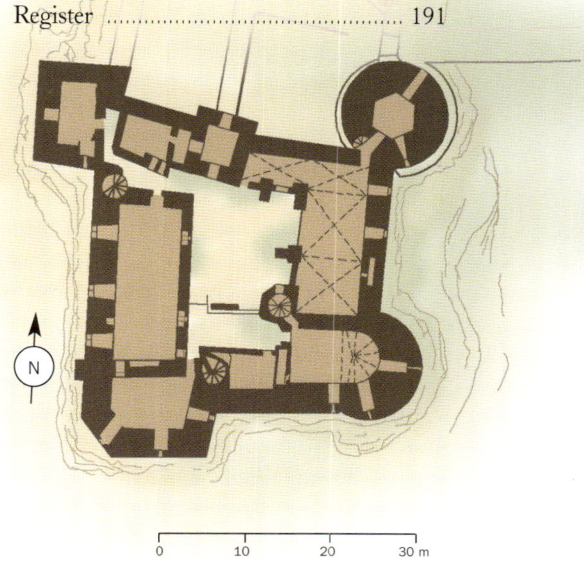

Einleitung

Oben: Die Geschichte von Burgen ist oft untrennbar mit der der Siedlungen ringsum verbunden. Ein Eindringling konnte kein Land erobern, ohne die Burgen zu erobern, denn deren Besatzung konnte seine Versorgung abschneiden.

Burgen sind von einem Zauber umgeben, der auch den modernen Menschen fasziniert und sie in unseren Gedanken mit kämpfenden Rittern und feuchten Burgverliesen für Gefangene verbindet. Burgen sind aber auch Symbole der Macht über ein Herrschaftsgebiet.

Seinerzeit waren die Burgen Zentren der Verwaltung und Rechtsprechung, die entlang von Grenzen, Straßen, Flüssen oder in einer Linie erbaut wurden, die eine wichtige Verbindung aufrechterhielt, dem Adel aber auch die Kontrolle über neu eroberte Gebiete ermöglichte.

Das Einflussgebiet einer Burg betrug rund 16 km – so weit wie ein Tagesritt, hin und zurück. Anstatt Schlachten zu riskieren, schickten angreifende Armeen oft ihre Soldaten voraus, um die

Gebiete zu plündern, die Wirtschaft zu zerstören und so ihre eigenen Leute zu ernähren. Eine Burg konnte diese Vorgangsweise verhindern, indem sie ihr Land beschützte und die Versorgungslinie des Feindes unterbrach. Die Burgen mussten erobert werden oder der Nachschub war gefährdet. Außerdem dienten sie als Basis für Gegenangriffe. Je mehr Burgen, desto sicherer war eine Gegend!

Die meisten Burgen wurden nur von kleinen Gruppen von Menschen bewohnt. Auch die Zahl der Gefangenen und die diversen Foltermethoden dürften sich nach den vorhandenen Aufzeichnungen in Grenzen gehalten haben, obwohl es natürlich sinnvoll war, seine Gefangenen in diesen sicheren Mauern festzuhalten.

Überblick mit Maß und Ziel

Dieses Buch kann nicht alle Burgen beschreiben – man würde eine ganze Buchreihe benötigen, um sie alle aufzulisten – und viele Burgen waren nur von geringem Einfluss oder sind nur noch als Erdhügel vorhanden. Wollte man allen Festungen gerecht werden, so würde dies den Rahmen dieses Buches sprengen.

Der Leser erhält hier einen Überblick über die regionalen Unterschiede im Verteidigungssystem und die verschiedenen Stilrichtungen. Auch das Zusammenspiel von Ideen von mehreren Kulturen oder Gegenden führte zu atemberaubenden Festungsanlagen. Auch die geografischen Gegebenheiten spielten eine wichtige Rolle und brachten ausgesprochen regionaltypische Bauwerke hervor.

Die Burgen jedes Landes werden nach den einzelnen Bauweisen geordnet vorgestellt. Viele Burgen verbinden jedoch mehrere Richtungen und sind daher charakteristisch für zwei oder drei Gebiete.

Obwohl sich dieses Buch hauptsächlich mit Burgen beschäftigt, wird auch die Antike und die Zeit nach dem Niedergang der Burgen behandelt. Die gewaltigen Festungen der Antike waren oft von unwahrscheinlich hoher technischer Qualität. Die starken Befestigungsanlagen dienten auf die eine oder andere Art bis in die Zeit der Burgen dem Schutz der Menschen – die Geschichte der Burgen ist untrennbar mit der Geschichte der Städte verbunden.

Die Burgen selbst, die in ihren Anfängen oft von relativ einfacher Bauweise waren, entwickelten sich im Laufe der Jahrhunderte zu den unwahrscheinlichsten Festungs- und Verteidigungsanlagen und wurden immer wieder dem militärischen Fortschritt angepasst.

Die Zeit der Burgen ist vorbei, doch trotz modernster Waffensysteme, die zur Massenvernichtung geeignet sind, werden bis heute nach wie vor Verteidigungsanlagen geplant. In der ganzen Welt haben verschiedene Kulturen unterschiedlichste Festungen errichtet. All diese müssen untersucht werden, will man die Formen und Funktionen der Burgen verstehen und ihnen den gebührenden Platz in der Geschichte der Menschheit einräumen.

Unten: Burgen sind Machtsymbole; je mächtiger die Türme, desto mehr verkünden sie Herrschaftsanspruch und Rang ihres Besitzers – hier Burg Peñafiel bei Valladolid, Spanien (*Seite 107*).

Kapitel 1

Frühe Befestigungen

Die Vorgänger der Burgen waren reine Verteidigungswälle um blühende Städte, von denen nur noch wenige vorhanden sind und als Ruinen dem Besucher von der Zeit erbitterter Kämpfe und Siege erzählen.

Die älteste ausgegrabene Stadt ist Jericho; sie lag nahe dem heutigen Ort und war durch zwei Mauern gesichert. Die äußere entstand etwa 8000 v. Chr. und wurde aus sorgfältig gesetzten Flusssteinen gebaut, sie war etwa 2 m breit und 6 m hoch. Die Innenmauer wurde um 7000 v. Chr. aus größeren Steinen errichtet und erreichte wahrscheinlich eine Höhe von 4,50 m.

Dahinter liegt ein enormer Graben von 8,20 m Breite und einer Tiefe von 2,70 m. Ein steinerner Wachturm von 9 m Durchmesser hat noch heute die stolze Höhe von 9 m.

Sumerer

Vor mehr als 4000 Jahren umgaben die Sumerer in Mesopotamien ihre Städte mit Mauern aus getrockneten Lehmziegeln. An drei Stellen zwischen Karachi und der Grenze zum Iran beschützten rechtwinklige Türme und 9 m dicke Mauern die Städte vor Angriffen vom Meer aus.

Troja

Troja bestand aus neun zwischen 3000 und 2560 v. Chr. übereinander erbauten Städten. Homer dürfte in seinen Epen über die sechste Stadt

Unten: Die Ruinen der Stadt Troja in der heutigen Türkei.

berichtet haben. Die Wälle und Türme sind noch immer 6 m hoch und liegen auf einer steilen Böschung. Das Tor auf der Innenseite der Ringmauer liegt zwischen zwei Mauerabschnitten und ist von außen schlecht zu sehen.

Babylon

Die ersten Stadtmauern dürften bereits aus dem 20. Jahrhundert v. Chr. stammen. Die Babylonier bauten in der Ebene und sicherten ihre Mauern mit Gräben. Nebukadnezar erneuerte sie im 6. Jahrhundert v. Chr. Herodot zufolge konnte auf diesen 7 m dicken und mit Türmen bewehrten Mauern ein vierspänniger Streitwagen wenden. Der Westwall über dem Euphrat diente zugleich als Schutz vor Überflutungen. Alles überragte der Turm von Babylon (oder Babel).

Die Hethiter

Das Reich der kriegerischen Hethiter reichte von der Ägais bis zur Grenze von Mesopotamien. Im 14./13. Jahrhundert v. Chr. erweiterten sie ihre 1650 v. Chr. erbaute Hauptstadt Hattusa und verlängerten die Mauern auf 6,4 km Länge, sodass Hattusa die größte befestigte Stadt ihrer Zeit wurde. Die Mauern, bis zu 8 m breit, bestanden aus perfekt angeordneten riesigen Steinen ohne Mörtel.

Es gab fünf Haupttore mit kupfern verkleideten Holztüren und Zwilligstortürme mit inneren Quermauern und Schutt in den Hohlräumen. Das Königstor hatte zwei nach innen schließende Doppeltüren – der Wächter gelangte über einen Strick oder eine Leiter zur oberen Mauer hinaus.

In Karkemisch am Euphrat gibt es zwei Mauern und eine Zitadelle und Zeichnungen zeigen Festungsmauern und Türme in der Stadt Dapur.

Ägypten

Nahe des Wadi Halfa stehen drei Grenzfestungen aus der Zeit um 2000 v. Chr. Die Ägypter umgaben auch ihre Tempel mit Befestigungen. Innerhalb der Mauern des Ramsestempels (1280 v. Chr.), der durch ein riesiges Tor betreten wird, stehen mehrere rechtwinkelige Bauwerke. Das Innentor in Medinet Habu (1200 v. Chr.) hat drei Stockwerke und Flankentürme mit zwei übereinander angelegten Kammern oberhalb des Tors. Die Mauern sind mit runden Zinnen bestückt.

Oben links: Rekonstruktion des legendären Ishtartores von Babylon; erbaut aus luftgetrockneten Ziegeln; die äußere Schicht bestand aus glasierten Ziegeln.
Oben: Die gewaltigen Mauern des Grabtempels von Ramses II. bei Theben.

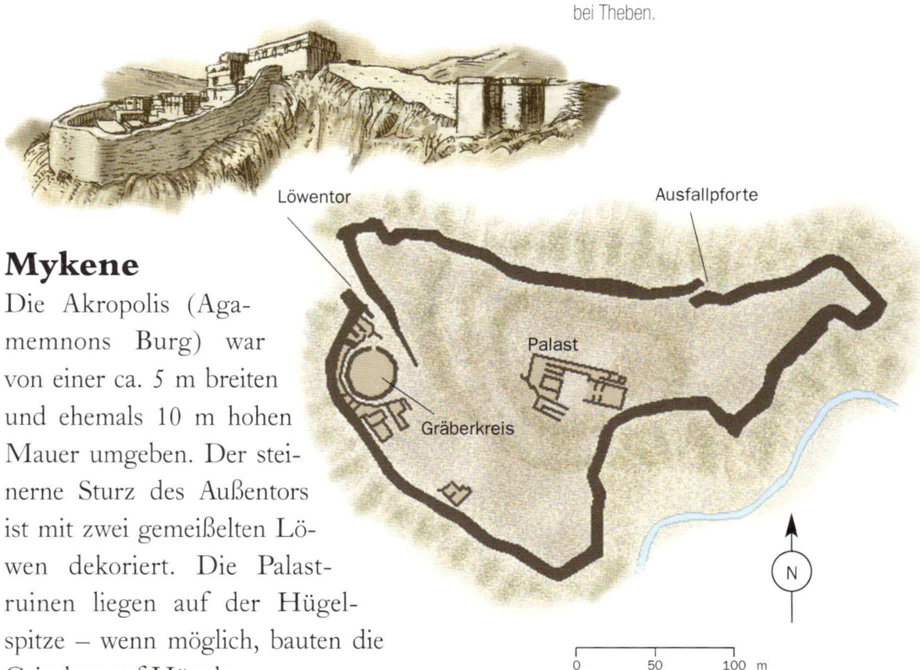

Mykene

Die Akropolis (Agamemnons Burg) war von einer ca. 5 m breiten und ehemals 10 m hohen Mauer umgeben. Der steinerne Sturz des Außentors ist mit zwei gemeißelten Löwen dekoriert. Die Palastruinen liegen auf der Hügelspitze – wenn möglich, bauten die Griechen auf Hügeln.

Assyrer

1600 v. Chr. errichteten die Assyrer den Zwischenwall von Ashur im heutigen Irak. Die von ihnen während ihrer Herrschaft erbauten Städte waren dem Baustil der Hethiter ähnlich. Khorsabad (722–705 v. Chr.) nahe Mosul war rechtwinklig angeordnet, mit 24 m breiten Mauern und Türmen. Jedes Tor wurde von zwei Flankentürmen gesichert.

Oben: Rekonstruktion und Plan von Mykene.

Festungswälle der Antike

Alle frühen Befestigungsanlagen dienten dem Schutz der Allgemeinheit und wurden von Soldaten bewacht. Sie waren keine privaten Residenzen eines Herrschers, auch wenn einige ihre Paläste innerhalb der Mauern errichteten.

Unten: Die heute noch sichtbaren Reste von Maiden Castle in Dorset, England, und eine Rekonstruktion der Anlage aus der Zeit um 100 v. Chr.

Die Griechen

Städte verteidigten sich bis ins 6. Jahrhundert von der Akropolis aus, erst dann erhielten Siedlungen Mauern. Schutt- und Erdwälle wurden durch Steinblöcke ersetzt. Ab dem 5. Jahrhundert wurden entlang der Mauern Türme errichtet. Athen baute eine 6,5 km lange Doppelmauer, um den Zugang zum Hafen Piräus zu sichern.

Um 500 errichtete Athen Grenzposten wie Eleutherai mit zweistöckigen vorspringenden Türmen. Im 4. und 3. Jahrhundert wurde die Brustwehr durch verschließbare Schießscharten für Bogenschützen und Wurfgeschosse ersetzt und die Mauern verbreitert und erhöht. Ab Mitte des 4. Jahrhunderts erhielten Mauern und Türme Schießscharten.

In den jetzt oft fünfstöckigen Türmen war die schwere Artillerie im zweiten Stock und die leichte an der Spitze stationiert. Die Brustwehr wurde durch ein schräges Dach ersetzt. Gräben vor den Mauern waren ein weiterer Schutz; der innere Graben diente der Artillerie, der äußere wurde mit Dornenhecken und Palisaden verbaut. Archimedes sicherte seine Gräben zusätzlich durch fünf hohe Pylone.

Rom

Festungen für Hilfstruppen und Legionen am Rhein hatten Beobachtungs- und Signaltürme. Zur Donaugrenze gehörten Gräben und Palisaden – manchmal auch Wälle und Türme –, die von Bonn bis Regensburg liefen.

Der Hadrianswall quer durch England war 120 km lang, hatte 160 Türme und alle 8–10 km ein Fort. Die Mauern des 79 n. Chr. zerstörten Pompeji waren durch einen Erdwall verstärkt und dürften Flügelmauern mit Schießscharten für Bogenschützen besessen haben.

Die Tore und Mauern römischer Städte wurden durch D-förmige Türme seitlich der Tore gesichert. Die Schießscharten waren teils mit hölzernen Wehrgängen verbunden, die sich entfernen ließen, damit Angreifer nicht die Mauerkrone erreichten. Ein 27 m breiter Streifen blieb hinter der Mauer frei für Belagerungsmaschinen, Verstärkung oder Schützengräben.

Etwa 30 v. Chr. errichtete Herodes der Große Masada in Israel fast wie eine mittelalterliche Festung auf einer Anhöhe zum Schutz für sich und seine Anhänger.

Die Kelten

Die Kelten erbauten ihre Forts auf Hügeln. So konnten sie sich entweder der natürlichen Schutzvorrichtungen bedienen oder das verbaute Gelände mit Gräben und Schutzwehren umgeben (wie in Maiden Castle in Dorset). Julius Cäsar beschrieb die Städte in Gallien. Sie waren durch starke Wälle aus Stein und Erde geschützt. Die schottischen Forts besaßen steinerne Türme mit wahrscheinlich prähistorischen Steinsockeln. Die eindrucksvollen keltischen Wälle, Torwege und Türme in Tarragona, Spanien, entstanden um 210 v. Chr.

Byzanz

Als Oströmisches Reich erbauten die Byzantiner im fünften Jahrhundert ein beeindruckendes Verteidigungssystem um Konstantinopel. Der landeinwärts gerichtete Wall war 7,5 m breit. Ein Graben, der überflutet werden konnte, stieß an eine niedrigere Mauer, dahinter lag eine 8 m hohe Mauer mit insgesamt 192 Türmen. Die Türme der dritten Mauerreihe waren 21 m hoch.

Angelsachsen und Wikinger

Gräben und Palisaden dienten als Schutz der Städte und kommunalen Verteidigungsanlagen, deren Instandhaltung und Verteidigung vom König übernommen wurde.

Karolinger

Nach den Römern errichteten erst wieder die Franken unter Karl dem Großen in Westeuropa ein Imperium. Sie erbauten große Paläste (Aachen, Ingelheim) vom Typ einer Basilika mit inneren Säulengängen. Viereckig angelegte Festungen – etwas kleiner als römische Bauwerke – wurden in ihren Kriegen gegen die Sachsen verwendet.

Oben: Rekonstruktion von Clickhimin Broch, Shetlandinseln, wie es im frühen 1. Jahrhundert n. Chr. ausgesehen haben muss.

Unten: Der Hadrianswall, erbaut zwischen 122 und 130 n. Chr., erstreckte sich von Bowness-on-Solway im Osten bis Wallsend on the Tyne im Westen.

Eine Burg wird erbaut

Die Errichtung einer Burg verlangte Planung und Koordination der Arbeitskräfte und des Materials. Burgen aus Stein oder Backstein bedeuteten einen enormen Aufwand – finanzieller und physischer Art. Der Transport des Materials zum gewählten Bauplatz, der oft auf feindlichem Gebiet lag, bildete ein eigenes Problem.

Ein entsprechender Bauplatz sollte nach Möglichkeit natürliche Vorteile aufweisen wie Felswände, Hügelspitzen oder Berghänge. Felsiger Boden wurde bevorzugt, da er den Feind daran hinderte, die Burg zu untergraben. Flüsse waren wiederum eine natürliche Barriere, füllten den Burggraben, verhinderten ebenso ein Untergraben und waren anlässlich einer Belagerung lebenswichtig. Falls Wald- und Weideland in der Nähe lag, umso besser.

Die endgültige Entscheidung traf der Burgherr, eventuell mit seinen Rittern und Steinmetzen. Einige Meister dieser Zunft erlangten durch ihr Können einen beachtlichen Ruf und arbeiteten ihr Leben lang für den gleichen Herrn. Die Entscheidung für einen Bauplatz wurde mit einer kleinen Zeremonie gefeiert. In seltenen Fällen haben sich Entwürfe für Burgen erhalten, doch oft dürfte der Baumeister nur nach Maßen gearbeitet haben. Die Gesamtkosten wurden vom Bauherrn getragen; die Kosten für das Baumaterial konnten aber auch im Honorar der Steinmetzen enthalten sein.

Freimaurer schnitten Quadersteine, Friese und das Maßwerk zu; Gehilfen verlegten die Steine; Steinsetzer zogen die Mauern in die Höhe, Steinhauer arbeiteten im Steinbruch und Grabenbauer hoben das Erdwerk aus.

Es gab viele weitere Berufe am Bau: Bergarbeiter, Steinhauer, Mörtelträger, Zimmerer, Holzfäller, Hämmerer, Nivellierer, Fundamentierer, Grabenbauer, Kalkbrenner, Mörtelmischer, Lastenträger, Schmiede, Maurer, Glasbläser, Fuhrleute, Träger, Wasserträger, Erdarbeiter und diverse Hilfsarbeiter. Beim

Links: Bauleute bei der Arbeit; nach einem Manuskript aus dem 14. Jahrhundert.

Bau einer großen Burg konnte die Zahl der Beschäftigten leicht 3000 Personen erreichen.

Holz- und Steinbauten

Holz wurde in Fülle verwendet: Schalwände, zwischen denen Zement gegossen wurde, Dächer, Balken, Träger, Fußböden, Tore, Fensterläden und die Wandverkleidung – alles war aus Holz. Löcher in der Außenmauer dienten der Fixierung der Gerüstträger. In Kriegszeiten wurden von dort die Angreifer mit Steinen oder siedendem Pech vertrieben.

Wo Holz nicht verwendet wurde, war Stein das gebräuchlichste Material. Manchmal konnten die Steine aus dem Burggraben für den Bau verwendet werden, doch meistens waren sie nur als Füllung von Gussmauerwerk geeignet. Behauene Steine gelangten per Wagen oder Schiff aus einem Steinbruch zum Bauplatz.

In Nordfrankreich und England war der Kalkstein aus Caen in der Normandie sehr beliebt, da er für Verzierungen von Ecken, Fenstern oder anderen Teilen der Burg geeignet war. Die ersten Ziegelbauten, besonders in tiefen Lagen mit genügend Tonvorkommen, stammen aus dem späten Mittelalter.

Oben: Mit Hilfe eines Flaschenzuges wird das benötigte Baumaterial einen Turm hinaufgezogen, wie diese Abbildung aus Conrad Lycothenes's *Prodigiorum ac ostentorum chronicon* (Basel 1557) zeigt.

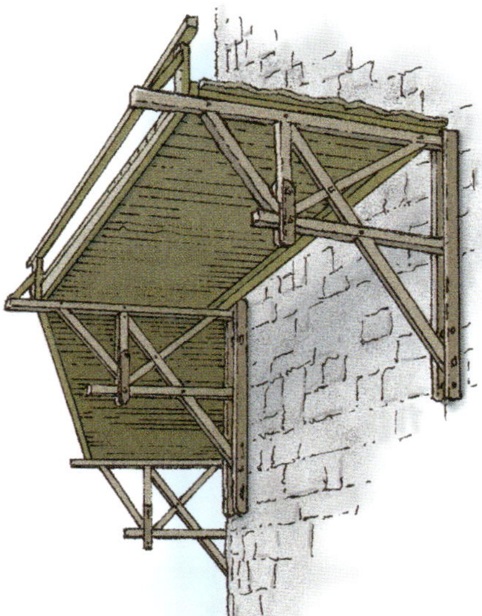

Links: Holzgerüste, wie sie beim Erbauen einer Burg verwendet wurde. Horizontale Holzbalken wurden in Löcher in der Mauer eingeführt, die noch heute bei vielen Burgen zu erkennen sind. Das spiralförmige Gerüst, wie am unteren Bildrand abgebildet, stammte ursprünglich aus Savoyen und wurde unter der Herrschaft von Edward I. (1272–1307) auch in England und Wales eingeführt.

Die Steine wurden mit einer Mischung aus Sand, Kalk und Wasser verbunden (Kalk wurde vor Ort gebrannt). Nägel und Werkzeug waren aus Eisen, selten aus Stahl. Innen wurden die Mauern verputzt. Fensterglas war kostbar.

Oft bestanden Außen- und Innenmauern aus behauenen Steinen, versehen mit den Insignien des Steinmetzen, während der Zwischenraum mit Steinschutt und Mörtel aufgefüllt wurde. Speziell im 11. Jahrhundert wurden die Mauern rund um einen Rahmen aus Holzpfosten errichtet.

Werkzeug unterschied sich kaum von dem heute verwendeten. Ein Flaschenzug oder eine durch eine Tretmühle angetriebene Winde hievten Steine und Holz in die Höhe. Holzpfosten wurden mit einem Rammklotz in die Erde getrieben, während ein weicher Boden mit einer Holzkonstruktion abgedeckt wurde.

Die Bauzeit betrug zwei bis zehn Jahre, dehnte sich aber oft über die Jahrhunderte hin aus. Die Baukosten variierten, betrugen jedoch manchmal mehr als die Einnahmen des adligen Burgherrn.

Die ersten Burgen in Frankreich

Der Tod Karls des Großen und die Streitigkeiten seiner Erben stürzten Frankreich in ein Chaos. Da es durch Angriffe verwundbar war, oblag der Grenzschutz den Fürsten und ihren Rittern, die ihre Streitkräfte in *castella*, den ersten Burgen, versammelten.

Diese Seite: Ansicht einer typischen Erdhügelburg mit Vorhof.

Karl der Große wurde 800 vom Papst zum Kaiser gekrönt. Sein Reich umfasste große Teile West- und Mitteleuropas bis nach Norditalien. Als Karl 814 starb, stritten seine Söhne und Enkel um sein Erbe und das Reich zerfiel. Die Fürsten, Herzöge, Grafen, Bischöfe und Äbte konnten ihre Besitztümer nicht länger schützen. In dieses Chaos brachen die Ungarn und Sarazenen aus dem Osten und Süden und die Wikinger aus Skandinavien ein.

Die Bevölkerung in Nordwestfrankreich fand es sinnlos, ihren König angesichts der einfallenden und sofort wieder verschwindenden Wikingerschiffe um Hilfe zu bitten. Die Verwaltung und Verteidigung wurde Sache des Adels, seiner Vasallen und Verwandten vor Ort, die durch Eide und Landbesitz an den Herrscher gebunden waren. Diese Feudalherren stellten eigene Truppen auf, die Land als Bezahlung erhielten oder auf Kosten des Herrn lebten – die ersten Ritter.

Der Wohnsitz des Herrschers, seine *castellanie*, der zugleich Verwaltungs- und Gerichtssitz war und viele seiner Gefolgsleute beherbergte, wurde mit einem Erdwall und Holzpalisaden geschützt und so zum *castellum* (Burg). 864 verbot Karl der Kahle, König der Westfranken, den Bau von Burgen ohne seine Erlaubnis und ließ die *castella* und *firmitates* (Festungen) zerstören.

Allmählich entstanden immer mehr Burgen, da die Feudalherren sich und ihr Volk schützen wollten. Diese Gesellschaftsstruktur, deren soziale Bindungen auf Land und Loyalität beruhen und in der Ritter und Burgen eine bedeutende Rolle spielen, wird als Feudalismus bezeichnet.

Erdhügel und Vorhof

Die Idee des Burgenbaus kam aus Nordwestfrankreich. Die große Zahl der Burgen verursachte dem französischen König Kopfzerbrechen, da sich seine Autorität bis ins 12. Jahrhundert

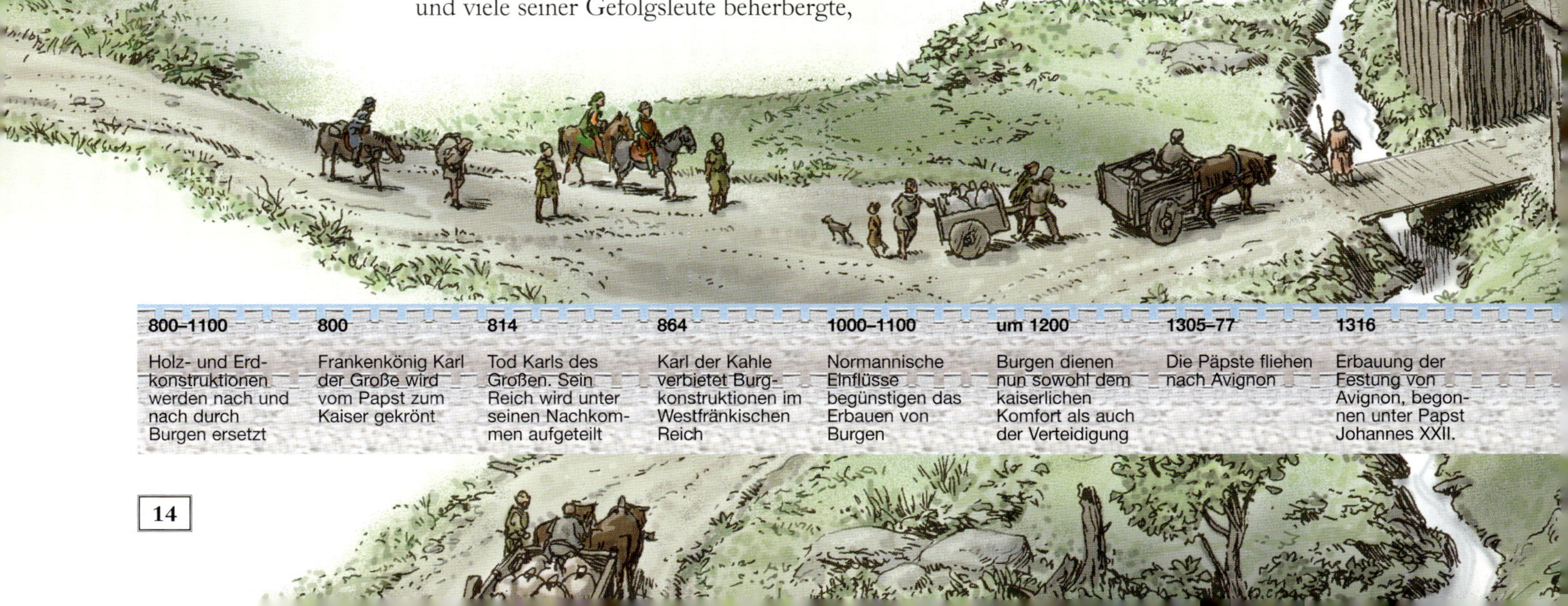

800–1100	800	814	864	1000–1100	um 1200	1305–77	1316
Holz- und Erdkonstruktionen werden nach und nach durch Burgen ersetzt	Frankenkönig Karl der Große wird vom Papst zum Kaiser gekrönt	Tod Karls des Großen. Sein Reich wird unter seinen Nachkommen aufgeteilt	Karl der Kahle verbietet Burgkonstruktionen im Westfränkischen Reich	Normannische Einflüsse begünstigen das Erbauen von Burgen	Burgen dienen nun sowohl dem kaiserlichen Komfort als auch der Verteidigung	Die Päpste fliehen nach Avignon	Erbauung der Festung von Avignon, begonnen unter Papst Johannes XXII.

eigentlich auf die Ile-de-France beschränkte.

Die frühesten Burgen waren von einem Graben umgeben, aus dessen Erde ein künstlicher Erdwall aufgeschüttet wurde, um einen Angreifer zum Aufwärtssteigen zu zwingen. Entlang des Walls entstand eine Palisade aus Holzstämmen, indem Baumstämme in die Erde gerammt und miteinander verbunden wurden. Eine hölzerne Plattform diente als Wehrgang, dessen Distanz zum Boden mit Erde aufgefüllt wurde, um die Basis der Palisaden zu verstärken.

Innerhalb dieses Ringwalls befanden sich die verschiedenen Gebäude: Vorhalle, Küche, Ställe, Scheune, Warenlager, Werkstatt für Tischler und Schmied, Kapelle und ein Brunnen. Der Burgherr und seine Männer schliefen in der Halle auf Strohsäcken, da Tische und Bänke über Nacht entfernt wurden – Privatsphäre und Luxus gab es in diesen Burgen keinen.

Im 11. Jahrhundert kam der Typ mit Erdwall und Vorhof auf: Der Raum innerhalb der Palisaden wurde durch eine zusätzliche Palisade geteilt, und in einem Teil davon errichtete man einen künstlichen Hügel, die sog. Motte. Sie konnte auch im Zentrum liegen wie in La Tusque in Sainte-Eulalie d'Ambarès (Gironde). Auf der abgeflachten Spitze der Motte stand ein Wachturm. Größere Wachtürme enthielten recht bald auch die Wohnräume des Burgherrn. Diese dominierenden Türme wurden weithin sichtbare Symbole der Herrschaft über das Land.

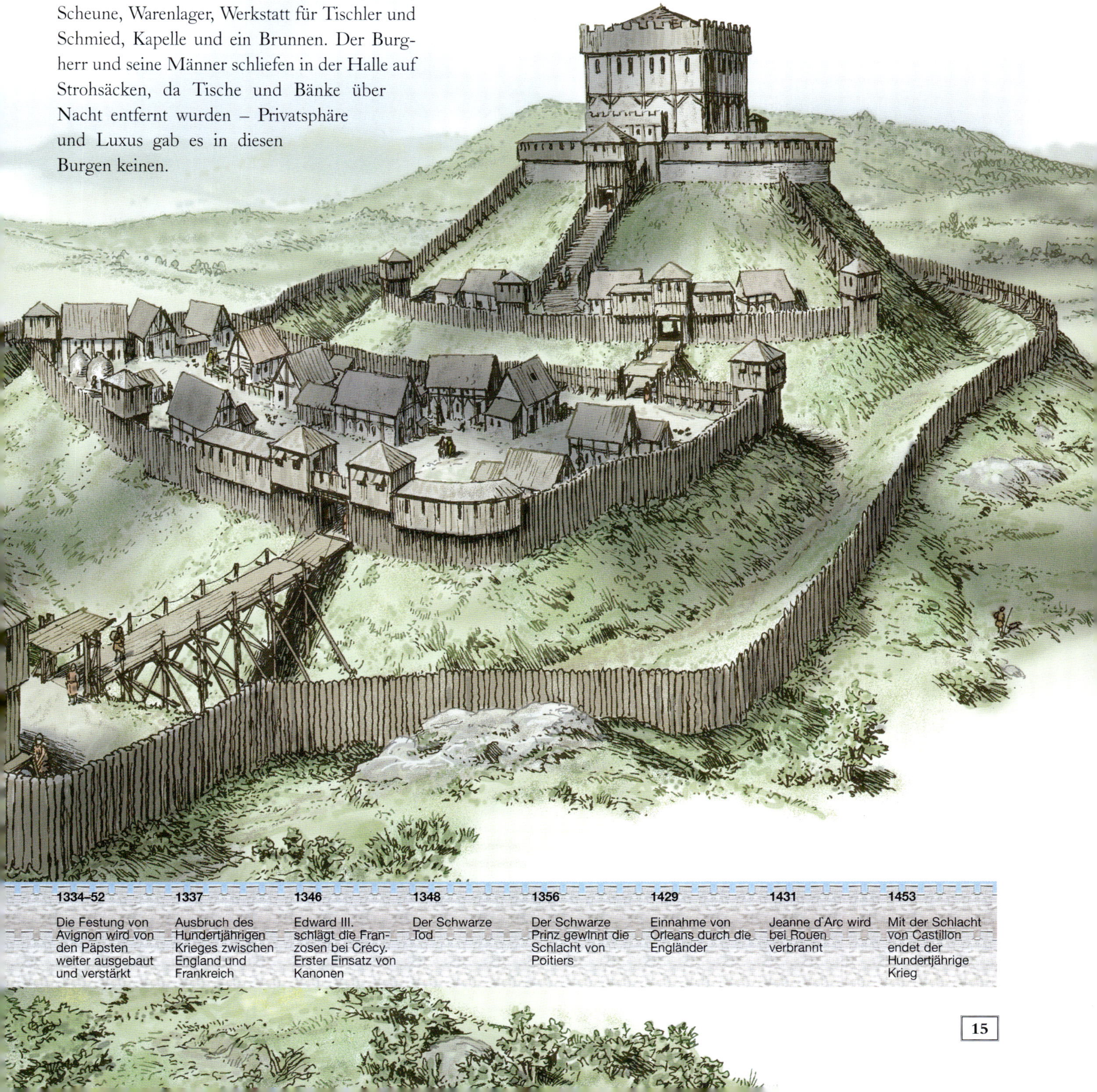

1334–52	1337	1346	1348	1356	1429	1431	1453
Die Festung von Avignon wird von den Päpsten weiter ausgebaut und verstärkt	Ausbruch des Hundertjährigen Krieges zwischen England und Frankreich	Edward III. schlägt die Franzosen bei Crécy. Erster Einsatz von Kanonen	Der Schwarze Tod	Der Schwarze Prinz gewinnt die Schlacht von Poitiers	Einnahme von Orleans durch die Engländer	Jeanne d'Arc wird bei Rouen verbrannt	Mit der Schlacht von Castillon endet der Hundertjährige Krieg

Material und Bauformen

Die Bauform mit künstlichem Erdhügel (Motte) und Vorhof wurde in Frankreich vorherrschend. Die Hügel wurden aus dem Erdreich des Burggrabens errichtet. Eine Motte hatte einen Umfang von bis zu 70 m und 15 m an der abgeflachten Spitze, die meist durch eine Palisade und eine Zugbrücke geschützt wurde.

Burgen aus Erdwällen und Palisaden ließen sich innerhalb weniger Monate errichten, wenn das nötig war. Das Holz kam aus dem nächstgelegenen Wald. Doch Palisaden konnten angezündet werden – daher erhielten schon im 10. Jahrhundert einige Burgen steinerne Türme. Es gibt nur wenige erhaltene Beispiele und wahrscheinlich wurden auch nur wenige so früh errichtet.

Steinerne Türme kosteten mehr Geld und die Bauzeit war länger; Steine und Steinmetz mussten gefunden und bezahlt werden. Die wenigsten wurden auf einer Motte erbaut, da ein frisch aufgeworfener künstlicher Hügel ihr Gewicht kaum hätte tragen können, sofern nicht die Fundamente innerhalb der Motte auf festem Boden lagen. Diese Türme werden heute als *Bergfried* bezeichnet, ein Begriff, der aber erst ab dem 17. Jahrhundert verwendet wurde. Auf Französisch heißen sie *donjon*.

Unten: Oberteil der Motte bei Gisors, der achteckige Bergfried erhebt sich im Inneren des Turmmantels.

Doué-la-Fontaine

Dieser älteste bekannte Bergfried – „La Motte" – liegt 30 km südlich von Angers und geht wohl auf Theobald, Herzog von Blois, zurück. Erbaut 950 n. Chr., wurde er bei Ausgrabungen 1967 und 1970 innerhalb einer jüngeren Motte entdeckt.

Oben: Zwei Wände des frühen Bergfriedes bei Langeais überleben.

Der Bau bestand zunächst aus einer um 900 errichteten ebenerdigen Steinhalle. Nach einem Brand wurde sie in den erhaltenen Bergfried umgebaut, erhielt ein Obergeschoss und einen Torbau, die beide jedoch nicht erhalten sind.

Das Erdgeschoss diente als Fundament, der ehemalige Eingang wurde verbaut und der neue Eingang der Burg im ersten Stock angelegt. Dieser Aufbau war ein Vorgänger späterer *donjons*. Doué-la-Fontaine wurde um 1025 von Fulk Nerra (dem Schwarzen), Herzog von Anjou, erobert.

Langeais

Dieser frühe Turm überschaut das Tal der Loire von Tours bis Saumur in der Touraine (Indre-sur-Loire). Die Burg ist eine von 27 Festungen, die Fulk Nerra erbaute. Eine Urkunde aus dem 10. Jahrhundert berichtet über eine Belagerung der Burg von Langeais.

Zwei Mauern des rechteckigen Turmes stehen noch; sie bestehen aus kleinen Steinblöcken, mit einem Eingang im ersten Stock und Anzeichen einer ehemals herrschaftlichen Residenz. Der Turm dürfte 994 n. Chr. errichtet worden sein. Vielleicht war die ursprüngliche Anlage eine Burg mit Erdwall und Vorhof, während der Steinbau als Halle erst um 1017 hinzukam.

Heute gibt es hier noch einen Bau des 15. Jahrhunderts, der auf Jean Bourré, einen Minister Ludwigs XI., zurückgeht.

Gisors

Die Hauptstadt der Normandie liegt etwa 30 km südwestlich von Beauvais. Normannische Herzöge und französische Könige aus dem Hause der Kapetinger stritten sich um dieses Gebiet. Gisors wurde im 11. Jahrhundert gegründet, die Motte baute 1096 William Rufus, König von England und Herzog der Normandie.

Später erhielt sie einen elliptischen Schutzwall, in dessen Zentrum ein achteckiger Bergfried stand, der entweder von Rufus' Bruder Heinrich I. (1100–1135) oder wahrscheinlicher von Heinrich II. (1154–1189) erbaut wurde. Auch hier gibt es Türme *en bec* – sie haben eine Seite im

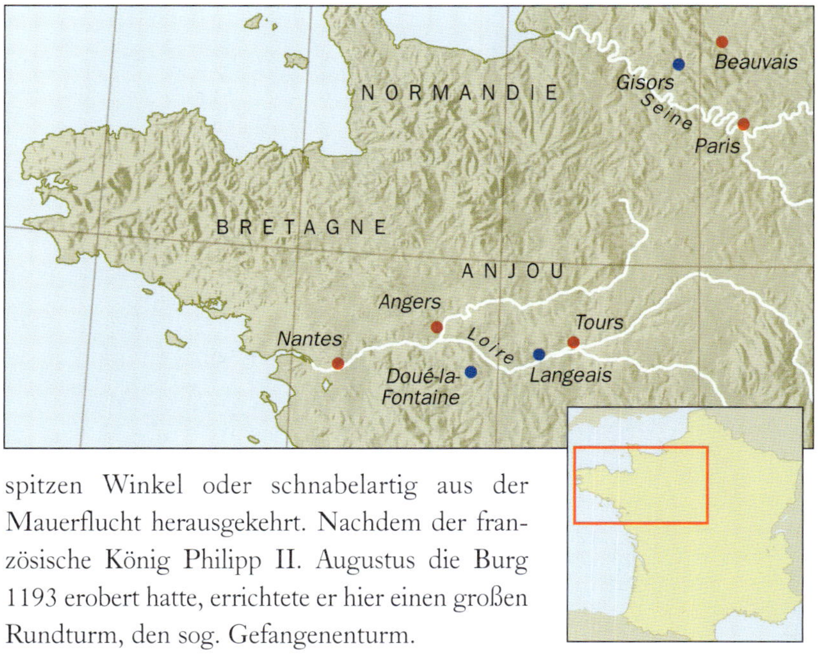

spitzen Winkel oder schnabelartig aus der Mauerflucht herausgekehrt. Nachdem der französische König Philipp II. Augustus die Burg 1193 erobert hatte, errichtete er hier einen großen Rundturm, den sog. Gefangenenturm.

Donjon, Steinturm, Bergfried

Im späten 11. und 12. Jahrhundert errichteten die normannischen und angevinischen Könige immer mehr Wohntürme in Frankreich. Ihre beeindruckende Größe verlieh dem Burgherrn Autorität und war auch Zeichen seiner Macht.

Sie wurden auf flachem Grund errichtet und bestanden aus mehreren Etagen; oft trug das Erdgeschoss ein Steingewölbe, die weiteren Geschosse hatten Balkendecken. Der Eingang lag aus Sicherheitsgründen im ersten Stock, oft hinter einem Vorbau. Über eine Treppe in einem Eckturm erreichte man die einzelnen Stockwerke – oft jedoch auch nur über eine Leiter.

Obgleich Donjons als Residenzen und als letzte Verteidigungsstellung dienten, waren sie zugleich ein repräsentatives Symbol der Macht.

Unten: Plan des Bergfrieds bei Loches, der sich über den Mauern des 12. Jahrhunderts erhebt.

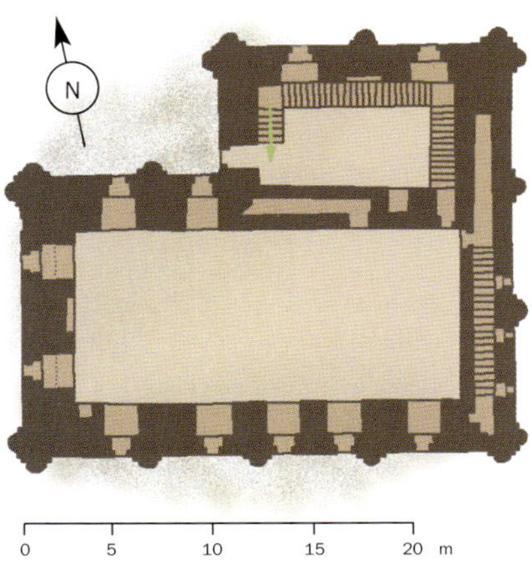

Falaise

Die Burg in Falaise in der Normandie, 35 km südlich von Caen, wurde oft von den frühen Herzögen verwendet. Hier soll Robert I., der Teufel, am Fuße der Burg seine Arlette, die Gerberstochter, zum ersten Mal gesehen haben. Das Ergebnis dieser Verbindung, Wilhelm der Eroberer, wurde 1027 oder 1028 in der Burg geboren.

Einer von dessen Söhnen, Heinrich I., erbaute um 1120 einen rechteckigen Donjon, der zwar weniger prachtvoll, aber in seinem Plan dem Donjon von Norwich, England, ähnlich ist. Als die englischen Könige 1204 die Normandie verloren hatten, erbaute Philipp II. Augustus von Frankreich einen Rundturm neben dem Turm Heinrichs I. Heute heißt er nach dem englischen Lord, der ihn während des Hundertjährigen Krieges erneuerte, Talbot Tower.

Die Außenwälle stammen aus dem 13. Jahrhundert. Die Burg ist trotz der heftigen Kämpfe um Falaise 1944 und eines Granattreffers des Talbot Towers ohne größere Schäden erhalten.

Loches

Im frühen Mittelalter erwähnt Gregor von Tours Loches (35 km südöstlich von Tours) als Festung. Fulk Nerra benutzte diese Festung als Basis gegen Blois. Der rechteckige Donjon dürfte zu dieser Zeit begonnen worden sein.

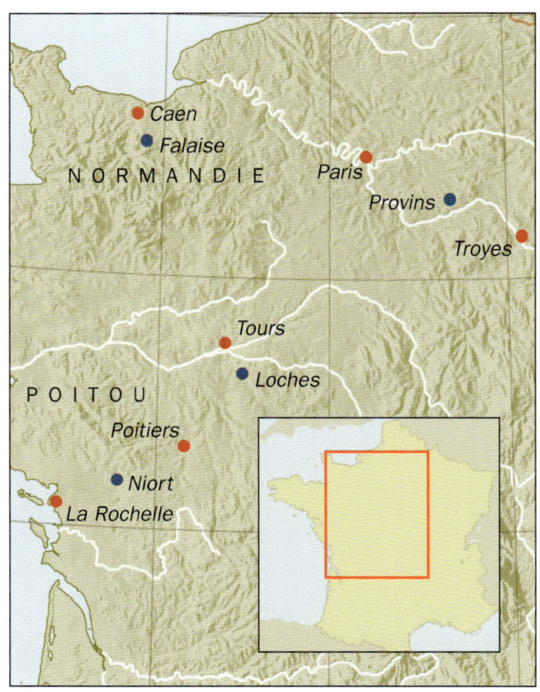

Der Donjon wurde im späten 11. oder frühen 12. Jahrhundert wieder aufgebaut. Er besitzt keine Quermauern, doch einen Torbau und halbrunde Außenstützen. Philipp II. Augustus erweiterte sie um weitere Türme *en bec*.

Im 15. Jahrhundert wurde Loches ein Gefängnis. Es beherbergt auch das weiße Marmorgrabmal von Agnès Sorrel, der Geliebten Karls VII.

Niort

Niort liegt an der Sèvre Niortaise zwischen Poitiers und La Rochelle. Heinrich II. von England erbaute die Burg im späten 12. Jahrhundert.

Die Zwillingswohntürme standen ursprünglich einzeln, wurden aber im 15. Jahrhundert durch ein Bauwerk miteinander verbunden. Im südlichen Donjon wurde eine Reihe Pechnasen und eine vorspringende Brustwehr eingebaut, die auf flachen Wandpfeilern, sog. Lisenen, ruht und eine Bekämpfung der Angreifer von oben ermöglichte. Bilder aus dem 18. Jahrhundert zeigen, dass die Mauer des Burghofs zunächst mit 16 runden Türmen bewehrt war.

Französische Streitkräfte nahmen 1436 die Burg ein; 1588 wurde sie während der Religionskriege durch die Protestanten schwer beschädigt, obgleich Niort die Hugenotten unterstützte. Der nördliche Donjon wurde im 18. Jahrhundert wieder aufgebaut.

Provins

Provins liegt zwischen Paris und Troyes, wo sich die Flüsse Voulzie und Durteint treffen. Der Donjon – der sog. Cäsarturm – wurde im 12. Jahrhundert von Theobald, Graf von Champagne, erbaut. Die Bauweise ist ungewöhnlich: er beginnt rechteckig und wird achteckig hinaufgezogen, da man tote Ecken verhindern und feindlichen Hacken und Picken möglichst wenige spitze Winkel als Angriffsflächen bieten wollte.

Philipp IV. von Frankreich (1285–1314) eroberte Provins, doch im 15. Jahrhundert im Hundertjährigen Krieg eroberten sie die Engländer zurück, zerstörten die umliegenden Häuser und umgaben sie mit einem Wall, der *Paté aux Anglais*.

Oben: Der rechteckige Bergfried von Heinrich I. oder Heinrich II. bei Falaise befindet sich neben dem runden Bergfried von Philipp II. Augustus.

Unten: Der sog. Cäsarturm, der Bergfried bei Provins mit seinem achteckigen oberen Abschluss.

Burgmauern und Mauertürme

Um 1200 vollzog sich ein Wandel der französischen Festungsbauweise. In Frankreich fand nun der Wunsch des Burgherrn nach einem behaglichen und herrschaftlichen Wohnsitz seinen stärksten Ausdruck. Burgen wurden großzügiger angelegt und mit Verteidigungselementen versehen. Alternativ dazu entstanden rein militärische Festungen.

Die Ära der Wohntürme als letzte Verteidigungsstellung ging zu Ende, ihre Rolle übernahmen Mauerringe. Sie wurden durch Türme in mehrere meistens gerade Abschnitte geteilt. Die Türme standen aus der Mauerflucht hervor, damit Bogenschützen auch die Feinde beschießen konnten, die bereits dicht an der Mauer waren.

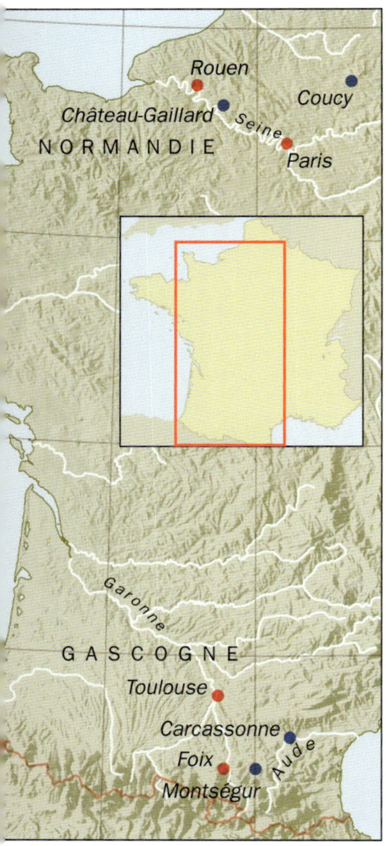

Château-Gaillard

Die Burg liegt auf einem Bergrücken an einer Flussbiegung der Seine. Sie wurde von Richard I. Löwenherz zwischen 1196 und 1198 in Les Andelys, 35 km südöstlich von Rouen, erbaut, um die Normandie zu verteidigen, nachdem er Gisors an Philipp II. Augustus von Frankreich verloren hatte. Richard soll gesagt haben, er wolle sie halten, und wenn sie aus Butter wäre.

Der Bergrücken ist steil und der einzige Zugang wird durch einen Burggraben unterbrochen. Die drei Innenhöfe sind durch Mauern und runde Türme, die zu den frühesten Rundtürmen in Frankreich gehören, geschützt.

Gaillard hat einen Donjon im dritten Hof, dessen eine Seite *en bec* in spitzem Winkel vorspringt. Seine Seiten sind durch dicke Stützen verstärkt, die vorgezogene Zinnen tragen, von denen aus Kämpfe am Fuß der Mauern dirigiert werden konnten. Jeder Hof konnte den anderen in seiner Verteidigung unterstützen und stellte ein neues Hindernis für Angreifer dar.

Als auf Richard Löwenherz sein Bruder Johann folgte, griff Philipp II. Augustus 1203/04 die Burg an. Als die Lebensmittel knapp wurden, warf man die „überflüssigen Esser“ – Alte, Kranke, Kinder – aus der Burg. Sie mussten den Winter im Burggraben verbringen, da sie die Franzosen nicht durchließen. Die meisten starben.

Schließlich kletterten die Franzosen über die Ablaufrinne des Abortschachtes in die Burg, doch die Verteidiger gaben erst auf, als sie in den Rundturm zurückgedrängt wurden. Heinrich IV. von Frankreich ließ die Burg 1603 schleifen.

Montségur

Auf einer Felsspitze in den Pyrenäen, 32 km östlich von Foix, thront majestätisch Montségur. Der Donjon und die breite, fünfseitige Mauer wurden 1204 erbaut. Die Burgtore waren jedoch

Rehts: Die konzentrischen Burgmauern von Carcassonne.

unbefestigt und es gab Fenster anstelle von Schießscharten für Bogenschützen.

1243 belagerte eine Armee der Kreuzritter unter Simon de Montfort 300 Katharer, die nach Montségur, dem Zentrum ihres Glaubens, geflohen waren. Die Garnison unter Raymond de Pereille wurde nach zwei Monaten verraten und ergab sich. Im folgenden Jahr wurden über 200

Albigenser, die an ihrem Glauben festhielten, am Fuß des Berges als Ketzer verbrannt und Montségur zerstört.

Oben: Die Ruinen des Château-Gaillard auf den Klippen über der Seine.

Links: Eine Rekonstruktion von Coucy mit seinem gemauerten Donjon in der Außenmauer. Die Burg wurde 1917 zerstört.

Carcassonne

Im 5. Jahrhundert verlängerten die Westgoten die römischen Mauern um Carcassonne. Im 13. Jahrhundert, als ein neues Verteidigungssystem errichtet wurde, wurden sie in die Mauer einbezogen, die runde Ecktürme erhielt, wie sie damals noch selten waren; die in späteren Zeiten üblichen Pechnasengalerien fehlten noch.

Der Torweg wurde durch zwei Flankentürme verteidigt, während das Narbonner Tor mit spitzen Vorsprüngen nicht einsehbare Flächen absicherte. Die viereckige Zitadelle dürfte zwischen 1130 und 1150 erbaut worden sein. Das Torhaus hatte zwei Fallgatter, die von verschiedenen Stockwerken bedient werden konnten. Die Schießscharten sind in Fünfergruppen angeordnet, um das Mauerwerk nicht zu schwächen.

Später kam ein halbkreisförmiger Torturm hinzu und eine Außenmauer sorgte für eine perfekte runde Verteidigungslinie. Der Schwarze Prinz brannte 1355 die Burg, nicht aber die Stadt nieder. Die Mauern wurden im 19. Jahrhundert durch Viollet-le-Duc stark restauriert.

Burgen mit Stil

Das 14. und 15. Jahrhundert waren eine Zeit des Umbruchs in Frankreich. Zwar tobte der Hundertjährige Krieg, doch der Adel gab Unsummen für etwas mehr Wohnlichkeit in seinen Burgen aus. Burgen, die fürs Auge gebaut wurden, verkündeten den Wohlstand und den Rang ihrer Besitzer, die es sich erlauben konnten, Geld für kunstvolles Maßwerk und teure Vergoldungen auszugeben.

Saumur

Die Burg Saumur, zwischen Nantes und Tours, ist eine davon. Die ursprüngliche Burg aus dem 10. Jahrhundert ist von verschiedenen Bauphasen überlagert. Die wichtigsten Arbeiten wurden im späten 14. Jahrhundert vom Herzog von Berry durchgeführt.

Die oberen Teile der Burg wurden mit besonderer Aufmerksamkeit dekoriert: gotisches Maßwerk, zarte Fialen, vergoldete Wetterhähne. Zum Glück ist das Stundenbuch des Herzogs, die *Très riches heures,* erhalten, das Saumur auf der Septemberseite abbildet. Die Burg erscheint hier so, wie sie möglicherweise ursprünglich aussah: als besonders luxuriöses französisches Beispiel.

Die goldenen Wetterhähne und die *fleurs-de-lys* oberhalb der Zinnen sind verschwunden, doch die Abbildung zeigt uns, dass die Burg wie aus einem Märchen gewirkt haben muss: die Fenster mit klarem oder buntem Glas geschlossen, die Räume mit Holz verkleidet, mit Wandteppichen behängt oder reich bemalt.

Oben: Die elegante Architektur des 14. Jahrhunderts ist bei Samur noch großteils erhalten.

Saumur wurde im 17. Jahrhundert aufgegeben, nachdem der Westflügel eingestürzt war. Anschließend wurde der Bau als Gefängnis und später als Kaserne verwendet. Heute beherbergt es ein Museum für Wandteppiche und Keramik.

Anjony

Anjony vertritt einen anderen Burgentyp des 14. Jahrhunderts mit hohen Mauern, vier eng gesetzten Ecktürmen und manchmal einem fünften Turm als Treppenturm. Dieser Typ ließ sich in großem Format bauen und verkörperte die adlige Version der zahlreichen befestigten Wohnsitze jener Zeit.

Anjony liegt in der Nähe der kleinen Stadt Tournemire in der Auvergne und ist das am besten erhaltene Beispiel dieses Bautyps. Die Burg wurde wahrscheinlich zwischen 1435 und 1439 für Ludwig II. von Anjony, einen Waffenkameraden von Jeanne d'Arc, errichtet; auch eine Datierung ins 14. Jahrhundert wurde vorgeschlagen.

Der rechteckige Hauptturm mit runden Ecktürmen hatte im Sockel Schießscharten für die Kanonen und eine Kapelle in der Südwestecke. Das folgende Stockwerk, das Hauptgeschoss, ist eine überwölbte Halle, und Zinnen mit Pechnasen begrenzen den gedeckten Wehrgang *(chemin de ronde)*. Ludwig III. fügte 1525 der Front ein Bauwerk an, dessen Plattform wahrscheinlich Artillerie aufnehmen sollte.

Le Plessis-Bourré

Mit dem Ende des Hundertjährigen Krieges (1453) vergrößerte sich der Wunsch nach einem luxuriöseren Lebensstil, trotzdem wurden weiterhin Türme mit Pechnasen und starke Mauern erbaut. Einige Burgen wie auch Le Plessis-Bourré waren für Artillerie vom letzten Stand der Kriegstechnik eingerichet.

Jean Bourré, Minister von Ludwig XI., erwarb die 19 km von Angers entfernt gelegene Burg 1462. Bourré interessierte sich für die Entwicklung auf dem Gebiet der Artillerie und wollte seine Burg mit den modernsten Verteidigungsanlagen ausstatten.

Die viereckige Burg liegt inmitten einer riesigen Wasserfläche und kann Artilleriegeschütze unterbringen. Auf Pechnasen wurde verzichtet, sie galten als überholt, doch auf einer niedrigen Terrasse auf der Innenseite des Grabens konnten Kanonen aufgestellt werden.

Die Inneneinrichtung war jedoch komfortabel, wenn nicht luxuriös. Die Dekoration ließ die Schönheit späterer Renaissanceschlösser ahnen. Die verzierte Zimmerdecke aus dem 16. Jahrhundert erhöht noch die Wirkung.

Oben: Die hohen Mauern und dichten Türme von Anjony.

Unten: Le Plessis-Bourré hatte ein zweckmäßigeres Aussehen und konnte Artillerie aufnehmen, die Angreifer schon von weitem abwehren konnte.

Französische Schlösser

Die königlichen Schlösser wurden während des Mittelalters wesentlich komfortabler und die Trennung von Wohnsitz und Verteidigung immer deutlicher spürbar.

Vincennes

Dieses königliche Schloss liegt auf der Ile-de-France, 2 km östlich der Pariser Porte de Vincennes. Es geht auf ein königliches Jagdhaus zurück, das im frühen 14. Jahrhundert von Philipp VI. als Burg ausgebaut wurde. König Karl V. verwandelte ab 1360 die Burg mit viel Zeit und finanziellem Aufwand in eine komfortable Residenz.

Der sechsstöckige Donjon besteht aus einem massiven Sockel und vier runden Ecktürmen, die in vier gleich große, gewölbte Säle unterteilt sind, die sogar auf der Decke Holzverkleidungen besitzen. Es gibt zwei Zinnenreihen und ein Türmchen für die Toiletten.

Er sitzt in einem eigenen Hof mit nach unten erweiterten Mauern, der in den Graben vorkragt und die Mauer durchbricht, die mit mathematischer Präzision einen rechteckigen großen Innenhof umschließt (334 x 174 m) und mit neun rechtwinkeligen Türmen und großen quadratischen Ecktürmen verstärkt ist, die Donjons angeglichen wurden. Von ihnen ist nur der *Tour de Village*, der Haupteingang, in voller Höhe erhalten. Er besitzt zwei Zugbrücken: eine für Fuhrwerke, die andere für Fußgänger.

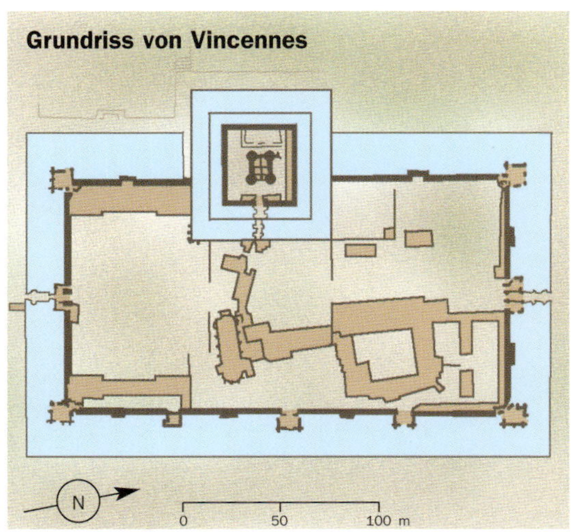

Auf der Seite des Donjons fehlen Mauertürme, damit ein Feind, der einen davon erobert hat, nicht von dort aus den Donjon selbst angreifen kann. Doch ist der rechteckige Wassergraben, in dem der Donjon sitzt, ein Schwachpunkt, wie auch Jacques de Chabanne bei seiner Rückeroberung von den Engländern 1432 erkannte. Der Donjon schien die Privatresidenz des Königs gewesen zu sein, im Torhaus war seine Bibliothek untergebracht. Der riesige Hof beherbergte Gefolge oder eine kleine Armee.

Viele Könige starben in Vincennes, unter ihnen Ludwig X., Karl IV. und Karl IX. von Frankreich und Heinrich V. von England, als er anlässlich der Belagerung von Meaux an Ruhr erkrankte. Auch Mazarin starb innerhalb dieser Mauern. Später diente das Schloss als Gefängnis für Personen wie Bonnie Prinz Charlie und Diderot.

Ambois

Ambois liegt auf einem Felsplateau über der Loire zwischen Tours und Blois. Die erste Festung stammt von den Franken, doch das Schloss, wie es heute zu sehen ist, wurde von Karl VII. von Frankreich vor seinem Tod 1498 errichtet.

Sein Baustil entspricht wesentlich mehr einer Privatresidenz als einer Festung. 1560 suchte König Franz II. hinter den Mauern von Ambois Schutz vor den Hugenotten. Wie viele Schlösser wurde es später als Gefängnis verwendet und zuletzt der Sitz des *Compte* (Kontrolleurs) *de Paris*.

Avignon

Avignon wurde während der Avignonesischen Gefangenschaft der Päpste (1309–1376) errichtet, als das Papsttum in Südfrankreich Zuflucht suchte und sich mit Kardinälen, Mönchsorden und der Universität umgab. Die Anlage ist eine der wichtigsten Festungen ihrer Zeit.

Papst Johannes XXII. begann 1316 mit dem Bau, Benedikt XII. (1334–1342) vergrößerte ihn und Clemens VI. (1342–1352) setzte das Werk fort. Der erste Baukomplex mit Wohnräumen und mehreren großen Hallen liegt um einen im italienischen Stil erbauten Innenhof. Papst Benedikt errichtete einen riesigen Rechteckturm auf der Südseite des Komplexes als private Residenz. Auch die Mauern erhielten Rechtecktürme zur Verstärkung und Verstärkungen für Pechnasen auf flachen, der Mauer vorgeblendeten Spitzbögen.

Der Palast von Papst Clemens hatte einen großen Hof im Südosten, von Gebäuden wie dem großen Audienzsaal und der Kapelle umgeben. Zwei Türme hatten die wahrscheinlich ersten steinernen Gusserker in Frankreich.

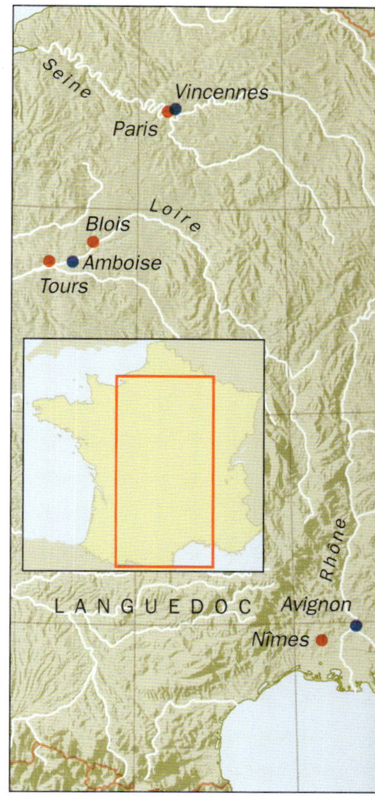

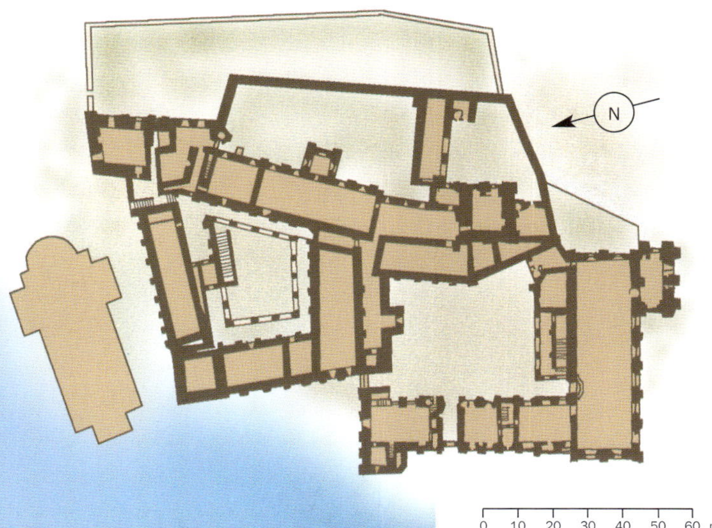

Gegenüber: Ansicht und Grundriss des Königspalastes bei Vincennes.

Links: Die ausgedehnte Festung von Avignon; oben ein Grundriss des *Palais des Papes*.

Die Mauern wachsen

Ab dem 14. Jahrhundert veränderte sich vor allem die Höhe der Mauern der französischen Schlösser und Burgen. Sie glichen sich den gemauerten Türmen an und erreichten eine Höhe von rund 9 m – wahrscheinlich auch als Maßnahme gegen Leitern und Artillerie.

Nachdem nun Mauerkrone und Turmzinnen auf fast gleicher Höhe lagen, wurden die Wehrgänge überdacht und entlang der gesamten Burgmauer errichtet, sodass die Verteidiger schnell ihre Position verändern konnten. Pechnasen und Gusslöcher wurden fast nur mehr in der französischen Architektur angewendet, wie auch Außenwälle kaum mehr erbaut wurden.

Wegen der Höhe der Mauern wurden auch die innenliegenden Gebäude auf mehrere Stockwerke erhöht, und da ein bequemerer Lebensstil wichtiger war als die Verteidigung, lösten quadratische und rechteckige Türme wieder die runden ab. Fenster ließen Licht und Frischluft herein, und Wendeltreppen wurden üblich. Dadurch wurde es zunehmend schwierig, die Elemente, die der Verteidigung dienten, mit denen des Wohlergehens unter einen Hut zu bringen.

Unten: Dieses Gemälde von Paul Huet aus dem 19. Jahrhundert zeigt Pierrefonds, wie es ausgesehen haben könnte.

Pierrefonds

Diese große Burg wurde zwischen 1390 und 1407 für Ludwig von Orléans, den Bruder von Karl VI. von Frankreich, erbaut und bedrohte zusammen mit seinen anderen Burgen Paris vom Osten und Nordosten und diente zugleich als „Wellenbrecher" gegen jede Bedrohung aus Burgund. Sein Baumeister war Jean Lenoir.

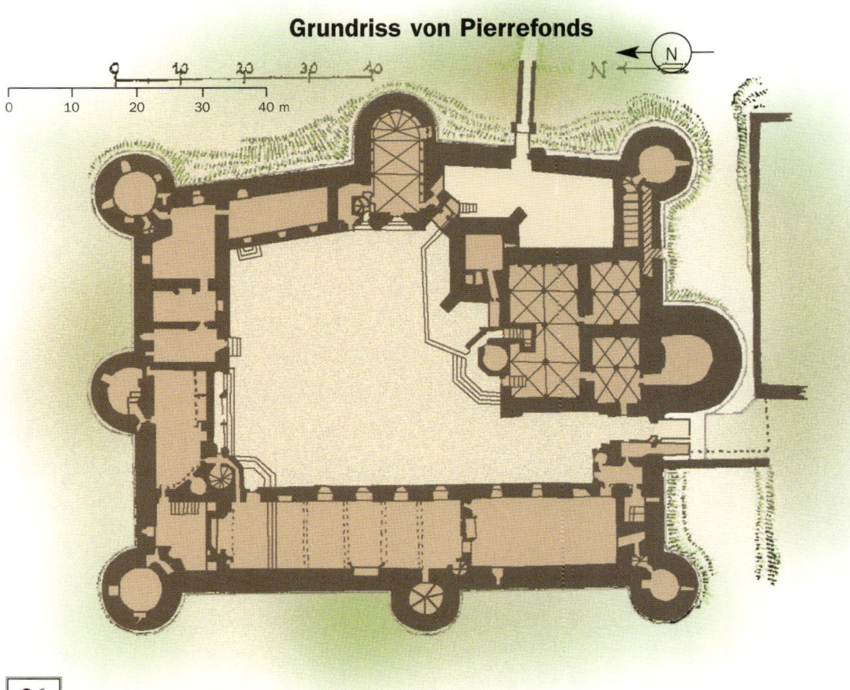

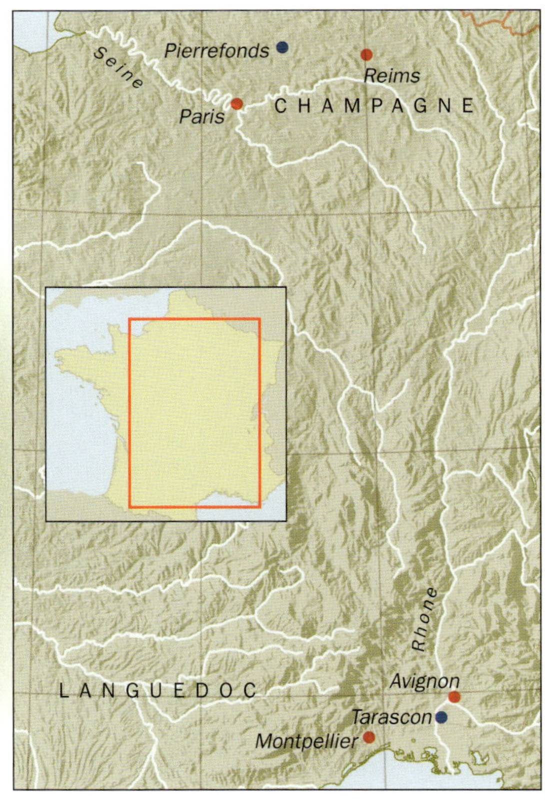

Das rechteckige Schloss liegt inmitten eines Sumpfgebietes und ist von einer Mauer mit mehreren runden Türmen und vier Ecktürmen umgeben. Die Türme sind mit Skulpturen verziert, die ihre Schwerfälligkeit optisch mindern.

Da die Mauern und Türme fast gleich hoch sind, springt unter dem gedeckten Wehrgang eine ebenfalls gedeckte Galerie mit Gusslöchern etwas aus der Mauer hervor, die auch um die Türme herum gezogen ist und so einen ununterbrochenen Umgang um die Burgmauern bildet, der die Verteidigungs- und Feuerkraft der Burg merklich erhöht.

Wie in Vincennes und Tarascon sind Repräsentationsräume von den Verteidigungsanlagen getrennt. An drei Seiten der Mauer gibt es flache Wohnbauten und auf der Seite des Burgtors ein großes Gebäude, das die Privaträume des Herzogs enthält. Im 19. Jahrhundert wurde das Schloss von Viollet-le-Duc für Napoleon III. vollständig und mit viel Fantasie restauriert.

Tarascon

Tarascon liegt auf einem Felsen über der Rhone unterhalb von Avignon. Die heutige Burg wurde im späten 14. Jahrhundert von Ludwig II. von Anjou, dem Grafen der Provence, erbaut und von König René von Anjou zu Beginn des nächsten Jahrhunderts vergrößert.

Der Entwurf erinnert an die Bastille in Paris, Mauern und Türme sind gleich hoch, was einen umlaufenden Wehrgang ermöglicht. Fast alle rechteckigen Türme wurden mit Gusslöchern versehen, die alle restauriert wurden.

Die Räume waren komfortabel eingerichtet, nur die großen Gitterfenster waren, trotz der 3 m dicken Mauern, ein gewisser Schwachpunkt im Falle eines Angriffes. Die mit Fenstern ausgestattete Vorderfront blickte auf den Fluss und eine Ausfallpforte führte direkt zum Ufer. Tarascon war so angelegt, dass die Trennung des bewohnbaren Teils vom Rest der Burg die Verteidigungsmöglichkeiten nicht schwächte.

Auf der anderen Flussseite stand der Donjon von Beaucaire aus dem 12. Jahrhundert, dessen dreieckige Bauweise für die damalige Zeit ungewöhnlich war und der im späten Mittelalter modernisiert wurde. Die Festung Tarascon ging 1481 in den Besitz des Königs über und diente bis 1926 als Gefängnis, ehe sie restauriert wurde.

Unten: Tarascon mit seinen hohen Mauern und rekonstruierten Pechnasen.

Die Zeit der Artillerie

In der ersten Hälfte des 14. Jahrhundert hatte die Verwendung von Schießpulver kaum Einfluss auf die Bauweise. Frühe Illustrationen zeigen nach außen gebogene Kanonenrohre, die eher Pfeile als Kanonenkugeln abgeschossen haben dürften und gegen jene Männer eingesetzt wurden, die den Versuch wagten, durch das Tor auszubrechen. Doch der Kanonenbau entwickelte sich rasch und wurde zu einer ernst zu nehmenden Gefahr.

Könige und mächtige Herrscher wie der Herzog von Burgund führten starke Waffen ins Feld. Dazu gehörten Bombarden, Belagerungswaffen, die 150 kg schwere Steine schleudern konnten. Die Architekten der Burgen reagierten schnell auf diese Bedrohung, doch erst im 15. Jahrhundert wurden Veränderungen sichtbar. Zuerst wurden tief in den Burgmauern Zwinger errichtet, doch letztendlich kam eine neue Form des Burgenbaus zum Schutz gegen fliegende Kanonenkugeln auf.

Bonaguil

Bonaguil steht auf einer Felszunge 25 km westlich von Cahor und überblickt zwei Täler. Im 13. Jahrhundert begann die Familie de la Tour mit dem Bau; er erhielt einen auf einem schmalen Mauervorsprung errichteten fünfeckigen Donjon, dessen spitzer Winkel nach Norden weist. Die dicke Mauer hatte runde Ecktürme.

Der Hundertjährige Krieg ließ die Burg als Ruine zurück. 1483 kam sie in den Besitz von Bérenger de Roquefeul, der die Burg seiner Position angemessen restaurierte und die Verteidigungsanlagen auf den neuesten Stand brachte, indem er neue Türme mit tief angelegten Schießscharten für Kanonen erbaute. Ein 27,40 m hoher Rundturm überragte den alten Donjon. Ein steinerner Zwinger wurde im Burggraben errichtet, breite gemauerte Geschützstellungen im Norden der Burg und lange, gewölbte Kasematten im Süden, von denen noch 104 Schießscharten zu sehen sind, vervollständigten die Verteidigungseinrichtungen.

Streng genommen waren diese Maßnahmen nicht notwendig, denn niemand hätte Bonaguil

Links: Bei Bonaguil ersetzte im 15. Jahrhundert der große Turm links den fünfeckigen Bergfried. Auf der rechten Seite erstrecken sich niedrige Kasematten.

Unten: Die in Schützengräben versteckten niedrigen Mauern von Salses sind eine Reaktion auf feindliche Artillerie bei Belagerungen.

angegriffen, doch war die Burg sicherlich Wegbereiter für die großen Festungen von Vauban im 17. Jahrhundert.

Im Inneren wurden die offenen Kamine mit Steinmetzarbeiten verziert und die Fenster mit dekorierten Mittelpfeilern geteilt. Mit der Zeit verfiel die Burg, bis 1761 Marguerite de Fumel die Anlage erwarb und restaurierte. Sie errichtete eine breite Esplanade, indem sie den äußeren Schutzwall teilweise abtragen ließ. Nach ihrem Tod wurde die Höhe der Mauern auf Befehl der Regierung verringert. Die Stadt Fumel erwarb die Burg 1860 und restaurierte sie tiefgreifend.

Salses

Salses (bei Perpignan) wurde vom spanischen Ingenieur Ramirez für Ferdinand II. von Aragon erbaut, der 1497 für die Rechte seiner Landsleute in den Krieg zog. Bei der Belagerung von 1503 zerstörte die französische Artillerie die oberen Teile der Verteidigungsanlagen. Doch ehe sie ihren Sieg vollenden konnten, kam eine spanische Befreiungsarmee zu Hilfe. Während der Waffenruhe restaurierten die Spanier die Burg in ihrer heutigen Form.

Der Baustil war neu: Dicke, niedrige Mauern, die auch feindlichen Kanonenkugeln Widerstand leisteten, wurden von einem breiten, niedrigen Bollwerk flankiert, auf das man Kanonen hieven konnte. Die Verbindung zum Hauptgebäude erfolgte durch unterirdische Gewölbegänge. Die niedrigen Mauern boten zusätzlich einen besseren Schusswinkel auf feindliche Stellungen oder auf Feinde, die die Mauern überstiegen. Die gesamte Burganlage wirkt gedrungen, als wolle sie sich im Burggraben vor ihren Feinden verstecken.

Burgen kommen nach England

Wilhelm der Eroberer prägte die englische Landschaft, indem er eine Reihe von Burgen im ganzen Land erbaute, um seine Herrschaft zu festigen. Bürgerkriege und Bedrohungen von außen ließen weitere Burgen entstehen.

Unten: Das Torhaus bei Pevensey aus dem 13. Jahrhundert, das zur Burg innerhalb der römischen Festung führt.

Die ersten Burgen erbeuten die normannischen Höflinge Edwards des Bekenners, des angelsächsischen Königs von England, der seine prägenden Jahre im normannischen Exil verbrachte, während die Wikinger England überrannten. Diese Normannen waren unbeliebt und wurden bald vertrieben, nur einige Erdhügel wie Ewyas Harold in Herefordshire blieben.

Der Einfluss der Burgen wurde spürbar, als Wilhelm der Eroberer nach dem Tod Edwards seinen Anspruch auf die Krone geltend machte, als Harold II. 1066 den Thron bestieg. Sofort nach der Landung ließ Wilhelm in den römischen Ruinen von Pevensey eine Burg errichten – Berichten aus dem 12. Jahrhundert zufolge aus vorgefertigten Teilen.

Eine zweite Burg wurde in Hastings errichtet; die Motte ist möglicherweise auf dem Wandteppich von Bayeux dargestellt, den Wilhelms Halbbruder, Bischof Odo, innerhalb von 20 Jahren nach der Schlacht von Hastings in Auftrag gegeben hatte. Während Wilhelm durch das Land zog und Revolten niederschlug, errichtete er Burgen. Städte wie Warwick, Nottingham und Stafford erhielten Burgen und York, das sich dreimal in drei Jahren erhob, sogar zwei.

1066	1078	1085	1087	1135–54	1154–89	1215	1282–84
Wilhelm der Eroberer baut die erste normannische Burg bei Pevensey	Bau des Tower of London beginnt	Errichtung von Ludlow Castle an der Grenze zu Wales	Das Domesday Book enthält die Ergebnisse der ersten Volkszählung in Europa	Bürgerkrieg in England; viele Burgen werden illegal errichtet	Heinrich II. begründet die Plantagenet-Dynastie in Frankreich und England	König Johann unterschreibt die Magna Charta	Edward I. erobert Wales und übernimmt den walisischen Langbogen als wesentliche Waffe

Die Erd- und Holzfestungen waren mit heimischen Arbeitskräften schnell erbaut und bald entstanden Ringmauern und Erdhügelburgen mit Vorhof in Fülle. Im Bürgerkrieg unter König Stephan (1135–1154) wurden viele Burgen unerlaubt errichtet – von denen Heinrich II. viele nach seiner Thronbesteigung schleifen ließ.

Zugleich entstanden auch einige Steintürme innerhalb eines Burghofs – Tower von London, Colchester in Essex – und wurden zu Symbolen der neuen Ordnung wie auch Verteidigungsanlagen. Unter den normannischen und angevinischen Königen, besonders unter Heinrich I. (1100–1135) und Heinrich II. (1154–1189), wurden diese Türme allgemein üblich, obwohl oft ein Steinwall anstelle der Palisaden ausgereicht hätte. Wegen der Gefahr des Einbrechens wurden nur wenige auf künstlichen Erdhügeln (Motten) angelegt. Der Turm von Clifford aus dem 13. Jahrhundert zum Beispiel stürzte ein.

Luxus versus Burgen

Das angevinische Reich von Heinrich II. erstreckte sich von Schottland bis zu den Pyrenäen, doch 1204 ging die Normandie verloren. Die Barone lehnten sich gegen König Johann auf und boten erneut in den Bürgerkriegen gegen Heinrich III. und Simon de Montfort Anlass zum Bau neuer Burgen. Heinrichs Sohn Edward I. war ein begeisterter Burgenbauer und konzentrierte seine Energie auf Wales. Sein Adel sah sich plötzlich in Kriege gegen die Waliser und Schotten verwickelt.

Danach war England relativ friedlich. Es gab nahezu keine dynastischen Probleme und wirkliche Bedrohung kam nur aus Schottland, Wales und Frankreich. Viele Männer waren in den Hundertjährigen Krieg (1337–1453) verwickelt. Damals wurden komfortablere Burgen errichtet wie Bolton, das einen viereckigen Grundriss und eine Unzahl von Zimmern besaß.

Nachdem England seine französischen Besitztümer verloren hatte, brach der Streit zwischen den Häusern York und Lancaster in Form der Rosenkriege aus, die erst 1485 mit dem Sieg des Tudors Heinrich VII. über Richard III. bei Bosworth endeten und den Anstoß für ein neues Sicherheitsdenken gaben. Reicheren Leuten war ein gewisser Komfort jedoch wichtiger als teure Verteidigungsanlagen. Die Tudors beobachteten wachsam das Verhalten der Barone und jeder Verrat wurde unbarmherzig verfolgt.

Befestigte Burgen hatten nur noch im Norden und Westen einen Sinn, wo man mit Überfällen rechnen musste. Heinrich VIII. platzierte Festungen an die Südküste, deren Kanonen jeder Bedrohung durch Frankreich oder Spanien trotzen sollten.

Unten: Der Kleeblatt-Turm aus dem 13. Jahrhundert auf der normannischen Motte bei Clifford's Tower in York.

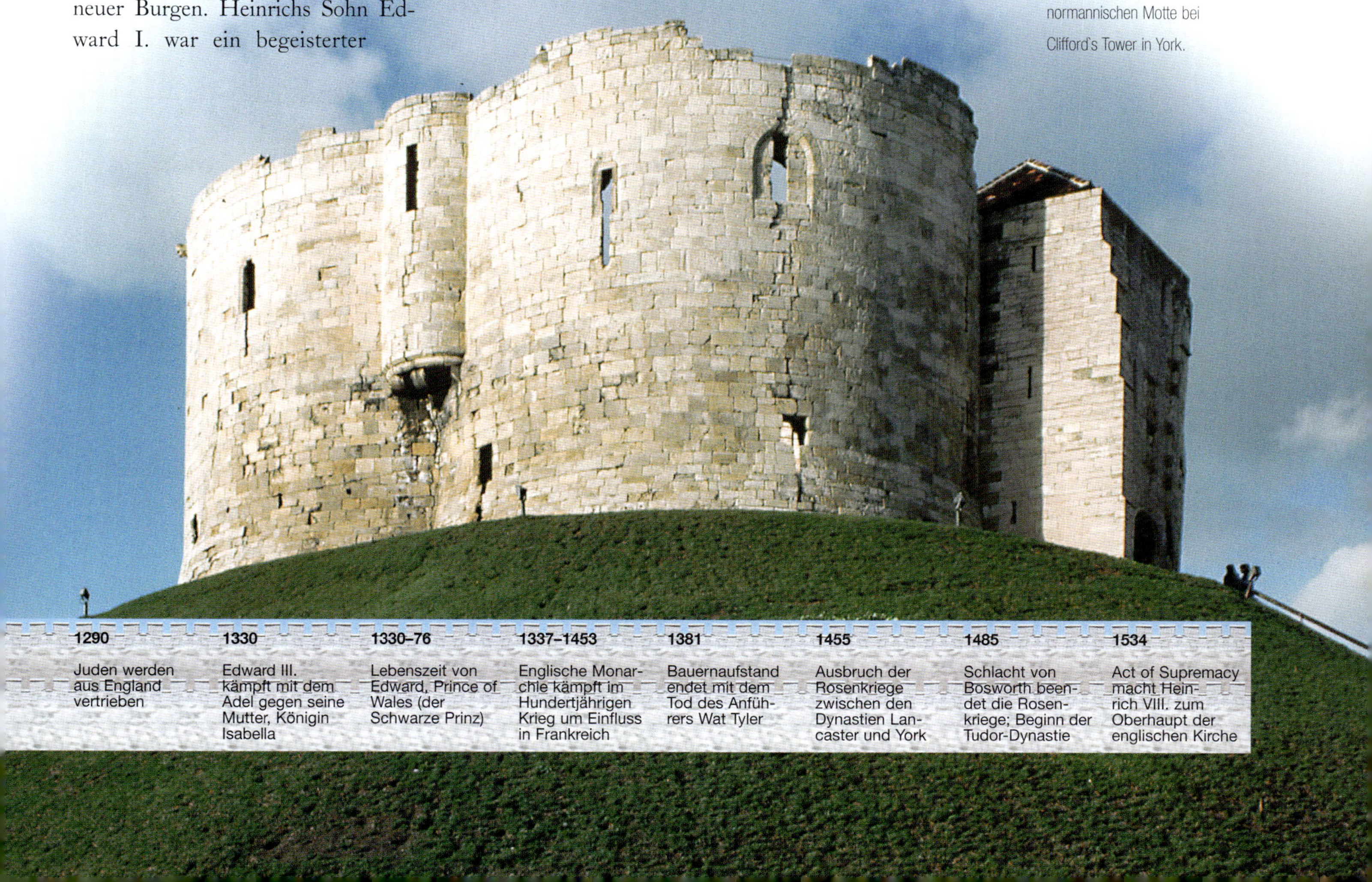

1290	1330	1330–76	1337–1453	1381	1455	1485	1534
Juden werden aus England vertrieben	Edward III. kämpft mit dem Adel gegen seine Mutter, Königin Isabella	Lebenszeit von Edward, Prince of Wales (der Schwarze Prinz)	Englische Monarchie kämpft im Hundertjährigen Krieg um Einfluss in Frankreich	Bauernaufstand endet mit dem Tod des Anführers Wat Tyler	Ausbruch der Rosenkriege zwischen den Dynastien Lancaster und York	Schlacht von Bosworth beendet die Rosenkriege; Beginn der Tudor-Dynastie	Act of Supremacy macht Heinrich VIII. zum Oberhaupt der englischen Kirche

Die ersten Erdhügelburgen

Nach der normannischen Eroberung wurden in ganz England bis ins 13. Jahrhundert Erd- und Holzbefestigungen errichtet. Einige waren einfache Rundbauten, doch die meisten waren Erdhügelburgen mit Vorhof. Nur wenige sind ausgegraben, doch sie zeigen, dass der Burghof oft zahlreiche Gebäude enthielt, ganz anders, als man sich Burgen bislang vorgestellt hat.

Pleshey

Pleshey in der Nähe von High Easter in Essex hat einen nierenförmigen Burghof mit einer Motte an einer Seite. Es wurde für Geoffrey de Mandeville nach der normannischen Eroberung als Zentrum *(caput)* seiner Lordschaft errichtet. Pleshey kommt vom Französischen *plessis* und bedeutet Einfassung – die befestigte Stadt wuchs gemeinsam mit der neuen Burg daneben.

Die Motte aus gestampfter Erde ist 15 m hoch; der Schutzwall des Burghofs ist 12 m hoch – wahrscheinlich war er im 12. Jahrhundert noch verstärkt worden. Eine Ziegelbrücke aus dem 15. Jahrhundert verbindet Motte und Vorhof bis heute; früher dürfte sie aus Holz gewesen sein.

Rechts: Bei Restormel führt das Vorwerk zum eigentlichen Torturm.

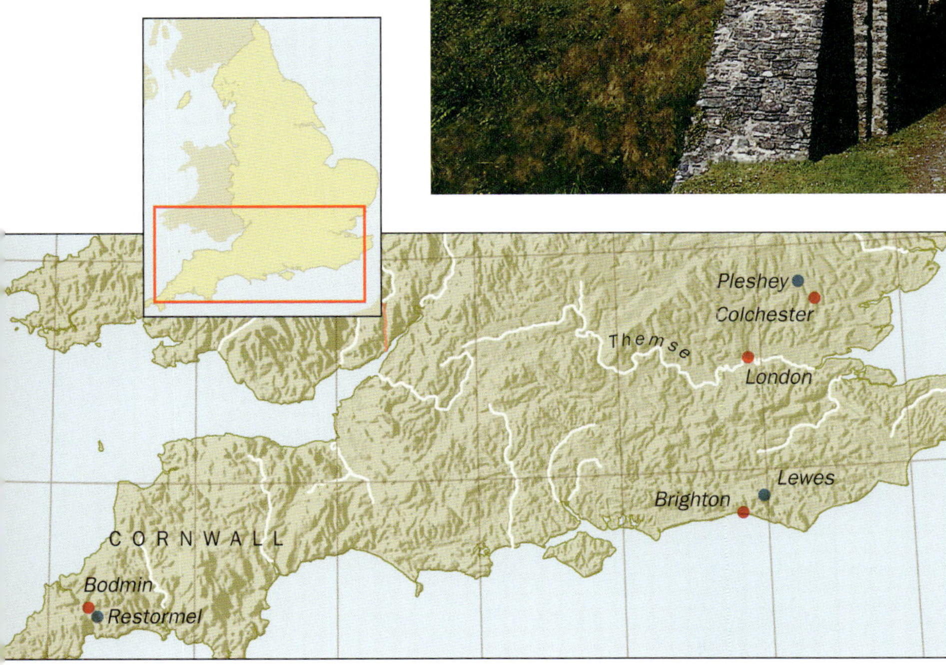

Im Norden der Anlage lag noch ein zweiter, vielleicht älterer Burghof.

Die Burg wurde bis Ende des Mittelalters verwendet und wurde von den Bohuns, Earls of Hereford, dann vom Herzog von Gloucester (dem Onkel Richards II.) und letztendlich von den Herzögen von Lancaster übernommen.

Lewes

Der normannische Adlige Wilhelm de Warenne, späterer Earl of Surrey, erbaute die Burg an der Südküste von England innerhalb der alten englischen *burh*, gemeinschaftlichen Befestigungsanlagen. Ungewöhnlich sind die zwei Motten, eine im Süden, die andere im Norden; nur in Lincoln gibt es etwas Vergleichbares. Die zweite Motte kann eine Folge doppelter Lordschaft sein, in diesem Fall von Wilhelms Frau, Lady Gundreda.

Die nördliche Motte ist in einem sehr schlechten Zustand, doch Spuren eines Bergfrieds sind zu erkennen. Die südliche Motte ist besser erhalten, mit einem Bergfried aus dem 11. oder frühen 12. Jahrhundert und im Fischgrätmuster gesetzten Steinen. Zwei halbachteckige Türme wurden später angebaut und es gibt Reste von Wohnräumen entlang der Innenseite der Bergfriedmauern. Das Torhaus (wohl 11. Jahrhundert) mit dem Wachturm mit Pechnasen ist erhalten; ihn baute Jean de Warenne vor seinem Tod 1347. Die Burg ging an die FitzAlans, verfiel jedoch und wurde im 17. Jahrhundert teilweise abgerissen.

York

Wilhelm der Eroberer errichtete 1068 eine Burg und nach einer Revolte 1069 eine zweite auf der anderen Seite der Ouse, die heute überwachsen, aber noch immer zu sehen ist. Beide wurden bei einer Revolte 1069 niedergebrannt und Wilhelm baute nur eine wieder auf. 1190 ging sie durch Feuer zu Grunde – und mit ihr die Juden Yorks, die in der Burg Zuflucht gesucht hatten.

Der um 1250 angelegte kleeblattförmige Turm auf der Motte wurde in den Schottenkriegen des 14. Jahrhunderts zum Hauptquartier.

1322 hängte Edward II. Robert von Clifford und andere Rebellen an eisernen Ketten auf der Mauer auf, worauf der Turm *Clifford's Tower* genannt wurde. Die Burg wurde in den englischen Bürgerkriegen mit Kanonen ausgerüstet und brannte 1684 ab. Seitdem verfällt sie langsam.

Restormel

Restormel liegt über dem Fluss Fowey in Cornwall. Kurz nach 1066 erbaut, war sie im Besitz von Turstin, dem Bezirksrichter von Robert, Graf von Mortain und Halbbruder von Wilhelm dem Eroberer.

Der Hof hatte einen inneren Bogenwall und einen tiefen Graben. Der Torturm (um 1100) ist in einen Ringwall aus dem späten 12. Jahrhundert eingefügt. Im späten 13. Jahrhundert kamen ein Wachturm und mehrere Räume innerhalb der Mauern hinzu: Küche, Speisekammer und Anrichteraum, Halle, Kapelle und Vorhalle und die Räume für den Burgherrn und seine Familie.

Restormel verfiel im 16. Jahrhundert zu einer Ruine und trotz der Bemühungen im Englischen Bürgerkrieg, die Burg zu benutzen, entschieden die Parlamentstruppen, es lohne sich nicht, sie zu zerstören.

Unten: Die Burg von Lewes hat zwei Motten, eine davon trägt einen erhaltenen Bergfried und Türme aus dem 13. Jahrhundert sowie ein Vorwerk aus dem 14. Jahrhundert.

Saalbau und Bergfried

Nach der Eroberung durch die Normannen entstanden die ersten Donjons oder Steintürme in England. Das Innere wurde oft mit einer Zwischenwand in zwei unterschiedlich große Räume geteilt, um leichter eine hölzerne Decke oder Deckenbalken einziehen zu können. So entstanden zwei Räume je Stockwerk, meistens eine Halle mit angrenzender Kammer (Saalbau).

Die späteren Türme waren im Verhältnis zu ihrer Grundfläche sehr hoch und hatten oft keine Zwischenwände. Diese Bergfriede könnten nur erbaut worden sein, um Eindruck zu schinden. Manche waren zu eng für jede praktische Nutzung; größere Donjons mögen die Wohnräume der Burgherrn beherbergt haben.

Colchester

Dieser frühe Saalbau in Essex steht auf den Grundmauern eines römischen Tempels für den Kaiser Claudius, der in einer britischen Festung lag, und ist einer der größten Türme mit einer Grundfläche von 52 x 44 m. Zwei Stockwerke sind erhalten, doch es ist nicht bekannt, wie viele Stockwerke der Turm ursprünglich besaß. Viele römische Ziegel wurden beim Bau von den Arbeitern wiederverwendet, und der Bau ähnelt sehr stark dem *White Tower* vom Tower in London und könnte vom gleichen Baumeister stammen.

Colchester wurde wahrscheinlich um 1080 für Bischof Odo, den Halbbruder des Eroberers, errichtet. Der Eingang wurde in das Erdgeschoss verlegt. Er war während der Bürgerkriege unter König Johann (1199–1216) heiß umkämpft. Der Innenraum ist durch eine Zwischenwand in zwei sehr unterschiedliche Räume geteilt, weitere kleine Kammern lagen in dicken Mauern an der Südseite nahe dem Fundament der Kapelle.

Hedingham

Dieser Bergfried in Essex in einem Erdwall ist der einzige Rest einer Bug für Aubrey de Vere, erster Earl von Oxford, die um 1140 entstand. Dazu kommt eine 1496 erbaute Brücke über den Burggraben. Es gab einen Lagerkeller, der über eine Wendeltreppe zugänglich war, und darüber zwei Stockwerke. Von dem heute verfallenen Torhaus gelangte man direkt in den ersten Stock.

Die Zwischenmauer wurde in jedem Stockwerk durch einen herrlichen Bogen von 8,5 m Spannweite ersetzt. Zusätzlich hatte der zweite

Unten: Dieser frühe normannische Bergfried bei Colchester ist einer der größten und in vielerlei Hinsicht dem *White Tower* in London ähnlich.

Querschnitt des Bergfrieds von Hedingham

Stock eine gemauerte Galerie. Die oberste Fensterreihe sollte ein weiteres Stockwerk vortäuschen, lag jedoch im Dachboden. Das Gebäude sollte beeindrucken und wurde wahrscheinlich nur für besondere Gelegenheiten wie Feste verwendet, es gab keine Kammern in den Mauern.

Orford

Orford nahe der Südküste von Suffolk wurde in den Jahren 1165–1167 für Heinrich II. errichtet. Bald kam eine Außenmauer und Türme hinzu, die jedoch heute fehlen.

Der nach außen polygonale Grundriss war ein Versuch, Ecken und Kanten zu vermeiden, um Spitzhacken der Belagerer und tote Winkel für die Bogenschützen zu vermeiden. Drei Gefechtstürme beherrschen den Entwurf der Anlage.

Das Innere bot dem König ein wohnliches Ambiente: Kapelle, Küchen mit eigenem Ausguss, Abflussrinnen in zwei Stockwerken und sogar ein Urinal außerhalb einer Kammer in der Mauer. Orford blieb eine königliche Burg, bis Edward III. sie 1336 an Robert de Ufford übergab.

Conisbrough

Dieser Bergfried im Süden Yorkshires wurde um 1180 von Hamelin Plantagenet, dem Halbbruder Heinrichs II., erbaut. Sie steht in einem halbkreisförmigen Burghof mit Steintürmen und nach oben schräg zulaufenden Mauern über starken Fundamenten.

Conisbrough ist die erste Rundburg Englands und hat sechs vorspringende Strebepfeiler, wovon nur der, der Teile der Kapelle beinhaltet, nicht massiv ist. Ursprünglich bestand der Bergfried aus vier Stockwerken über einem Kellergewölbe und einem Eingang in den ersten Stock.

Oben: Der polygonale Turm bei Orford hat drei Flankentürme und einen Torbau über dem Eingang.

Links: Der kreisförmige Bergfried bei Conisbrough ist berühmt für seine großen Stützpfeiler.

Der Mauerring

Rechts: Framlingham hat keinen Bergfried, jedoch hohe Verteidigungsmauern mit Mauertürmen – später kamen auch verzierte Tudor-Kamine hinzu.

Im 11. und 12. Jahrhundert wurden die den Burghof umschließenden Palisaden oft durch Steinmauern ersetzt. Der Donjon verblieb jedoch im Zentrum der Anlage, ein mächtiger Turm, für dessen Errichtung große Summen und große physische Anstrengungen notwendig waren.

Ab dem späten 12. Jahrhundert wurden jedoch bereits einige Burgen ohne diese schützenden Türme errichtet. Um dies auszugleichen, mussten die Verteidigungsmauern so beeindruckend und mächtig wie möglich werden. Die Mauern wurden mit gemauerten, vorspringenden Türmen verstärkt, von denen aus Bogenschützen entlang der Mauern auf Angreifer schießen konnten.

Oben: Der Bergfried (einer der ersten normannischen Steintürme Englands), der aus dem frühen Torhaus in der frühen Ringmauer errichtet wurde, die den inneren Burghof von Ludlow umgab.

Ludlow

Die Burg steht an der Teme in Shropshire, an der Grenze zu Wales. Roger de Lacy begann 1085 mit ihrem Bau. Der Innenhof ist durch einen in den Fels geschnittenen Graben geteilt und wird durch eine gerade Ringmauer mit steilem Sockel und vier quadratischen gemauerten Türmen gesichert.

Ursprünglich sprang ein T-förmiges Torhaus mit einem Tonnengewölbe als Durchgang etwas aus der Mauer hervor; es wurde aber vielleicht nach den Kriegen von 1143 bis 1148 zu einem größeren, quadratischen Donjon umgebaut. Im inneren Hof steht auch die wunderschöne runde Kapelle. Auch der Außenhof ist von einer Mauer mit quadratischen Türmen umgeben. Die runden Türme und viele Wohnbauten wie die Halle und der Empfangsraum kamen im späten 13./frühen 14. Jahrhundert hinzu.

Unten: Die runde normannische Kapelle von Ludlow liegt innerhalb der Mauern.

1581 wurde ein weiteres Torhaus im Norden erbaut. Prinz Arthur, der ältere Bruder von Heinrich VIII., starb 1507 in Ludlow, im nach ihm benannten *Arthur's Tower.* Nach ihrer Renovierung diente die Burg dem Lord's President des Council of Wales.

Framlingham

Die Burg liegt in Suffolk und wurde für Roger Bigod, Earl von Norfolk, im späten 12. Jahrhundert erbaut. Die Anlage ohne Donjon wird von hohen Ringmauern mit einer Reihe hoher, leicht vorgesetzter Türme gesichert. Diese Türme erhielten später reizvolle Tudor-Kamine und sind auf der Rückseite nur mit Holzwänden geschlossen, die entfernt werden konnten, falls der Feind einen Turm erobert hatte, was dem Feind die Deckung nahm. Zwischen Wehrgang und Turmeingang lagen hölzerne Plattformen, die entfernt werden konnten, um Angreifer daran zu hindern, von der Mauer in einen Turm zu gelangen.

König Johann belagerte und eroberte Framlingham 1216. Die Bigods verloren unter Edward I. ihr Land an die Krone, Framlingham ging an die Mowbrays, dann die Howards, Grafen von Norfolk. 1533 war es in königlichem Besitz, als Prinzessin Maria hier residierte, als sie Königin wurde. 1636 wurde Framlingham dem Pembroke College, Oxford, vererbt, mit der Auflage, hier ein Armenhaus zu errichten. Doch alle Wohnbauten wurden abgerissen.

Goodrich

Oberhalb des Flusses Wye liegt bei Ross die Burg Goodrich, die 1101/02 erstmals in Chroniken erwähnt wird. Der in den Felsen geschnittene Graben folgt wohl den ältesten Verteidigungsanlagen. In der Mitte des 12. Jahrhundert wurde ein einfacher, dreistöckiger Donjon errichtet. Einige Reste der Burgmauer aus dem 13. Jahrhundert sind noch zu sehen.

1246 wurde die Burg der Familie Valence übertragen und 1300 wieder aufgebaut. Die breiten Mauern, die den Bergfried fast erdrücken, verlaufen etwa rechteckig, runde Ecktürme sind tief im Boden verankert. Das Tor im Osten wird durch ein halbkreisförmiges Vorwerk aus dem 14. Jahrhundert gesichert, von dem aus weitere Mauern die Nord- und Westseite schützen.

Im 14. Jahrhundert übernahmen die Talbots die Burg, bis sie 1616 an die Earls of Kent übergeben wurde. 1643 wurde sie vom Earl of Stafford besetzt, der sich aber zurückzog, als eine königliche Armee aufmarschierte. Sir Henry Lington hielt die Burg für Karl I., auch nach dessen Exekution. Lington musste kapitulieren, als seine Wasservorräte zu Ende gingen. Danach wurde die Burg geschleift.

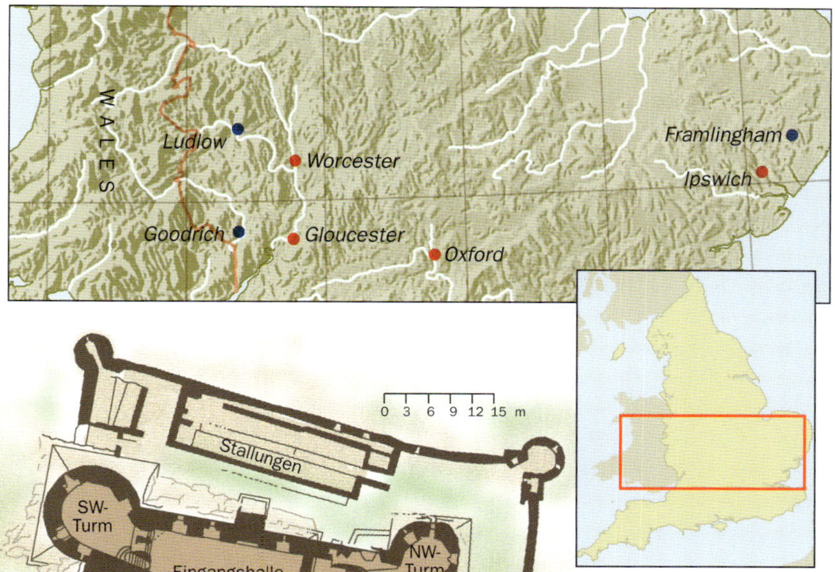

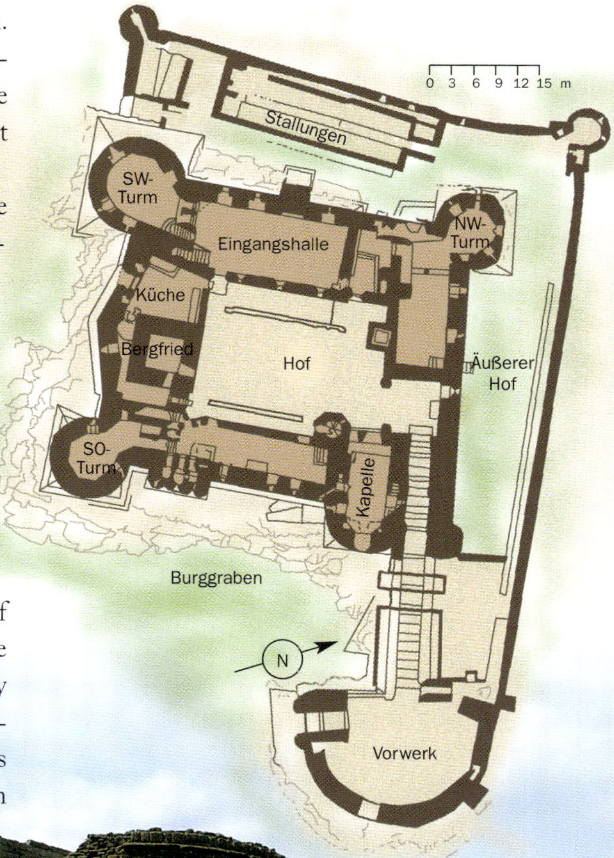

Der Grundriss der Burg von Goodrich zeigt die häuslichen Einrichtungen entlang der Mauern

Unten: Das Vorwerk (ganz rechts) führt zum Portal von Goodrich. Sein Eckturm hat tiefe Stützstreben.

Rundburgen

In England findet man vereinzelt Burgen mit doppelten Mauern zum gegenseitigen Schutz. Einige königliche Burgen wurden langsam zu großen Rundanlagen erweitert, aber die Kosten des Umbaus belasteten die Kassen enorm. Als Rundburgen aufkamen, hatte die Krone bereits so viel Macht, dass der Adel ohne Zustimmung solche Erweiterungen nicht durchführen konnte.

Dover

Als eine der ältesten befestigten Anlagen Englands erhebt sich Dover Castle über dem Ärmelkanal auf den Klippen von Kent. Als Wilhelm der Eroberer nach der Schlacht bei Hastings dort ankam, fand er eine eisenzeitliche Festung vor, die vor der Eroberung einem normannischen Günstling König Edwards des Bekenners gedient haben könnte, ferner einen römischen Leuchtturm und eine sächsische Kirche aus dem 10. oder 11. Jahrhundert. Wilhelm arbeitete acht Tage am Ausbau der Festung, sichere Spuren davon sind jedoch nicht erhalten.

Heinrich II. errichtete 1180 einen imposanten rechteckigen Bergfried, dessen Mauern am Boden 6,4 m stark waren; sein Entwurf war veraltet, doch er hatte alle notwendigen Räume sowie einen privaten Zugang zur Kapelle. Der Bergfried steht in einem von hohen Mauern umgebenen inneren Burghof mit einschließlich der Tortürme 14 nach hinten offenen Flankentürmen, die leicht vorsprangen, um die Mauern zu decken. Heute enthält der Hof nur noch Kasernenbauten aus dem 18. Jahrhundert.

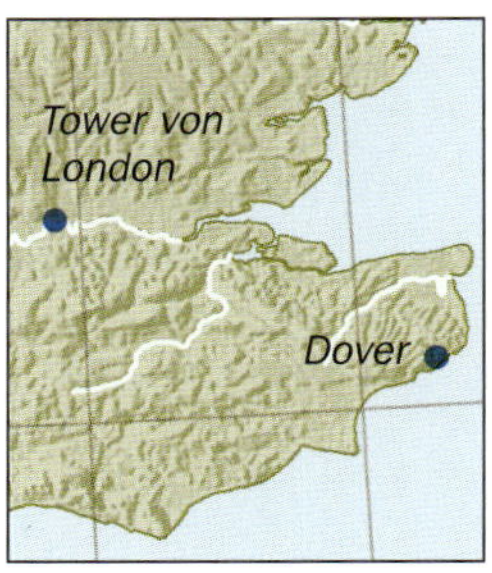

Grundriss der Burg von Dover

Unten: Der große Bergfried und innere Burghof von Heinrich II dominiert die Stadt von Dover.

Heinrich begann auch mit dem Bau eines Außenhofs, ebenfalls mit Flankentürmen, der noch heute an der Ostseite der Burg sichtbar ist. Dover war nicht nur teuer – es verschlang 60 Prozent der königlichen Einkünfte –, sondern auch futuristisch in der Erscheinung.

Mit ihren drei Verteidigungslinien war die Burg ein Vorläufer der Rundburg. Als Heinrich starb, waren die Außenmauern noch nicht fertig; sein Sohn Johann führte den Bau an der Nordseite fort. Er ließ D-förmige statt rechteckige Türme bauen und errichtete eine Mauer, die die

Kirche und den Leuchtturm umschloss. Als Johann 1216 im Bürgerkrieg kämpfte, setzte der Adel Prinz Ludwig – den Sohn des französischen Königs – auf den Thron. Dieser belagerte Dover, das damals Hubert de Burgh hielt, und besetzte den Wachturm am Nordtor. Eine Mine zerstörte das Osttor; Hubert jedoch überbrückte das Loch mit Palisaden und bekämpfte den Feind, bis Ludwig abzog, als die Nachricht von Johanns Tod kam. Der junge Heinrich III. wurde König.

Heinrich III. erweiterte die Mauern in Richtung Klippen, sodass die Burg 1256 ihre vollen Ausmaße erreichte. Langsam verfiel die Burg, bis sie um 1800 während der napoleonischen Kriege modernisiert wurde. In den Bergfried wurden bombensichere Rundbögen gebaut, außen liegende Türme wurden einer Bettung für Artillerie geopfert. Ein Tunnel führte zum nördlich gelegenen Vorwerk. Es wurden Bastionen und Schießstände für Musketen errichtet; weitere Batterien kamen Mitte des 19. Jahrhunderts dazu und wurden sogar im Zweiten Weltkrieg noch umgebaut.

Oben: Der White Tower aus dem 11. Jahrhundert mit nachträglich vergrößerten Fenstern ist das Zentrum dieser königlichen Festung.

Grundriss des Tower von London: Die äußere Verteidigungsmauer kam im späten 13. Jahrhundert hinzu.

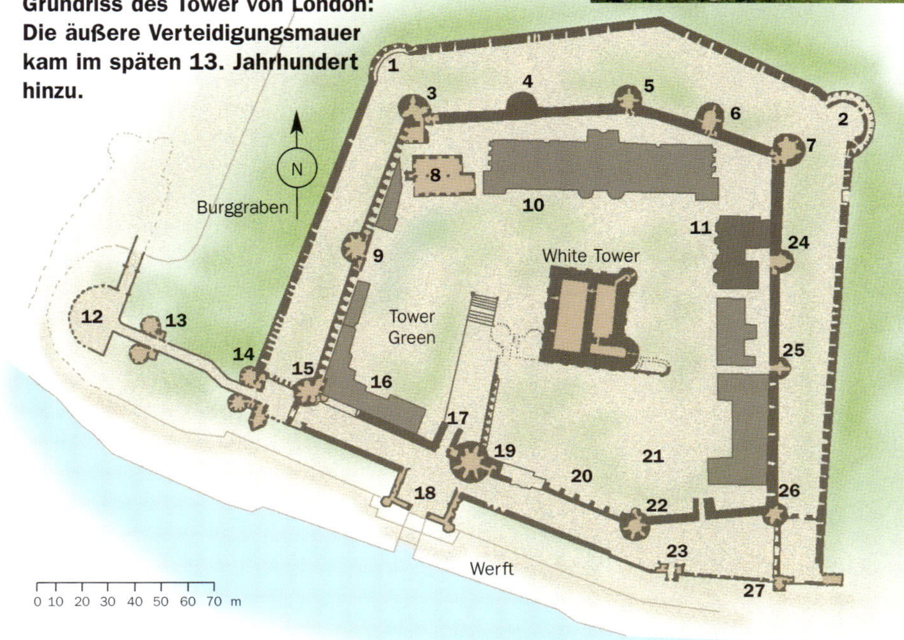

Der Tower von London

1066 begann Wilhelm der Eroberer im Südosten Londons mit dem Bau des Tower, indem er den Winkel der römischen Stadtmauern mit der Themse abschnitt. Innerhalb von zehn Jahren begann der Bau des riesigen Donjons, der unter Heinrich III. *White Tower* hieß – nach seiner weißen Schutzfarbe gegen die Witterung.

Im späten 12. Jahrhundert wurden die Mauern nach Westen vorgeschoben, unter Heinrich III. nach Norden und nach Osten über die römische Stadtmauer hinaus, mit D-förmigen und runden Türmen. Heinrichs Sohn, Edward I., fügte einen 49 m breiten Graben hinzu und ergänzte die Anlage um eine zusätzliche äußere Ringmauer (1275–1285) und schuf damit die mächtigste Burganlage des gesamten Landes.

Die anfangs eher niedrigen Außenmauern wurden um 1300 erhöht. Eduard legte für den Bau der Südmauern sogar einen Teil der Themse trocken und schuf ein neues Fluttor, das *Traitor's Gate* im *St. Thomas' Tower*. Ein neuer Eingang umfasste einen Wachturm und zwei Torhäuser.

Im 16. Jahrhundert verlor der Tower seine Funktion als Königspalast weitgehend. Bis ins 19. Jahrhundert beherbergte er die Königliche Münze, das Archiv, den Zoo und das Arsenal. Ab 1855, nach einem Großbrand 1841, wurde der Tower mehr und mehr zur Touristenattraktion.

Herrensitze

Gegenüber oben: Warwick Castle verfügt über mehrere mächtige Türme und ist in eine eindrucksvolle Landschaft gebettet.

Gegenüber unten: Bodiam Castle aus dem 14. Jahrhundert mit seinem Burggraben stellt eine malerische Ruine dar.

Unten: Die Ruinen von John of Gaunt's Wohnbauten stehen links des normannischen Bergfrieds in Kenilworth.

Burgen entbehrten nicht immer jeglichen Komforts. Obwohl normannische Burgen nur selten modernen Standard boten, wurden die Anlagen nach und nach mehr Wohnsitz als Festung, vor allem in Friedenszeiten.

Kenilworth

Kenilworth in Warwickshire verdankt einen Teil seines Ruhms dem gleichnamigen Roman von Walter Scott aus dem 19. Jahrhundert. Die aus rotem Sandstein erbaute Burg wurde im 12. Jahrhundert von Geoffrey de Clinton errichtet und von Heinrich II. für die Krone übernommen. Er ergänzte auch den rechteckigen Bergfried. Um 1205 kamen die Außenmauern hinzu.

Um 1370 baute John of Gaunt, ein Sohn Edwards III., Kenilworth mit großem finanziellem Aufwand wahrhaft königlich um, bis hin zu Holzschnitzereien in den Stallungen. Trotz des Verfalls lässt der Festsaal mit seinen reich verzierten Erkerfenstern die Einzigartigkeit der Räume erkennen. Robert Dudley, Earl of Leicester, fügte eigene Bauten hinzu und unterhielt hier 1575 Elisabeth I. mit einem 19 Tage dauernden Fest.

Warwick

Diese imposante Burg steht auf einem Sandsteinfelsen über dem Avon in Warwickshire. Die Angelsachsen errichteten hier im 10. Jahrhundert eine Festung gegen die Dänen, die erste Burg wurde jedoch 1068 von den Normannen erbaut. Deren Erdhügel (Motte) ist mit Resten eines später erbauten achteckigen Bergfrieds erhalten.

Im 14. Jahrhundert wurde Warwick zur heutigen Form umgebaut: mit einer befestigten Südseite, großzügigen Wohnräumen und schönem Blick auf den Fluss. Die nordseitigen Mauern enthielten ein Torhaus mit Pechnasen, einen Wachturm und zwei beeindruckende Türme im französischen Stil. Der *Caesar's Tower* ist fünfstöckig mit starker Basis und zweireihigen Zinnen.

Im Jahre 1604 übertrug Jakob I. die Burg an Sir Fulke Greville, der eine unglaubliche Summe für Renovierungsarbeiten ausgab. Seine Familie pflegte diesen Wohnsitz bis ins Jahr 1978.

Bolton

Diese Burg wurde um 1379 für Richard le Scrope in Wensleydale, North Yorkshire, gebaut. Der rechteckige Hof ist von Räumen gesäumt, die an die Ringmauer angebaut sind. Diese hat rechteckige Ecktürme sowie Türmchen in jeder Längsseite. Ein Durchgang mit Fallgattern an den Enden schützt den Eingang. Vier Tore – jedes mit Fallgatter – führten vom Burghof zu den Kammern. Ställe und Lagerräume befanden sich im Erdgeschoss, die Festsäle, Küchen und Zimmer waren im ersten und zweiten Stock. Der süd-

östliche Bereich konnte vom Rest getrennt und als eigenständiger Bereich geführt werden.

Von 1568 bis 1569 saß Maria, Königin von Schottland, im Kerker auf Bolton. Im englischen Bürgerkrieg wurde die Burg stark beschädigt.

Bodiam

Bodiam wurde 1385 als Märchenschloss für Sir Johann Dalyngrigge errichtet, um drohende französische Angriffe abzuwehren. Die Burg liegt umgeben von einem riesigen Graben nahe Robertsbridge in East Sussex am Fluss Rother.

Bodiams symmetrische Mauern umschließen einen quadratischen Burghof mit runden Ecktürmen, quadratischen Türmen in der Mitte jeder Seitenmauer sowie Torhäusern vorne und hinten. Das vordere Torhaus ist größer, eher wie ein Donjon; es hat drei Fallgitter, von denen das dritte das Tor vom Burghof trennt. An den Mauern findet man frühe Schießscharten für die neuen Kanonen – dies sind jedoch die einzigen Zugeständnisse an Feuerwaffen.

Die Wohnräume sind an die Innenseite der Mauern angebaut; die im Westen sind von höherer Qualität. Dalyngrigges Suite im ersten Stock hatte einen direkten Zugang zu seinem Stuhl in der Kapelle, außerdem gab es einen Audienzsaal und einen Wohnraum mit zwei Schlafkammern. Die Gästesuite darunter war ähnlich angelegt.

Bei ihrer Fertigstellung war die Burg schon wieder überflüssig, da die englische Flotte bereits 1388 die Kontrolle über den Kanal innehatte. Die Burg verfiel langsam bis zu ihrer Renovierung 1917 durch Lord Curzon.

Die Etagen der Bolton-Burg

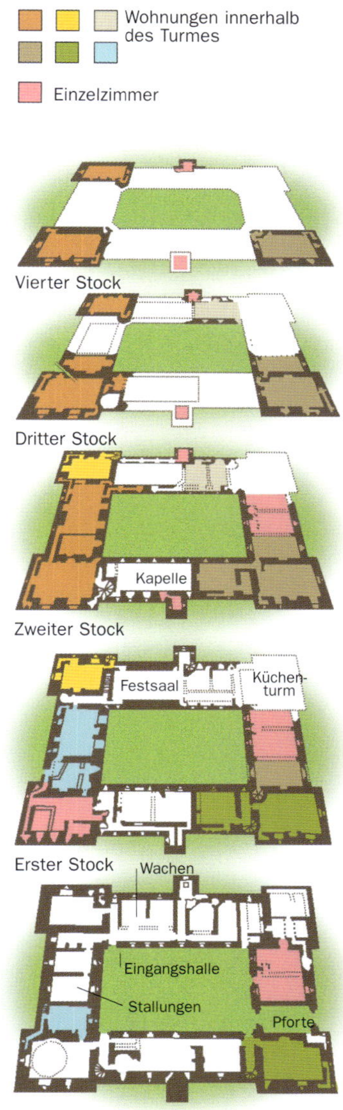

Wohntürme

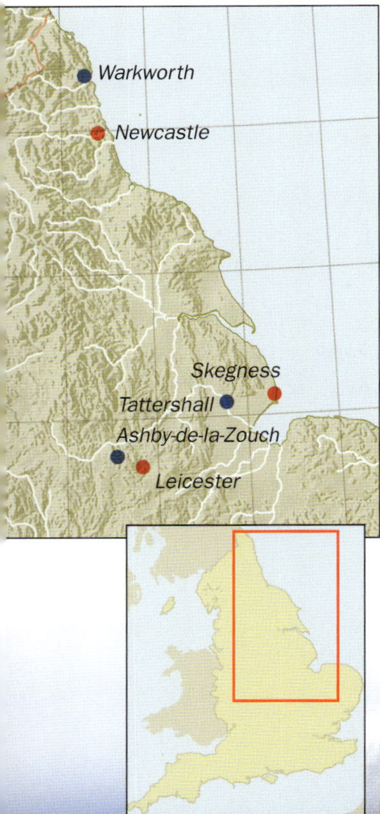

Der Wohnturm war für den Adel, seine engste Familie und Freunde bestimmt. Er war der Nachfolger des Donjons, der für den Burgherrn bestimmt war; der Wohnturm hingegen war für das Familienleben gedacht und ist daher mit dem Zimmerturm des 13. Jahrhunderts verwandt. Er bestand aus Lagerräumen im Erdgeschoss, einem Saal oder einem großen Raum im ersten Stock sowie einem weiteren Zimmer darüber. Wohntürme waren eigenständige Bauten im Inneren kleinerer Burgen.

Wohntürme waren im 15. Jahrhundert an Orten beliebt, die durch Raubzüge oder Unruhen gefährdet waren, etwa Grenzen; ihre starken Mauern boten nützlichen Schutz – einem entschlossenen Sturm hätten sie allerdings nicht standgehalten.

Warkworth

Warkworth liegt am Fluss Coquet in Northumberland, vielleicht an der Stelle einer sächsischen Festung. Im 12. Jahrhundert wurde die heutige Burg errichtet. Als König Johann 1214 in Warwick weilte, gab es bereits einen von Mauern umgebenen Saal im Westen sowie eine Kapelle neben dem Torhaus im Süden.

1332 wurde Warkworth von der Familie Percy gekauft, die es zu einer luxuriösen Festung ausbaute, die den als *Grey Mare's Tail* bekannten Turm umfasste. Der Donjon auf der alten Motte wurde um 1390 zu einem Wohnturm umgebaut, die Ecken beschnitten und Erker in der Mitte jeder Seite eingefügt. Ein Wappen-

Links: Tattershall verdeutlicht, wie der Wohnkomfort bei Burgen wichtiger wurde als die Befestigung.

löwe war in die stadtseitige Mauer gemeißelt. Im Inneren bestand der Wohnturm aus einem Saal, der Küche, einer Kapelle, den Zimmern und den Kellerräumen. Der Eindruck eines soliden Turms wird durch die großen Fenster im ersten Stock sowie durch die unzähligen Kammern und Stiegen, die die Mauern schwächten, erschüttert.

Als er von einer Verschwörung des dritten Lords Percy und dessen Sohn, Harry *Hotspur* Percy, hörte, nahm Heinrich IV. Warwick 1405 ein. Obwohl die Percys die Burg 1416 zurückbekamen, wurde Sir Thomas Percy 1572 aufgrund seiner Rolle im Aufstand des Nordens gegen Elisabeth I. enthauptet und Warkworth verfiel.

Tattershall

Tattershall in Lincolnshire wird heute noch als Donjon geführt. Von der Burg aus dem Jahr 1231 ist nichts übrig. Erhalten ist der 1450 von Ralf Cromwell, Schatzmeister von England, aus Ziegeln errichtete Wohnturm. Teile der Burg wurden an Spekulanten verkauft; nur das Eingreifen von Lord Curzon 1911 rettete die Ruinen für die Nachwelt.

Ein Gang im ersten Stock verband Cromwells Turm mit dem alten Saal. Trotz eines Grabens spielte der Gedanke an eine Verteidigung keine große Rolle. Die großen Fenster in der Vorderseite sorgen für gutes Licht, sind jedoch gegen feindliche Geschosse keine Hilfe. Die Türen sind in Bodenhöhe, es gibt eine nutzlose, jedoch dekorative Dachgalerie; nur die Pechnasen auf der Mauer sind funktionstüchtig, jene auf den Türmchen sind Attrappen.

Im Inneren hatte jede Etage einen großen repräsentativen Raum mit kleineren Kammern und Verbindungen in die Türmchen. Seit dem späten 17. Jahrhundert verfällt die Burg.

Ashby-de-la-Zouch

Die aus dem 12. Jahrhundert stammende Halle der Familie Zouch bei Ashby in Leicestershire wurde im 14. Jahrhundert wieder aufgebaut. Der Großteil der Wohnbauten stammt aus dieser Zeit. Lord Ormonde wurde 1461 exekutiert und Wilhelm, Lord Hastings, erhielt 1474 die Erlaubnis, das Herrenhaus mit Zinnen zu versehen.

Im Süden des Wohnbereichs erbaute er einen von einer Mauer umgebenen 27,40 m hohen, rechteckigen Wohnturm mit vier Stockwerken sowie einem siebenstöckigen Ostflügel. Anders als Tattershall war Ashby-de-la-Zouch stark befestigt und hatte einen eigenen Brunnen; der Eingang war jedoch auch hier im Erdgeschoss. Ein überhängender Wachturm schützte eine Ecke.

Unter Richard III. wurde Lord Hastings 1483 enthauptet. Oberst Heinrich Hastings verteidigte Ashby im englischen Bürgerkrieg, es wurde dennoch eingenommen und gesprengt, wobei der halbe Turm zerstört wurde.

Gegenüber: Der Wohnturm bei Warkworth stammt aus dem 14. Jahrhundet und befindet sich auf einem Erdwall.

Unten: Der Wohnturm bei Ashby-de-la-Zouche aus dem 15. Jahrhundert fiel 1649 einem Schußangriff zum Opfer und besteht heute nur noch als Ruine.

Walisische und englische Burgen

Nachdem Wales von den Angelsachsen größtenteils ignoriert wurde, entstanden die ersten walisischen Burgen erst bei der Invasion der Normannen. Heinrich II. gründete eine Kolonie im Südwesten, die von Engländern und Walisern umkämpft wurde, bis Edward I. ein Machtwort sprach.

Wales gehört zur so genannten „keltischen Randzone" Großbritanniens, die die Angelsachsen nicht besiedelten. Oft gab es Konflikte zwischen beiden Völkern, manchmal Bündnisse. Nach der Eroberung durch die Normannen wurden an der walisischen Grenze Burgen gebaut. Bald darauf begann der abenteuerlustige Adel entlang der Süd- und Nordküste vorzudringen und überall Burgen zu hinterlassen.

Diese Burgen bestanden zunächst aus Erde und Holz. Unter Heinrich II. gab es bereits ein gemeinschaftliches Vorgehen, als die Normannen und die angevinischen Kriegsherren begannen, Verteidigungsanlagen tief in Wales zu erbauen. Heinrich holte englische und flämische Siedler, um Pembrokeshire (Dyfed) im Südwesten von Wales zu kolonisieren. Festungen wie Pembroke sollten die neue Kolonie sichern.

In dieser frühen Phase entstanden beeindruckende Burgen wie Manorbier weiter östlich an der Küste, das als Geburtsort und Wohnsitz des im 12. Jahrhundert lebenden Gerald of Wales (oder de Barry) bekannt ist. Geralds Buch *A Journey through Wales* vermittelt einen fesselnden

Unten: Die Außenmauern von Manorbier wurden im 13. Jahrhundert errichtet; einige ältere Telie der Burg stammen allerdings aus dem 12. Jahrhundert.

Eindruck von Wales im 12. Jahrhundert.

Walisische Stammesführer und Könige bauten Burgen nach dem Vorbild ihrer englischen Nachbarn meist in hügeligem und bergigem Gebiet; als Zentrum des Aufstands wurden einige Burgen immer abwechselnd vom englischen oder walisischen Adel erobert.

Edwards gebaute Botschaft

Carreg Cennan (Dyfed) ist eine beeindruckende Burg, die auf einer Klippe über dem Cennan Fluss nahe der Black Mountains liegt. Sie könnte von Rhys ap Gruffydd im 12. Jahrhundert erbaut worden sein und wechselte während der Kämpfe mit den englischen Invasoren mehrere Male den Besitzer. Eduard I. nahm die Burg 1277 ein und die neuen Lords Giffard ergänzten einen Großteil der noch heute sichtbaren Steinbauten. In den Jahren 1403/04 fiel die Burg wieder in walisische Hände, als sie von Owain Glendower besetzt wurde.

Ganz anders die aus dem 11. Jahrhundert stammende, durch spätere Bauten stark veränderte Burg Carew (Dyfed); sie erbaute Rhys ap Tudor, der Prinz, der Südwales regierte, und gab sie seiner Tochter Nest als Hochzeitsgeschenk, als sie den Engländer Gerald de Windsor, Lord of Pembroke, heiratete. Heinrich I. förderte die Ehe – er hatte mit Nest bereits ein uneheliches Kind.

Walisische und englische Könige und Fürsten bauten neue Burgen und bestehende aus – Wales blieb ein Unruheherd. Edward I. jedoch hinterließ mit seinem Bauprogramm entlang der Nordküste und der Westgrenze einen prägenden Eindruck in Wales. Seine Burgen gehören zu den besten Werken der Kriegsarchitektur Großbritanniens. Sie waren riesig und strapazierten die Ressourcen der Krone, hatten jedoch eine eindeutige Botschaft. Sie vermittelten die Entschlossenheit des Königs, das Land mit Gewalt zu unterwerfen, und noch heute bieten die hohen Mauern dem Besucher einen bedrohlichen Anblick.

Im 15. Jahrhundert gingen die walisischen Aufstände zurück. 1485 landete der letzte Angehörige des Hauses Lancaster und Anwärter auf die englische Krone, Heinrich Tudor, aus Frankreich in Wales. Heinrich war väterlicherseits Waliser, war aber durch seine Mutter entfernt mit dem Hause Lancaster verwandt. Nachdem er König Richard III. in der Schlacht von Bosworth ermordet hatte, wurde er König, und die Herrschaft der Tudorkönige in England begann.

Links: Carreg Cennen überblickt die walisische Landschaft.

Oben: Raglan weist gut erhaltene Pechnasen auf.

Unten: Das ursprüngliche Aussehen von Carew wurde um 1480 bedeutend verändert. Erneut umgebaut wurde die Burg im Elisabethanischen Zeitalter, um sie häuslicher zu machen.

1158–65	1277–95	1284	1330–76	1359–1416	1405	1409	1536
Heinrich II. erobert allmählich Wales	Edward I. führt Krieg in Wales und löst einen Burgenbauboom aus	Edward I. gelingt es, Wales zu erobern	Lebenszeit von Edward, Prince of Wales (der Schwarze Prinz)	Lebenszeit des walisischen Führers Owen Glendower	Französische Truppen landen in Wales zu Owen Glendowers Unterstützung	Heinrich IV. beendet den Aufstand der Waliser; Owen Glendower flieht aus Harlech	Wales wird mit England vereint

Burgen der Invasoren

Die Normannen waren aggressiv und es überrascht kaum, dass sie in Wales eindrangen. Vor der Eroberung 1066 hatten normannische Höflinge des angelsächsischen Königs Edward des Bekenners Burgen aus Erdwällen und Palisaden errichtet, vorwiegend im Westen Englands entlang der Grenzen und zu einer Zeit, als es noch keine anderen Burgen in England gab. Die Anzahl der Festungen stieg ständig an, während die Grenzen immer mehr gesichert wurden und fremde Ritter in Wales eindrangen.

Chepstow

Imposant thront Chepstow auf den Klippen über dem Fluss Rye in Gwent. Den Bau begann Wilhelm FitzOsbern, Graf von Hereford und enger Freund von Wilhelm dem Eroberer, um 1067. Chepstow sollte die Furt sichern und eine Basis für bewaffnete Einfälle in Wales bilden.

FitzOsberns Donjon ist einer der ältesten erhaltenen Türme in Großbritannien. Er wurde vor seinem Tod 1071 fertig, besaß zwei Etagen und war durch einen Gang mit den geschützten Höfen verbunden. 1115 wurden die Clares Besitzer der Burg und erhielten die Aufmerksamkeit von Wilhelm Marshall, der die Erbin der Clares 1189 heiratete. Ihre Söhne fügten Chepstow südseitig einen niedriger gelegenen Vorhof mit einem Torhaus mit Zwillingstürmen hinzu sowie einen Wachturm im höher gelegenen Hof. Der Donjon wurde erhöht und der Gang durch Überdachung zur Galerie.

Nach dem Tod von Anselm Marshall 1245 ging die Burg auf die Familie Bigod über. Robert

Rechts: Mächtige Stützstreben an einem Turm von Chepstow.

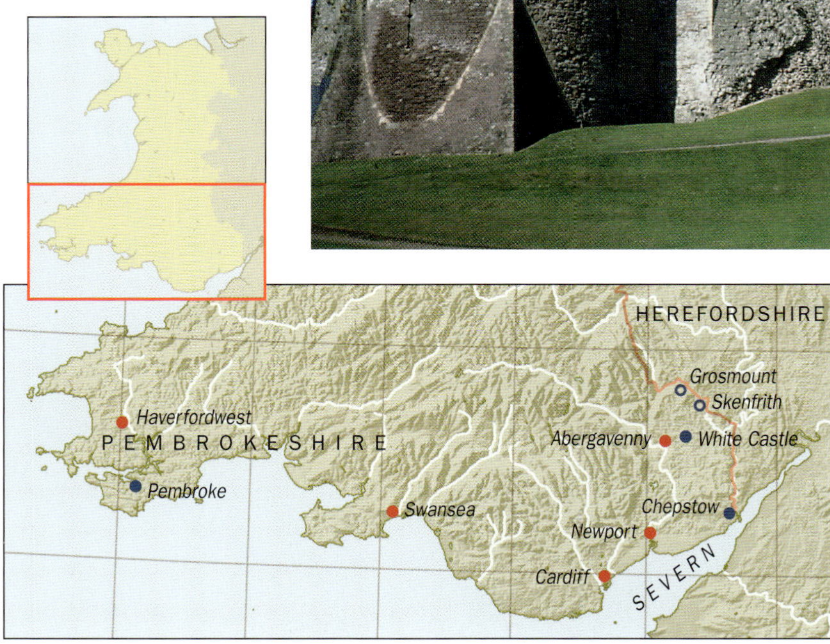

Bigod vergrößerte das aufgesetzte Stockwerk des Donjon und baute eine Reihe von Nebenräumen an die Außenmauer. 1285–93 kam noch ein D-förmiger Turm hinzu mit Strebepfeilern zur Verstärkung der Basis. Ursprünglich als Wohnsitz gedacht, diente Chepstow später als Gefängnis für Henry Marten, einen der Männer, die den Hinrichtungsbefehl Karls I. unterzeichnet hatten. Während der Bürgerkriege wurde die Burg zweimal besetzt, jedoch nie zerstört.

Links: Die Burg von Pembroke ist durch den Fluss geschützt, den sie zugleich beherrscht.

Pembroke

Pembroke liegt auf einem steilen, felsigen Vorgebirge in einer Schleife des Flusses, der es auf drei Seiten sichert; auf der vierten liegt die Stadt. Die erste Erd- und Holzburg an dieser Stelle legte 1093 Arnulf Montgomery an. Im 12. Jahrhundert ersetzte Wilhelm Marshall die Anlage durch einen etwa dreieckigen Mauerkranz, in welchen er einen riesigen runden Donjon von 24,3 m Höhe und 6 m Durchmesser setzte.

Um 1250 wurde die Anlage landeinwärts um einen zweiten Burghof mit einem stark befestigten Torhaus und einem Wachturm gegenüber der Stadt erweitert. Als 1648 John Poyer, Pembrokes Besitzer, die Seiten wechselte, griff Oliver Cromwell die Burg an. Nach sechs Wochen fiel sie und wurde geschleift

White Castle

Von den drei Burgen White Castle, Grosmont und Skenfrith, die ein sich gegenseitig sicherndes Dreieck bilden, ist White Castle die am besten erhaltene. Sie liegt in der Nähe von Abergavenny in Gwent und hieß zunächst Llantilio, wurde jedoch im 13. Jahrhundert weiß getüncht und daraufhin umbenannt.

Im 12. Jahrhundert entstanden ein Donjon und Außenmauern; ein Wassergraben verband sie mit einem neuen äußeren Palisadenhof im Süden. 1201 erhielt sie Hubert de Burgh, der sie nicht weiter veränderte. Unruhen in Wales forderten jedoch im späten 13. Jahrhundert größere Umbauten. Der Donjon wurde niedergerissen, der Mauerkranz erhielt vier runde Türme und ein Torhaus mit Zwillingstürmen. Den Zugang kontrollierte ein zusätzlicher Vorhof im Norden, der seine eigene Ringmauer mit vier Türmen sowie einen trockenen Burggraben hatte.

Trotz dieser imposanten Arbeiten verlor White Castle bald seine Bedeutung, als Edward I. im Land für Ruhe sorgte. Ab dem 16. Jahrhundert war die Burg sich selbst überlassen.

Unten: White Castle ist durch mächtige Türme und Außenmauern geschützt; der Donjon wurde zerstört.

Die Burgen König Edwards I.

Edward I. war ein großer Burgenbauer, der während der walisischen Kriege 1277, 1282/83 und 1294/95 ein umfassendes Bauprogramm initiierte. Zu den Umbauten zahlloser bestehender Burgen in Wales und der Grenzregion kamen zehn neue Burgen (zwei davon im Süden) und vier neue Festungen für seine Markgrafen – Hawarden, Denbigh, Holt und Chirk. Fünf der neu gebauten Burgen – Aberystwyth, Flint, Rhuddlan, Caernarfon und Conwy – wurden neben einer befestigen Stadt gebaut.

Unten: Im Vordergrund befindet sich der große Turm bei Flint.

Flint

1277 begann Steinmetzmeister James of St. George den Bau der Burg Flint, während Edward gegen den walisischen Prinzen Llywelyn ap Gruffydd ins Feld zog. Sie steht auf dem „Flint", einer Felsnase am Ufer des Dee in Clywd.

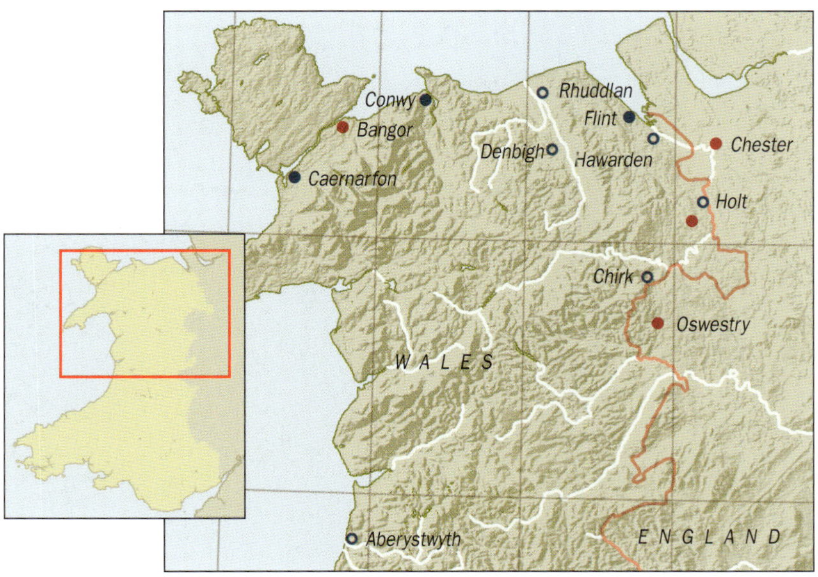

Flint besteht aus zwei Burghöfen und einem mächtigen Rundturm, mit 7 m starken Wänden und gleichem inneren Durchmesser. Der Vorhof ist eine Ruine; den quadratischen Innenhof umgibt eine Mauer mit drei runden Ecktürmen. In der vierten Ecke steht ein größerer Turm mit eigenem Burggraben, der über den Burghof erreicht werden kann. Dieser Turm war wie ein Donjon damals bereits militärisch überholt.

Trotz ihrer Befestigung nahm Llywelyn 1282 einen Teil von Flint ein, der Aufstand wurde aber niedergeschlagen. Legenden zufolge soll hier der entthronte Richard II. seinem Kontrahenten und Nachfolger Heinrich Bolingbroke begegnet sein.

Conwy

Conwy war ein weiteres Werk von James of St. George. Diese prächtige Burg liegt auf einem Felsen am Fluss Conwy in Gwynedd. Sie ist besonders beeindruckend, da auch die Stadtmauer mit ihren 21 Türmen vollständig erhalten ist.

Conwy entstand zwischen 1283 und 1288 – angesichts ihrer Größe eine Leistung. Ihre lange, ovale Form umschließt den Felsen, und die hohen Mauern mit den runden Türmen sind in ganzer Höhe erhalten. Es gibt zwar kein Torhaus, doch zwei Mauertürme schützen den Eingang.

Das Innere ist durch eine Quermauer in zwei Höfe geteilt, die Wohnräume sind verfallen. Die vier Türme des Innenhofes enthielten die königlichen Wohnbereiche, die durch eine Hintertür oder den Burghof erreichbar waren. Schon bald war die Burg dem Verfall preisgegeben.

Im englischen Bürgerkrieg nahmen die Truppen Cromwells Conwy ohne Problem ein. 1817 baute Thomas Telford nahe der Burg eine eindrucksvolle Brücke, 1848 baute Stephenson eine weitere.

Caernarfon

Diese Burg liegt an den südlichen Ausläufern des Menai Strait in Gwynedd an der Stelle einer normannischen Erdhügelburg mit Vorhof; der heutige Bau stammt von Edwards Baumeister James of St. George, der ihn 1283 begann, nachdem die

Burgen im nördlichen Wales erobert worden waren.

Die Anlage hat die Form einer Sanduhr: Eine Trennmauer an der engsten Stelle teilt sie in zwei Burghöfe. Die alte Motte liegt im östlichen Burghof. Caernarfon ist durch seine starken Mauern und die 13 vieleckigen Mauertürme gut befestigt. Die Form der Türme und die horizontalen Linien aus rotem Sandstein auf den Mauern erinnern an die alten Stadtmauern von Konstantinopel, der Hauptstadt des Oströmischen Reiches, und spielten auf Edward I. als eine Art Kaiser an.

Wie in Conwy gibt es auch hier keinen Donjon, doch der *Eagle Tower* wurde als dreistöckige Residenz entworfen, wie ein früher Wohnturm, von dessen Keller man Zugang zum Fluss hatte. Dazu gab es zahlreiche Verteidigungseinrichtungen wie Schießscharten in den Mauern, Tore mit Zwillingstürmen und sogenannte „Todesgräben". Die Mauern der Burg umschlossen die Stadt, einer der seltenen britischen Fälle einer Bastille. Edward nutzte Caernarfon als Verwaltungszentrum für Wales. Diese Funktion behielt die Burg bis Mitte des 16. Jahrhunderts bei.

Oben: Blick vom unteren Trakt in den oberen Trakt der Burg bei Caernarfon.

Links und Rekonstruktion oben: Die dicken Mauern und gewaltigen Türme von Conwy wurden zu Verteidigungszwecken errichtet, sollten aber auch die Bevölkerung beeindrucken.

Die großen Ringburgen

In Wales gibt es einige der schönsten Ringburgen. Hier feuern Männer auf der Innenmauer über die Köpfe der Verteidiger auf der Außenmauer und richteten doppelte Feuerkraft auf den Feind. Hatten Angreifer die Außenmauer überwunden, beschoss man sie von der Innenmauer.

Anders als bei Burgen mit mehreren Höfen, wo gegenseitige Hilfe nur möglich war, wenn die Mauern zweier Höfe dicht beieinander liegen, ist bei Ringburgen der Abstand zwischen den Mauern konstant. Der Außenhof wird so zum Streifen zwischen zwei Mauerringen.

Unten: Das große Torhaus von Harlech überragt das kleine in der sehr niedrigen äußeren Mauer.

Caerphilly

Caerphilly in Mid Glamorgan ist die größte Burg in Wales. Gilbert de Clare, Earl of Gloucester, errichtete sie größtenteils in den Jahren 1268 und 1271. Caerphilly war ein Vorläufer der großen Ringburgen Edwards I. Der rechteckige Hof besaß zwei Mauerringe mit Toren mit starken Zwillingstürmen. Die innere Mauer hatte runde Ecktürme sowie einen Turm an der Südseite.

Auf der Rückseite der Burg bildeten Wasserläufe eine natürliche Begrenzung eines riesigen Vorhofs im Westen der Burg. Der Damm im Osten selbst trug eine 300 m lange Steinmauer und hatte Bettungen für Geschütze, Zinnen, Türme und Torhäuser. Wahrscheinlich wollte Gilbert künstliche Seen schaffen, nachdem er solche Anlagen während der Belagerung von Kenilworth 1266 gesehen hatte. Im späten 13. Jahrhundert und 1326 kamen Bauten hinzu. Edwards Bemühungen verringerten die Gefahr durch Waliser, doch wurde die Burg im 14. Jahrhundert während der Konflikte mit Edward II. zweimal eingenommen und im frühen 15. Jahrhundert eine Zeit lang von Owain Glendower besetzt.

Der schlechte Zustand von Caerphilly soll auf den Beschuss während der englischen Bürgerkriege zurückgehen. Belegbar ist dies nicht, und es könnte sein, dass das Entfernen von Steinen im Jahre 1583, die Vernachlässigung der Schleusentore und die daraus folgende Austrocknung des Baus die wahren Ursachen für ihren Verfall sind.

Harlech

Harlech liegt auf einer Klippe über der Tremadoc-Bucht in Gwynedd. Baumeister James of St. George errichtete sie ab 1280 für Edward I.

Den rechteckigen Burghof schützt eine Innenmauer mit runden Ecktürmen, die sehr niedrige Außenmauer ist turmlos. Eine Vorhofmauer im Norden und Westen fällt zum Meer hin ab, die anderen beiden Seiten hatten als weiteren Schutz einen in den Felsen gehauenen Graben. Auf der Landseite stand ein beeindruckendes Torhaus mit einer Zugbrücke an jeder Seite des Grabens sowie einem Wachtturm.

In den Rosenkriegen war Harlech sieben Jahre lang von Yorker Truppen besetzt. Nach den Bürgerkriegen verfiel auch Harlech.

Beaumaris

Das perfekteste Beispiel der Ringburg ist unvollendet. Beaumaris liegt auf der Isle of Anglesey in Gwynedd und wurde von Edward I. Anfang des 14. Jahrhunderts als letztes seiner großartigen Projekte durch Meister James in 35 Jahren Bauzeit errichtet. Der ebene Bauplatz erlaubte einen fast symmetrischen Grundriss. Die Außenmauer hat 16 Türme – die höhere Innenmauer hat nur vier Ecktürme – und zwei schöne Torhäuser. Der Burggraben wurde mit Meerwasser geflutet.

Die Rückseite des südlichen Torhauses wurde nie fertiggestellt – die Bedrohung durch die Waliser ging zurück und Edward ging das Geld aus. In beiden Torhäusern lagen königliche Suiten, weitere Wohnbauten wurden entlang der inneren Mauern errichtet. Innerhalb von 20 Jahren verrottete das Holz und der Zustand der Mauern verschlechterte sich. Ein Torhaus ist endgültig verloren.

Oben: Aus Verteidigungsgründen liegt Caerphilly inmitten eines großen Sees.

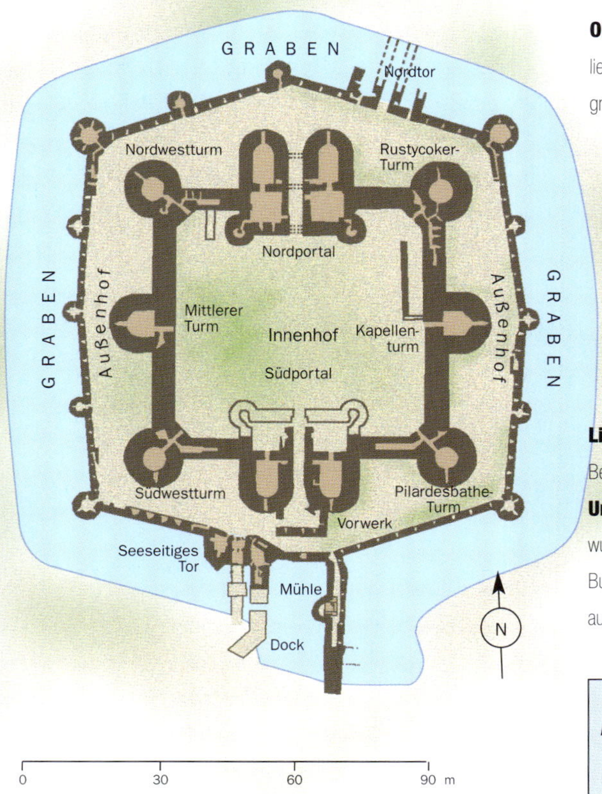

Grundriss von Beaumaris, einer perfekten Ringburg

Links: Luftansicht von Beaumaris

Unten: Die Burg von Beaumaris wurde nie fertiggestellt. Ihr Burggraben wird von Meerwasser aus der Menai Strait gespeist.

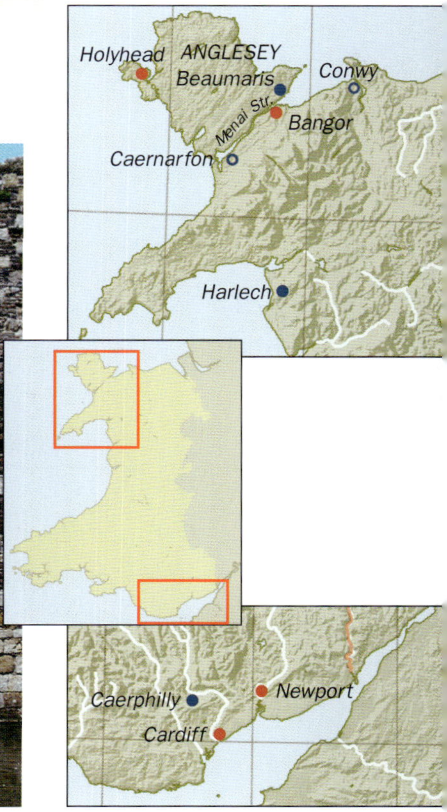

Einfluss der Außenseiter

Mit den Normannen kamen im 12. Jahrhundert auch Burgen und der Feudalismus nach Schottland. Der Adel lebte in Erdhügelburgen mit Vorhof, Steinbauten waren noch 200 Jahre lang ein seltener Luxus.

Unten: Die felsige Landschaft bei Urquhart bot ideale Bedingungen zur Errichtung einer Burg, um die Gegend von Loch Ness zu kontrollieren.

Unten rechts: Rekonstruktion der Burg bei Dirleton aus dem 13. Jahrhundert; nur vom Donjon sind Reste erkennbar.

Als um 1113 die ersten Fremden Schottland besiedelten, wurde David, Sohn von Malcolm III. und St. Margaret, Regent von Südschottland und sein Bruder Alexander I. König. Die Besiedlung ging bis 1214 weiter, als Wilhelm der Löwe, Davids Enkel, starb. Die Conmore-Könige unterstützten die neuen Herren vom Kontinent und ihre Ideen.

Wie in England setzte man Erdhügelburgen mit geteiltem Hof, die in einer feindlichen Umgebung schnell gebaut waren, als Verwaltungszentren ein. Einige Motten wurden von schottischen Adligen wie Graf Duncan of Fife gebaut, auf den die Motte der Burg Huntly aus dem späten 12. Jahrhundert zurückgehen dürfte. Andere standen auf natürlichen Hügeln wie Burg Urquhart oberhalb von Loch Ness. Manche hatten Ringmauern wie im normannischen England.

Anders als in England gab es bis zum 13. Jahrhundert nur im schottischen Tiefland Steinbauten. Die erste steinerne Burg Schottlands könnte Cobbie's Row auf der Isle of Wyre (Orkneyinseln) sein. In der ovalen Mauer mit Burggraben steht ein rechteckiger Turm; an der Nordecke der östlichen Mauer klebt die Ruine eines quadratischen Baus. Diese Festung wurde um 1145 vom Wikingerführer Kolbein Hruga errichtet, von dem auch ihr heutiger Name abgeleitet wird. Sie ist in der *Orkneyinga Saga* erwähnt, einem Werk,

1010	1018	1072	1138	1297	1305	1314	1329
Schottland wird geeint, nachdem Malcolm II. die Dänen besiegt hat	Malcolm II. fällt in Nordumbrien ein. Tweed wird zur Südgrenze Schottlands	Anglonormannische Truppen erkämpfen sich die Kontrolle über Schottland	Der Schotte David I. wird von englischen Truppen besiegt	William Wallace führt einen Aufstand gegen die englische Herrschaft an	Wallace wird gefangen genommen und von den Engländern hingerichtet	Robert the Bruce schlägt Edward II. bei Bannockburn	Die Engländer anerkennen Schottlands Unabhängigkeit

Oben: John Stewart ließ im 16. Jahrhundert außerhalb der alten Mauern bei Balvenie eine neue Residenz in Form eines Palastes erbauen.

das die Geschichte der Grafschaft Orkney von ca. 900 bis ins späte 12. Jahrhundert schildert.

Damals hatten die Nordmänner in Skandinavien bereits Steinburgen und ihre Steinmetze bauten Burgen und Kirchen wie Kirkwall. Die älteste erhaltene Steinburg, die einem normannischen Donjon ähnelt, liegt an der Südostküste des Loch Sween, 11 km südwestlich von Achanamara. Burg Sween besteht aus einem rechteckigen Turm mit Pilastern und Eckverstärkungen; später kamen ein länglicher Wohnturm und ein Rundturm hinzu.

Französischer Einfluss

Im größten Teil des 13. Jahrhunderts herrschte Frieden mit England. Als Zeichen der Macht entstanden im Süden Schottlands eindrucksvolle Steinburgen. Der französische Einfluss ist unübersehbar: Wie in Coucy in Frankreich sitzt auch in Dirleton (East Lothian) und in Bothwell by the Clyde ein großer Rundturm, fast schon ein Donjon, inmitten eines Mauerkranzes.

Im Norden errichteten die Herren von Comyn Festungen wie Balvenie in Glen Fiddich. Im Westen rauften sich die Könige von Schottland und Norwegen mit denen von Man und den Söhnen von Somerled. Diese Situation ließ Walter the Stewart einen großen Bergfried bei Rothesay on Bute errichten (1230 von Norwegern zerstört). Die Söhne von Somerled bauten eine Anzahl von Steinburgen auf den Inseln.

Steinburgen waren enorm kostspielig und viele Adlige normannischer Herkunft im Osten lebten noch immer in Erd- und Holzburgen. Im späten 13. Jahrhundert zogen jedoch die Burgen in Schottland mit England und Frankreich gleich.

1296 drang Edward I. gewaltsam nach Berwick vor und Schottland erlebte in der ersten Hälfte des 14. Jahrhunderts zwei Unabhängigkeitskriege. In dieser Zeit wurden mehr Burgen zerstört als errichtet. Die Rückkehr von David II. brachte etwas Erleichterung, doch das Land kam bis ins 17. Jahrhundert nicht zur Ruhe.

James I. und seine Nachfolger brachten das Land nach und nach in ihre Gewalt. Als James II. von Schottland die Douglas-Familie stürzte, kam es zur Umverteilung des Landes. Die königlichen Kanonen bestimmten nun die Architektur der Burgen. 1587 übernahm James VI. die Kontrolle über Schottland, und nach und nach kehrte Frieden ein. Er wurde 1603 König von England.

Unten: Rekonstruktion von Bothwell. Der große Begfried ist dem Donjon von Coucy in Frankreich nachgebaut.

1371	1482	1542–87	1547	1550	1640	1640–92	1644
Robert II. wird schottischer König; begründet die Stuart-Dynastie	Englische Truppen nehmen vorübergehend Berwick und Edinburgh ein	Lebenszeit von Königin Maria von Schottland	Nach der Schlacht von Pinkie besetzen englische Truppen Schottland	Mit Hilfe der Franzosen gewinnen die Schotten englisch besetzte Gebiete zurück	Schottische Truppen fallen in Northumberland ein	Lebenszeit des schottischen Generals Hugh Mackay	Schotten kämpfen im Englischen Bürgerkrieg auf der Seite der Parlamentarier

Englische und schottische Burgen

Die Normannen kamen zunächst auf Einladung der schottischen Herrscher ins Land. Damit begann der Aufstieg französischer Familien wie der Bruce, aber auch der Beginn verstärkter Konflikte mit England, die Edward I., den „Hammer der Schotten", veranlassten, nach Norden zu ziehen und Schottland den Stempel seiner Herrschaft aufzudrücken. Im östlichen Tiefland waren Motten eher selten, im Westen jedoch verbreitet, vor allem rings um Galloway.

Duffus

Burg Duffus liegt 8 km nordwestlich von Elgin. Sie soll von Freskin dem Flamen 1151 für David I. erbaut worden sein. 1130 hatte David die Landbesitzer in Moray enteignet, nachdem diese gegen seine Politik revoltiert hatten.

Duffus ist eine Erdhügelburg mit Vorhof und einem eiförmigen Burggraben. Die Holzpalisaden wurden im 14. Jahrhundert durch einen Mauerkranz ersetzt. Auf die Motte wurde ein Steinturm gesetzt, doch die Erde gab nach und der Donjon zerfiel in zwei Teile. Der Festsaal im Burghof wurde im 15. Jahrhundert rekonstruiert.

Duffus war auch der Sitz der Moravia oder Murray-Familie, deren heutige Nachkommen die Herzoge von Atholl und Sutherland sind.

Kildrummy

Kildrummy liegt in Grampian, 48 km westlich von Aberdeen, und entstand im 13. Jahrhundert nach einem Entwurf von St. Gilbert de Moravia, der 1223–1245 königlicher Schatzmeister war. Die Burg steht über einer schützenden Schlucht. Als umwallte Burg hat sie einen halbkreisförmigen Burghof in einem Mauerkranz mit fünf runden Türmen. Der größte Turm diente als Bergfried, heute ist er als *Snow Tower* bekannt.

1305 versuchte man, Robert the Bruce auf den schottischen Thron zu setzen. Als das scheiterte, floh er und schickte seine Gattin und ihre Damen nach Kildrummy. Im Jahr darauf befahl Edward I. seinem Sohn, dem späteren Edward II., die Burg zu erobern. Unter dem jüngeren Bruder von the Bruce, Sir Nigel Bruce, hielt Kildrummy wochenlang stand; als die Burg eingenommen wurde, war die Königin bereits geflohen.

Die Eroberung der Burg soll durch den Verrat des Hufschmieds gelungen sein. Die Engländer hatten ihm so viel Gold versprochen, wie er tragen konnte. Zur Strafe wurde ihm das Metall geschmolzen in seine Kehle geschüttet.

Als Edward I. die Burg übernahm, baute er ein Torhaus mit Zwillingstürmen an. Die Rolle Kildrummys in der schottischen Geschichte dau-

Rechts: Rekonstruktion von Caerlaverock – geschützt durch einen inneren und einen äußeren Graben.

Links: Die Ruinen von Kildrummy liegen oberhalb von zwei Schluchten.

Unten: Die Rekonstruktion zeigt die halbkreisförmigen Mauern und mächtigen Türme von Kildrummy.

erte noch bis zum Jahre 1715, als Graf von Mar den Jakobineraufstand unterstützte und die Burg geschleift wurde.

Caerlaverock

Die Burg liegt 11,3 km südlich von Dumfries. Der erste um 1230 errichtete rechteckige Bau liegt einige hundert Meter entfernt im Wald. Die heutige dreieckige Burg – die einzige in Großbritannien – entstand um 1280 und ist von einem Wassergraben umgeben. Dahinter liegen weitere Erdwälle mit einem zweiten Graben und Brustwehren. Am Scheitelpunkt steht ein Torhaus mit Zwillingstürmen, Rundtürme schützen die anderen Ecken.

Caerlaverock wurde von Edward I. auf seinem Schottlandfeldzug 1300 belagert und eingenommen. Ein zeitgenössisches Gedicht darüber beschreibt die Wappen zahlreicher Lords, sehr zur Freude für moderne Genealogen und Heraldiker. Dreizehn Jahre nach Einnahme von Caerlaverock stand Sir Eustace Maxwell eher auf der Seite von Robert the Bruce als auf der Edwards II. und schleifte die Burg, um sie für die Engländer unbrauchbar zu machen.

Im 15. Jahrhundert wurde das Innere des Torhauses zu Wohnzwecken umgebaut. Im späten 16. Jahrhundert kamen Schießscharten hinzu. 1630 ließ der königstreue Lord Nithsdale ein dreistöckiges Gästehaus mit einer klassischen Renaissancefassade bauen. 1640 nahmen Covenanter die Burg ein, obwohl Nithsdale drei Monate lang Widerstand leistete. Der Bau wurde schwer beschädigt, doch der Großteil der originalen Steinbauten ist bis heute erhalten.

Unten: Caerlaverock mit den Gibeln der Nithsdale-Wohnungen.

Burgen auf Klippen

Auch die Erbauer der schottischen Burgen wollten ihre Bauten an möglichst sicheren Plätzen errichten. Dank der zerklüfteten Landschaft gab es eine Vielzahl solcher Burgen, die daher bis heute überlebt haben.

Edinburgh

Die berühmte Burg Edinburgh thront fast 91 m über der schottischen Hauptstadt. Die erste Festung wird mit Edwin, König von Northumbria (das nördliche Königreich Englands) im frühen 7. Jahrhundert, verbunden und trägt seinen Namen: *Edwin's burgh*. Die spätere Burg wurde von Schotten und Engländern schwer umkämpft. Als sie 1313 an Robert the Bruce's Neffen fiel, wurden die Bauten abgerissen; nur die schöne Kapelle von St. Margaret aus dem 11. Jahrhundert blieb stehen. 1341 war Edinburgh wieder in englischer Hand und wurde neu befestigt. Vor dem vorderen Torhaus blieb eine weite Fläche frei, um Feinden keine Deckung zu bieten.

1573 wurde eine starke Bastion – die *Half-Moon Battery* – auf den Resten eines Turmes errichtet, den um 1370 König David II., Sohn von the Bruce, erbaut hatte. Im Süden liegt der Speisesaal aus dem 16. Jahrhundert, dessen Mauern auf dem nackten Fels stehen, im Osten der Palas, der im 17. Jahrhundert weitgehend renoviert wurde.

Nach einer 12 Tage dauernden Belagerung fiel Edinburgh während der englischen Bürgerkriege in die Hände von Oliver Cromwell.

Stirling

Beeindruckend liegt Stirling auf einem schmalen Basaltband und kontrollierte die Furt über den Fluss Forth, der die Hochebene mit dem Tiefland verbindet – daher galt sie auch als „Schlüssel zu Schottland". Von 1299 bis 1304 war sie in schottischer Hand, dann fiel sie nach einer langen Belagerung Edward I. zu. In der Schlacht von Bannockburn (1314) fand wiederum ein Kampf um die Burg statt. Der siegreiche Robert the Bruce schleifte die Burg aus Angst, sie könnte wieder an die Engländer fallen.

Die erste Burg, die wohl aus dem 12. Jahrhundert stammt, war eine Erd- und Holzanlage. Von ihr gibt es keine Überreste. Die ältesten erhaltenen Reste stammen aus dem 15. Jahrhundert.

Der Große Saal, einer der ersten Renaissancebauten in Großbritannien, wurde für Jakob III. errichtet (1460-1488). Das mittlere Torhaus samt Flankentürmen und die Mauer stammen wohl auch aus dieser Zeit. Den Palas erbauten Jakob IV. (1488-1513) und sein Sohn. Jakob VI. (König ab

Unten: Die berühmte, an Klippen gelegene Burg befindet sich direkt oberhalb von Edinburgh.

1567) und sein Sohn Frederick Henry wurden in der königlichen Kapelle getauft und ersetzten sie im Jahre 1594 durch einen Neubau.

Ab 1603 übersiedelte der Hof nach England, und Stirling verlor seinen königlichen Glanz. Trotzdem wurde die Burg 1651, bei der Okkupation Schottlands durch Cromwells Truppen, von General Monke besetzt und wiederum 1745 von Bonnie Prinz Charlie.

Tantallon

Hoch auf einer Klippe über der Nordsee, gegenüber von Bass Rock und 4 km östlich von North Berwick, liegt die Burg Tantallon. Sie wurde einige Zeit vor 1374 von der Familie Douglas errichtet.

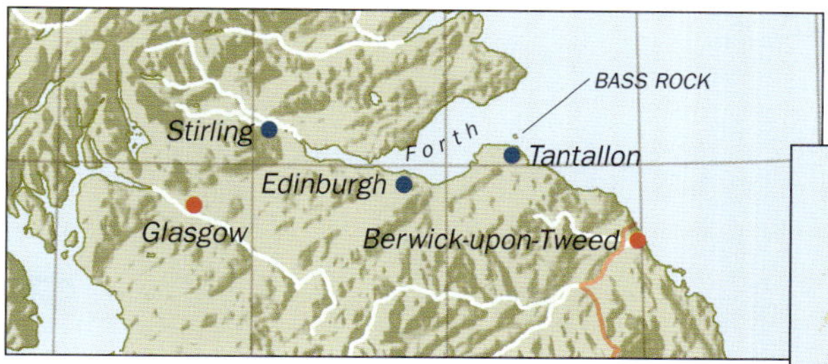

Zwei Seiten der Anlage werden vom Meer geschützt, zwei durch einen Burggraben. Eine massive Mauer mit großen runden Türmen an beiden Enden umschließt den Platz. Das Torhaus und die Unterkünfte des Burgherrn wurden in der Mitte der Mauer errichtet. Zwei Hallen sind erkennbar, die obere für den Burgherrn, die untere für die Besatzung.

Tantallon erlebte einige Belagerungen, da die Roten Douglas eine hitzige Familie waren. Der fünfte Earl, „Bell the Cat" Archibald, hielt ein Jahr lang königlichen Truppen stand und wurde im Jahr darauf Kanzler Schottlands. Auch sein Enkel, der Earl von Angus, wurde 1528 belagert.

Ab 1639 wurde die Burg von Covenanters (schottischen Protestanten) besetzt. Nachdem die Artillerie General Monks sie schwer zerstört hatte, wurde die Burg dem Verfall preisgegeben.

Links: Die Reste von Tantallon mit der Nordsee und Bass Rock im Hintergrund.

Unten: Die Burg Stirling liegt oberhalb des Schlachtfeldes von Bannockburn.

Wohntürme

Rechts: Eine hohe, mit Pechnasen versehene Mauer wurde im 15. Jahrhundert dem Wohnturm von Craigmillar hinzugefügt.

Ende des 14. Jahrhunderts, nach den Unabhängigkeitskriegen, stieg die Zahl der Burgen wieder an. Es waren einfache, unkomplizierte und billig zu bauende Burgen mit Wohnturm, in dem einzelne Räume übereinander gesetzt wurden – im Gegensatz zu den früheren Saalbauten, in denen die Räume nebeneinander lagen. Sie dienten Baronen und Gutsherren als Wohnung und waren in dieser doch sehr unsicheren Zeit stark befestigt.

Threave

Die Burg steht auf einer Insel im Fluss Dee, 29 km südwestlich von Dumfries in Kirkudbrightshire. Sie wurde um 1360–70 für Archibald den Grausamen, dritter Earl of Douglas, gebaut und besteht aus einem vierstöckigen Turm neben einer Halle. Eine Mauer mit Rundtürmen, Schießscharten und schräg abfallender Außenseite, an der Kanonenkugeln abprallen, umgibt ihn und trennt ihn von der Halle.

Die Mauer dürfte aus dem Jahr 1455 stammen, nachdem James II. die Burg belagert hatte. James Douglas, der neunte Earl, hatte den König beschuldigt, seinen Bruder ermordet zu haben, und lehnte sich gegen ihn auf. James II. belagerte die Burgen der Douglas und auch Threave, die einem massiven Bombardement zum Opfer fiel, nach dem die Mauer neu gebaut werden musste.

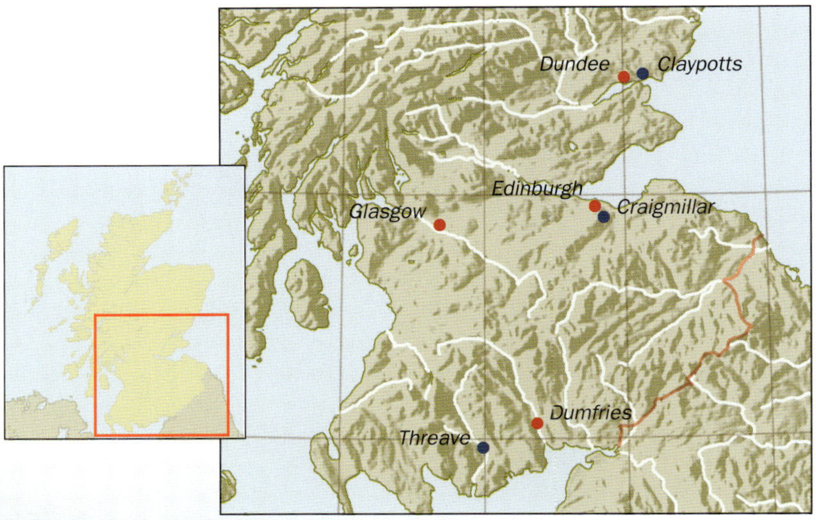

Rechts: Der Wohnturm bei Threave ist von einer schräg abfallenden Mauer umgeben; ihre Türme sind mit Schießscharten bestückt.

Westansicht der Burg von Threave

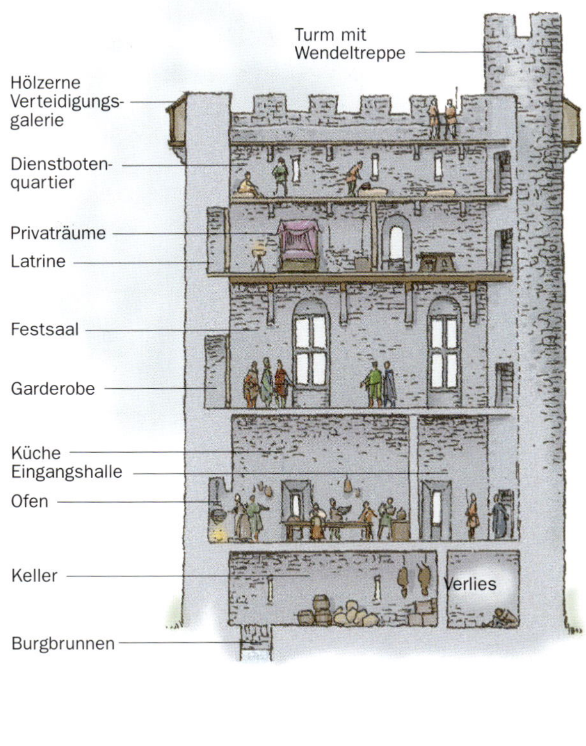

Die Burg wurde von den Covenanters 1640 erobert und in den napoleonischen Kriegen saßen hier Franzosen gefangen.

Craigmillar

Die Burg steht auf einem Bergkamm nicht weit von Edinburgh entfernt und war ein beliebter Zufluchtsort für die schottischen Könige und Königinnen. Sie wurde von Sir Simon Preston of Gorton 1374 erbaut. Er und seine Familie waren fast 300 Jahre lang Gastgeber für die königliche Familie.

Der Kern der Burg ist ein L-förmiger Wohnturm mit vier Stockwerken und einem fünfstöckigen Flügel mit einer Küche direkt neben der Halle und Sir Simons Kammer darüber. Der Flügel ließ zu, dass die Stiege notfalls vom Hauptturm entfernt wurde. Die hölzerne Decke des Vestibüls war abnehmbar, um Eindringlinge zurückschlagen und Waren anliefern zu können.

Im 15. Jahrhundert wurden rings um den Wohnturm 9 m hohe Mauern mit runden Ecktürmen und Geschützständen und umlaufenden Pechnasen errichtet. Sie erweiterten den gesicherten Bereich und ermöglichten den Bau weiterer Wohngebäude und Verteidigungsanlagen. Im folgenden Jahrhundert erfolgte eine zweite Erweiterung durch eine zusätzliche Außenmauer und einen Graben.

Der Earl von Hetford führte 1544 einen Feldzug gegen die Burg und brannte sie nieder. Der östliche erhaltene Bereich dürfte danach errichtet worden sein, der westliche, in der äußeren Umfriedung liegende Teil wurde 1661 von Sir John Gilmour erbaut. Maria, die Königin der Schotten, lebte öfters auf Craigmillar.

Claypotts

Die Burg wurde ab 1570 von John Strachan nahe Dundee in Tayside errichtet, nachdem seine Familie 1560 das Grundstück von der Abtei von Lindores gekauft hatte.

Claypotts ist ein frühes Beispiel für die schottische Z-förmige Wohnburg, die sich durch ein dreistöckiges Langhaus mit einem nordöstlichen und südwestlichen Eckturm ergibt. Beide runden Türme haben ein zusätzliches Stockwerk. Sie enden in einem abgeflachten Giebel mit einem auf Kragsteinen ruhenden Mauervorsprung, in dem sich eine Kammer für den Wachtposten befindet, in deren Ecken die Erbauungsjahre 1569 und 1588 eingemeißelt sind, was die Asymmetrie erklärt

Ein schlanker, halbkreisförmiger Turm drückt sich zwischen das Langhaus und den südwestlichen Turm. Im Inneren haben die Ecktürme gerade Wände, um das Möblieren der Kammern zu erleichtern. Die ganze Anlage hat Schießscharten – selbst die Küche – und eine Brustwehr. Die Sicherheitsvorkehrungen erwiesen sich als unnötig, obwohl einer der Besitzer, Claverhouse, ein Anführer der Jakobiner war.

Unten: Bei Claypotts enden die runden Türme aus dem 16. Jahrhundert in einer niedrigen, mit Giebeln versehenen Kammer.

Die Unterjochung Irlands

Als König Heinrich II. 1169 in Irland einfiel, fanden seine normannischen Eindringlinge keine Burgen vor. Ältere Befestigungen waren verfallen, doch die traditionellen Erdhügelburgen mit Vorhof gehörten bald zur Landschaft des von den Engländern geknechteten Irland.

Unten: Die Ruinen von Ferns erheben sich gegen den blauen Himmel.

Die Iren kannten schon früh Befestigungen; Stammesführer sicherten ihre Halle mit einem Erdwall (einem *dun, lis* oder *rath*) oder höheren Wällen, die Häuser, Straßen und Kirchen umschlossen wie die englischen *burhs*. Familie und Gemeinschaft waren den Iren jedoch wichtiger als Steinmauern. In Kriegen zogen sie sich in ihre Wälder und Moore zurück. Wurden ummauerte Städte belagert, so war deren Verteidigungsanlage sicherlich ein Werk der Dänen.

Die normannischen Eindringlinge errichteten zunächst Erdhügelburgen mit Vorhof. Die Leichtigkeit und Schnelligkeit der Errichtung machte sie sehr beliebt. Rechteckige und runde Donjons tauchten in der Landschaft auf; manche rechteckige Türme erhielten runde Ecktürme.

Dermot McMurrough, König von Leinster, entführte die Frau eines rivalisierenden Prinzen und trieb ihn so in ein Bündnis mit dem Hochkönig, Rory O'Conor. McMurrough wurde vertrieben und schwor daraufhin König Heinrich II. von England die Treue.

1169 eroberten die Normannen Wexford, gefolgt von Richard Clare. Bei Heinrichs Invasion ab 1171 wurde Waterford erobert. Dublin fiel 1171, worauf Heinrich einen Palast errichtete, der zum Zentrum der angloirischen Besiedlung wurde. Limerick wurde 1175 zeitweilig erobert.

Die Anerkennung durch irische Prinzen hatte in der Realität kaum Bedeutung und auch die Ehe mit einer Irin oder die Annahme irischen Brauchtums wurde nur wieder zur Quelle neuer Unruhen. John de Courcy eroberte 1177 große Teile Ulsters. Durch seine Heirat mit Strongbows Tochter erbte Willliam Marshall, Earl of Pembroke, Leinster und sorgte für Recht und Ordnung.

1210 besuchte König Johann Irland, und 1215 wurde in Dublin eine mächtige Burg aus Stein fertiggestellt. Zu dieser Zeit waren die von Eng-

795	797	um 800
Die Wikinger gehen in Irland erstmals auf Beutezug	Tod des irischen Königs Donnchadh Midi Mac Domnaill	Book of Kells wurde in Iona begonnen und im irischen Kells fertiggestellt

Links: Das keltische Fort Dun Aengus liegt am Rande der damals bekannten Welt auf Inishmore, der westlichsten der drei Aran-Inseln.

land regierten zwei Drittel Irlands friedlich und der Adel unterstützte Johann. Bis 1235 hatte Richard de Burgh fast ganz Connaught erobert.

Die Anerkennung Englands

Nach der Abreise von König Johann 1210 kam erst wieder mit Richard II. (1377–1399) ein englischer König nach Irland und die Engländer vertrauten daher auf den Schutz ihrer Burgen. Gerald von Wales gratulierte Hugh de Lacy zu seinen in Leinster und Meath errichteten Burgen. Der Gouverneur hatte kaum Einfluss auf die Gebiete außerhalb der Grenze von Dublin und die Siedler begannen sich bald als Iren zu fühlen.

Einige Burgen wurden innerhalb der Städte errichtet oder bei früheren Klöstern als Zentrum der Besiedlung. Einige Standorte entsprachen eher kaufmännischen Interessen des Burgherrn als militärischen Überlegungen. Bis 1225 waren nur 20 Steinburgen errichtet worden, obwohl die Iren in ihrem Kampf gegen die einfachen Festungen der Engländer aus Holz und Erde sehr erfolgreich waren.

Die Bedrohung nahm zu, als Edward Bruce, der Bruder von Robert the Bruce, von Schottland 1315 in Irland landete und sich mit den Iren verbündete. Carrickfergus *(S. 62)* wurde nach einjähriger Belagerung besiegt. Die Alliierten und Robert the Bruce bedrohten Dublin, doch der Plan scheiterte und die Schotten verließen Irland wieder.

Im 14. und 15. Jahrhundert beschäftigten sich die Engländer ausschließlich mit Frankreich, abgesehen von einem Feldzug gegen Irland im Jahr 1394. Im 15. Jahrhundert begann der irische Adel in Burgen zu leben und sich mit den Belagerungstechniken auseinanderzusetzen, in dem Wunsch, die englischen Methoden zu kopieren. Erst im späten 16. Jahrhundert und angesichts der Bedrohung durch den Protestantismus beschäftigten sich die Minister von Königin Elisabeth I. wieder mit Irland.

Oben: Der Rundturm der Burg von Dublin geht im Meer der modernen Gebäude fast unter.

832	918	919	920	1002	1014	1103	1169–71
Wikinger dringen ins Innrere Irlands ein	Wikinger schlagen den irischen König Niall Glúndubh Mac Aeda I. bei Dublin	Niall Glúndubh stirbt bei dem Versuch, Dublin von den Wikingern zu befreien	Wikinger nehmen Limerick ein	Brian Boru wird irischer König	Brian Boru stirbt im Kampf gegen die Dänen	Wikingerhäuptling Magnus III. wird in Irland getötet	Die von Richard von Clare angeführten Ritter Heinrichs II. nehmen Irland ein

Erdwälle und Steintürme

Oben: Der zylindrische Donjon von Nenagh wurde im 13. Jahrhundert nachhaltig erhöht.

Rechts: Die rechteckigen Fortsätze verleihen dem Donjon bei Trim ein ungewöhnliches Aussehen.

Normannische Siedler waren wie auch schon früher in England die ersten Burgenbauer. Im Süden wurden nur wenige Motten errichtet, da dort kaum eine Gefahr drohte, häufiger sind sie in Ulster und in den östlichen Midlands.

Castletown Geoghegan

Castletown Geoghegan in der Grafschaft Westmeath liegt 11 km nördlich von Kilbeggan. Die Burg wurde von den MacEoghagins, die die Grafschaft regierten, im 13. Jahrhundert errichtet. Sie ist eine typische Erdhügelburg mit Vorhof, deren hölzerne Palisaden heute fehlen.

Carrickfergus

13 km nordöstlich von Belfast liegt die Burg auf einer schmalen, felsigen Halbinsel im Meer. Zwischen 1180 und 1205 erbaute John de Coucy oder sein Nachfolger, Hugh de Laca der Jüngere, die Burg, eine der größten erhaltenen Burgen Irlands.

Eine Basaltmauer umrundet die Halbinsel; früher gab es eine zweite niedrigere Mauer mit kleinen quadratischen Türmen. Den Eingang flankieren zwei runde Türme. Der Innenhof im Süden der Halbinsel ist trapezförmig.

Als die seewärts gerichtete Mauer fertig war, wurde über der Nordostecke ein Donjon mit unten roten und oben gelben Sandsteinverzierungen errichtet. Der Eingang konnte über eine Stiege entlang der Ostmauer erreicht werden. Der Donjon hat vier Stockwerke. Das Untergeschoss enthält zwei Kammern mit einem Kreuzgewölbe. Die Festhalle und Kapelle liegen nicht im Donjon, sodass dieser wahrscheinlich nur privaten Zwecken diente.

Im Jahre 1210 verbrachte König Johann von England einige Zeit in dieser Burg. Wilhelm III. setzte hier erstmals seinen Fuß auf irischen Boden, als er vor der Schlacht von Boyne unter der westlichen Burgmauer mit seinem Schiff anlegte.

Trim

An den Ufern des Boyne gelegen, ist diese Burg, ca. 43 km nördlich von Dublin, die größte Irlands. Eine alte Ballade berichtet vom Bau der Burg durch Hugh de Lacy 1173 und wie der Donjon in seiner Abwesenheit in Brand gesetzt und die Motte dem Erdboden gleichgemacht wurde. Der Donjon und die nördliche Burgmauer wurden wieder aufgebaut, die Motte, der Burggraben und die Befestigungen etwas später – 1220. Die abgeflachte Motte im dreieckigen Burghof ist inmitten von Burgmauern und Türmen der verschiedensten Formen erhalten.

Ein rechteckiger Turm mit einem Durchgang diente früher als Torhaus. Die meisten Mauern

entlang des Flusses sind verfallen. Die Form des Donjons ist ungewöhnlich, da aus der Mitte aller Seiten Türme aus der Wand vorspringen, von denen jedoch der nördliche verfallen ist. Im östlichen Turm befindet sich die Kapelle, die über eine Wendeltreppe erreicht werden kann und weiter in die große Kammer des Burgherrn führt.

Die Trennmauern im Inneren des Donjons reichten bis in den ersten Stock. Kerben in der Wand lassen erkennen, dass hier einst das Dachgebälk abgestützt worden sein dürfte. Der Donjon wurde später auf seine heutige Größe aufgestockt, doch wurden dazu keine Steinblöcke, sondern flache Steinplatten verwendet.

Richard II. brachte 1399 Prinz Hal (den späteren Heinrich V.) nach Trim, der im großen zylindrischen Südturm einige Zeit verbrachte. Da Trim am äußersten Ende des englischen Gebiets lag, war es im Laufe der Jahrhunderte immer wieder in Kämpfe verwickelt.

Nenagh

Nenagh liegt 40 km nordöstlich von Limerick in der Grafschaft Tipperary und wurde wahrscheinlich von Theobald Walter, Butler von König Johann und Kopf der Familie Butler of Ormond, erbaut. Ein kleiner, fünfeckiger Burghof wird von einer Mauer mit runden Ecktürmen umschlossen. Die beiden südlichen Türme sind verbunden und ergeben ein massives Torhaus. Ein dreistöckiger, runder Donjon liegt separat im nördlichen Scheitelpunkt der Mauern, um dem Burgherrn eine Privatsphäre zu gewährleisten. Im 13. Jahrhundert wurde er aufgestockt.

Links: Der Donjon von Carrickfergus ist in den engen Wohnturm eingebettet.

Irische Burgmauern und Wohntürme

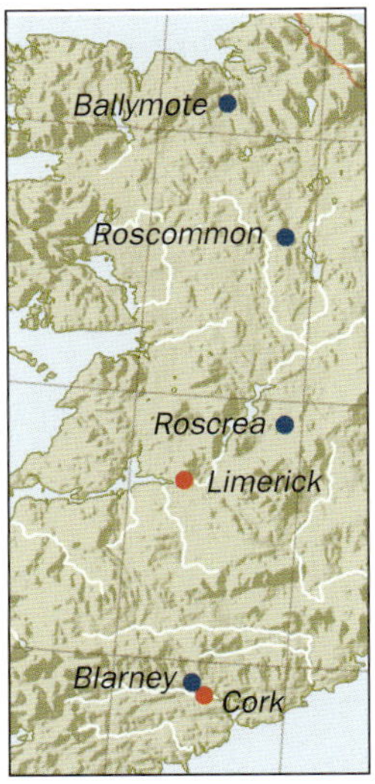

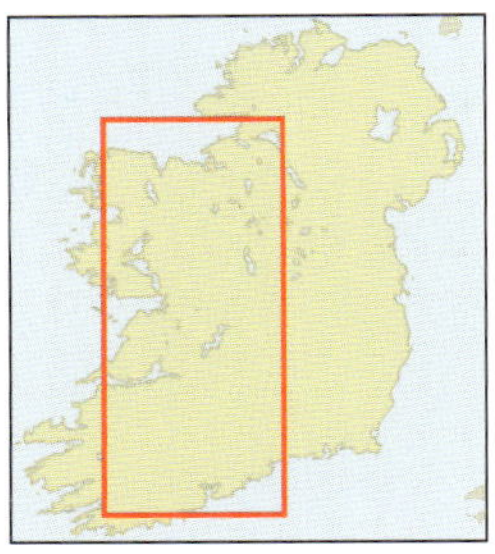

In Irland wurden Erdhügelburgen mit Vorhof und Donjons wesentlich länger errichtet als in England, wahrscheinlich wegen der hohen Kosten der Steinburgen. Doch wie in England und auf dem Kontinent konzentrierten sich viele neue Burgen auf ein eindrucksvolles Torhaus und mächtige Türme und ließen den Donjon weg.

Roscommon

Die Burg liegt in der Grafschaft Roscommon und wurde um 1280 von Robert de Ufford, dem Gerichtshalter, erbaut. Ein Bau, den er 1269 begann, dürfte die rivalisierende Familie O'Connor zerstört haben. Der Eingang in den rechteckigen Burghof mit Ecktürmen erfolgt durch ein Torhaus mit Zwillingstürmen.

Die O'Connors errichteten jedoch um 1300 in Ballintubber, nur 16 km nordwestlich von Roscommon, eine äußerst ähnliche Anlage, nur mit einem kleinen Torhaus. Die Burg wurde im 16. Jahrhundert als Landhaus wieder aufgebaut.

Roscrea

Roscrea liegt in der Grafschaft Tipperary, 40 km südwestlich von Port Laoise. Sie dürfte als Erdhügelburg mit Vorhof unter König Johann errichtet worden sein, fiel jedoch einem tiefgreifenden Wiederaufbau unter Edward I. zum Opfer.

Unten: Das Eingangstor von Roscommon geht in einen rechteckigen Wohnturm über.

Die neue Burg wurde nahe der alten errichtet, doch ohne Donjon, da der Burgherr einen moderneren Stil vorzog. Der Burghof bekam die Form eines unregelmäßigen Polygons mit einem rechteckigen Torturm aus dem 13. Jahrhundert. Wie die offizielle Chronik berichtet, kostete die Burg im 6. und 7. Jahr der Herrschaft von Edward I. den immensen Betrag von 1000 Pfund.

Ballymote

Ballymote in der Grafschaft Sligo ist das wahrlich beste Beispiel einer irischen Burg des 13. Jahrhunderts. Richard de Burgh, zweiter Earl of Ulster, erbaute sie, um sein neues Gebiet zu schützen. Die im Rechteck angelegten Burgmauern sind mit Türmen an den Ecken und in der Mitte der östlichen und westlichen Mauer verstärkt. Das Torhaus in der Mitte der Nordmauer wird von Zwillingstürmen flankiert und ein umlaufender Gang durch die Mauern verbindet die Türme

Die Ausfallpforte in der Südmauer ist unvollständig, vielleicht weil die Burg 1317 an die O'Connors verlorenging. Die Besitzer wechselten, bis Ballymote 1584 von Richard Bingham, Gouverneur von Conaught, übernommen wurde. Vier Jahre später brannte die Burg ab und gelangte – noch immer renovierungsbedürftig – 1602 an die Engländer. Trotzdem hielt Captain Terrance MacDonagh 1690 die Burg für König James II., bis ihn die Kanonen von Lord Granard zwangen, Ballymote zu übergeben.

Blarney

Diese berühmte Burg liegt 9 km nordwestlich der Stadt Cork im County Cork. Im 10. Jahrhundert stand hier ein Jagdhaus. Die erste Steinburg entstand 1210. Dermot McCarthy errichtete den Wohnturm in seiner jetzigen Form 1446 auf einem Hügel aus Kalkstein.

Nur die Ruinen des Wohnturms sind erhalten. Die Familie verlor 1646 die Burg an Oliver Cromwell, doch als Charles II. den Thron zurückgewann, wurden die McCarthys wieder eingesetzt, nur um die Burg 1690 nach der Schlacht am Boyne wieder zu verlieren. 1703 wurde die Burg

Links: Der hohe Wohnturm bei Blarney. Der berühmte Turm ist in die schmale, mit Pechnasen versehene Brüstung eingebettet.

an den Gouverneur von Cork verkauft.

Auf der mit Pechnasen bestückten Wehrplattform liegt der berühmte Blarney-Stein. Er soll die Hälfte des Steins von Scone sein, auf dem die schottischen Könige gekrönt wurden; Cormac McCarthy erhielt ihn von Robert the Bruce für seine Unterstützung bei der Schlacht von Bannockburn 1314. Über eine Wendeltreppe gelangte man zum Wehrgang und wer den Stein küssen und die Gabe der Beredsamkeit erlangen wollte, musste sich auf dem Rücken liegend über den Rand der Plattform beugen. Elisabeth I. wollte den irischen Adel zur Untertanentreue verpflichten. Cormac Teige McCarthy, Herr von Blarney, sprach so viel, ohne etwas zu versprechen, dass die Königin sagte, er rede „eine Menge Blarney".

Unten: Die Ruinen von Ballymote.

Die 10.000 deutschen Burgen

Der Feudalismus entwickelte sich in Deutschland wesentlich langsamer als im Westen Europas, da mächtigen Adligen Land gegeben wurde, das als Pufferzone gegen die slawischen Völker aus dem Osten dienen sollte. Heinrich I. (918–836) hatte versucht, Befestigungen von Dörfern und Städten gegen die Angriffe der Slawen und Ungarn einzusetzen.

Rechts: Die Karte zeigt die deutschen Staaten zur Zeit des Heiligen Römischen Reiches und ihre heutigen Grenzen.

Ab dem 10. Jahrhundert fiel Deutschland dadurch auf, dass es unfreie Ritter, die Ministerialen, einsetzte, die ihre eigenen Burgen oder die ihrer Herren halten sollten. Erst während des Investiturstreits ab 1075 begann man in Deutschland ernsthaft Burgen zu errichten.

Die meisten Burgen wurden während der Zeit der Staufer, speziell unter Friedrich I. Barbarossa (1152–1190), errichtet, der 350 Burgen und Residenzen erbauen ließ. Dieser Boom ließ Mitte des 13. Jahrhunderts nach, als während des Interregnums (1254–1273) kleinere Herrschaftsgebiete aufkamen und der Zusammenhalt der kaiserlichen Festungen unterbrochen wurde.

1030	1038	1041	1077–1106	1138	1156–73	1166–68	1241
Ungarn schlägt den deutschen Kaiser Konrad II.	Kaiser Konrad II. fügt Burgund dem Heiligen Römischen Reich hinzu	Heinrich III. schlägt Bratislaw I. von Böhmen	Unter Heinrich IV. bricht in Deutschland ein Bürgerkrieg aus	Konrad III. wird zum Kaiser gewählt und begründet die Dynastie der Staufer	Unter Friedrich II. Barbarossa weitet sich das deutsche Reich in Mitteleuropa aus	Rom ist in deutscher Hand, bis Seuchen die Deutschen zum Rückzug zwingen	Einfall deutscher Truppen in Italien nach Streit zwischen Friedrich II. und dem Papst

Vermehrt gelangten die Burgen in den Besitz des hohen und niedrigen Adels, und oft waren sie als Privatresidenzen konzipiert oder wurden in solche umgebaut. So entwickelte sich im Gebiet des heutigen Deutschland ein dichtes Netz verschieden großer Burgen. In den Deutsch sprechenden Gebieten soll es Schätzungen zufolge rund 10.000 Burgen und Schlösser geben.

Deutsche Burgen sind wesentlich vielfältiger als Burgen im restlichen Europa. Gründe dafür sind die landschaftlichen Voraussetzungen, die geringe Größe der Herrschaftsgebiete, die Verwendung bereits bebauter Plätze und die Verbindung der Burg mit einer Siedlung. Es gibt nur wenige Erdhügelburgen mit Vorhof; eine ist Husterknup, ein von den Karolingern befestigter Hof aus dem 9. Jahrhundert, der erweitert wurde und im 12. Jahrhundert eine Motte erhielt.

In Niedersachsen wurden Befestigungsanlagen mit einem Turm und Nebengebäuden errichtet. Diese Bauweise wurde auch in Westdeutschland bis zum Niederrhein mit einer variierenden Höhe des Bergfrieds angewandt.

Schildmaier/Randhausburgen

In einigen Gebieten übernahm eine der Schildmaier, eine starke Mauer, immer mehr die Funktion des Bergfrieds, so im Fall von Schönburg am Rhein. Solche Mantelmauern gingen im 14. Jahrhundert immer mehr zurück und wurden erst wieder mit dem Einsatz von Feuerwaffen konsequent errichtet. Für viele frühe Burgen war ein starker Mauerkranz der primäre Schutz und Türme fehlten oder waren unbedeutend.

Die extreme Lage vieler Burgen verminderte die Kosten für Verteidigungsanlagen und machte solche Bauplätze besonders beim niederen Adel beliebt. Auch Wohngebäude konnten dichter an der Mauer errichtet werden, als es andernorts sicher schien. Diese Felsenburgen sind typisch für das spätere Mittelalter – eine Mauer umschloss den Burghof und ein Graben riegelte die am leichtesten zugängliche Seite der Burg ab.

Wo ein Schutz von allen Seiten notwendig war, wurden entweder Bergfriedanlagen (Mauern mit frei stehendem Mittelturm) errichtet oder Gebäude mit besonders starken Mauern lagen rings um den Innenhof – sogenannte Randhausburgen.

Burgen mit regelmäßigem Grundriss gab es hauptsächlich in Westdeutschland, z. B. Gudenau im Rheinland. Flankierende Türme kamen erst später auf als in Westeuropa. Im späteren Mittelalter wurden sie jedoch vielen älteren Anlagen hinzugefügt.

Im späten Mittelalter wurden in Thüringen und Hessen alte Burgen ausgebaut, jedoch kaum neue errichtet; Sachsen kann kaum mit der Fülle der Burgen im Rheinland konkurrieren. Die Kammern der Burgen waren klein und meistens, bis auf die Räume der Burgdamen, unbeheizt.

Eine Auswahl deutscher Burgen. **Gegenüber unten:** die Veste Coburg in Nordbayern; **links:** die Godesburg in Bad Godesberg bei Bonn; **unten:** Burg Klopp in Bingen, Rheinland-Pfalz.

1321	1367	1372	1376	1394	1433	1471	1515
Deutsche Städte schließen sich zur Schwäbischen Liga zusammen	Bürgerkrieg zwischen der Schwäbischen Liga und dem deutschen Kaiser	Niederlage der Schwäbischen Liga	Die Schwäbische Liga wird in Ulm neu gegründet	Schweiz erringt Unabhängigkeit vom Heiligen Römischen Reich	König Sigismund wird Heiliger Römischer Kaiser	Abschaffung des Fehderechts soll den gesetzlosen Zustand vieler Gebiete beenden	Deutschland erhält von Polen Böhmen und Ungarn im Tausch gegen Preußen

Bergfried-Burgen

Viele deutsche Burgen haben einen Turm, der höher als die ihn umgebenden ist – der Bergfried. Er könnte auf römischen Wachtürmen basieren. Die meisten dieser Türme waren nicht sehr geräumig und dürften als Beobachtungs- und Verteidigungsposten gedient haben und nicht als Residenz des Burgherrn. Allerdings besitzen viele ein Abzugsloch für offene Feuerstellen – d. h. eine Wärmezufuhr war rasch möglich und man war nicht auf tragbare Feuerschalen angewiesen. Der Eingang lag wie in anglonormannischen Wohntürmen im ersten Stock.

Cochem

Die kaiserliche Burg Cochem liegt am Rhein, südwestlich von Koblenz. Die Stadt wurde 866 gegründet und entwickelte sich rund um die um 1020 erbaute Burg. 1294 erhielten sie die Erzbischöfe von Trier. Unter Erzbischof Balduin wurde die Burg im frühen 14. Jahrhundert vergrößert. Sie diente als Zollstation für die Moselschiffahrt und kontrollierte den Verkehr durch eine Kette über den Fluss.

1689 wurde die Burg von den Franzosen zerstört, doch der Bergfried, Teile des Haupttores, der Hexenturm und ein unterirdisches Gewölbe blieben erhalten. Die Burg wurde zwischen 1868 und 1878 im neugotischen Stil restauriert. In ihrer Nähe liegt die im 13. Jahrhundert vom Fürsten Metternich erbaute Ruine Winneburg.

Münzenberg

Münzenberg liegt auf einer Basaltkuppe inmitten der Wetterau in Hessen, 40 km nördlich von Frankfurt. Sie wurde zum größten Teil 1174 von Kuno von Hagen, wahrscheinlich der berühmteste Ministeriale von Friedrich I. Barbarossa, errichtet und repräsentiert vollkommen den damaligen Baustil. Um seine territorialen Ansprüche von Schwaben bis Thüringen zu sichern, gründete der Kaiser die Stadt Münzenberg.

Wie viele andere Burgen aus dieser Zeit besitzt auch Münzenberg zwei runde Bergfriede, von denen jeder einen bestimmten Zugang beschützt. Von Hagen baute den Ostturm. Die ovale Burg folgt der Form der Hügelkuppe.

Die Räumlichkeiten, die dem Rang des Burgherrn entsprechen sollten, liegen entlang der Nord- und Südmauer: ein dreistöckiger Palas (eine hölzerne Außentreppe führte einst in den ersten Stock), eine Halle, private Kammern, Toiletten und eine Kapelle über dem Torbereich. Die Außenmauer wurde mit runden Türmen verstärkt.

Rechts: Der großteils erhaltene Bergfried des einstmals kaiserlichen Cochem beherrscht die Burg, die im 19. Jahrhundert im neugotischen Stil renoviert wurde.

Münzenberg ist eine „Ganerbenburg“ (mehrere Erben besitzen die Burg gleichzeitig) und ging durch die Hände von 48 Erben. 1286 kam die Burg an die Familie der Falkensteiner, die sie verstärkten und den Palas an der Südseite des Burghofs hinzufügten.

Drachenfels

10 km südlich von Bonn liegt auf einem Felsvorsprung über dem Rhein Burg Drachenfels und bewacht die Stadt Königswinter. Sie wurde in der ersten Hälfte des 12. Jahrhundert von den Erzbischöfen von Köln errichtet, 1147 dem Cassiuskloster in Bonn übergeben und anschließend den Grafen von Drachenfels als Lehen überlassen.

Die Ruinen des Bergfrieds aus dem 12. Jahrhundert sind noch zu sehen. Von der im 15. Jahrhundert vergrößerten Burg sind nur die Südmauern mit ihren runden Türmen erhalten. Im Dreißigjährigen Krieg (1618–1648) wurde die Burg aufgegeben und im 19. Jahrhundert ging viel von den Gebäuden am Ufer verloren.

Der Sage nach soll in einer nahe gelegenen Höhle Siegfried den Drachen, der den Schatz der Nibelungen bewachte, getötet und anschließend in seinem Blut gebadet haben.

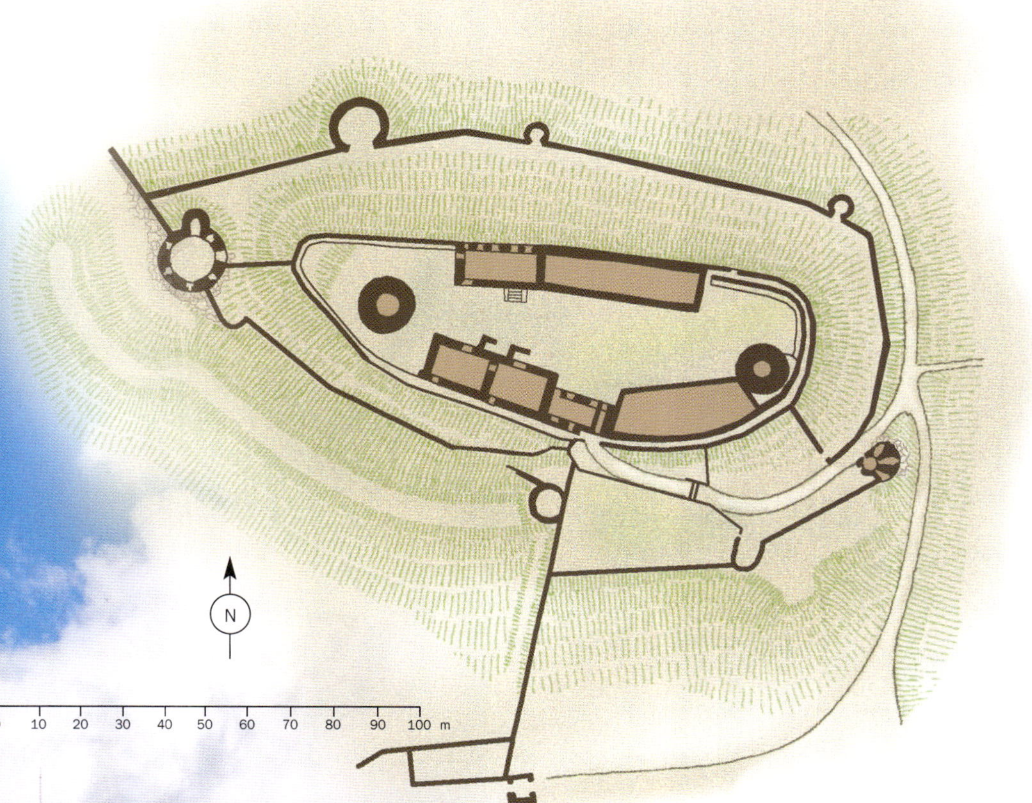

Der Plan der Burg von Münzenberg zeigt auf beiden Seiten einen runden Bergfried

Burgen und Paläste

Kaiser Friedrich Barbarossa sah sich als Erbe des Römischen Reichs und Karls des Großen zugleich. Er unternahm jede Anstrengung, um die Wirkung der Karolingerresidenz in Aachen zu kopieren und restaurierte Ingelheim und Nijmegen. Seine Paläste oder Pfalzen unterschieden sich weitgehend von den Kaiserburgen, die Handelsrouten kontrollierten und beschützten und eigentlich Verwaltungszentren waren.

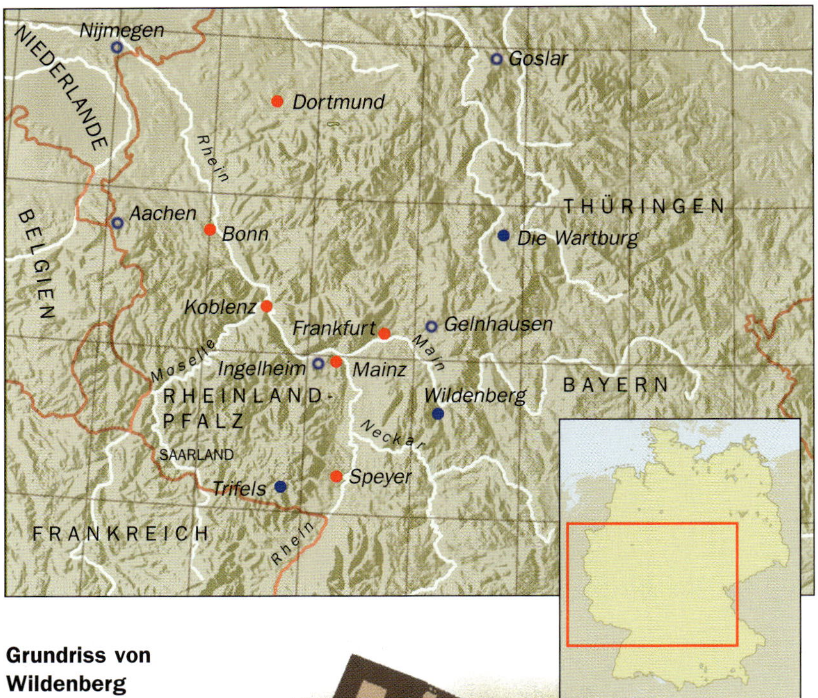

Die Paläste waren repräsentative Bauten und gehörten großteils dem Kaiser. Die Kaiserpfalz in Goslar im Harz ist sicher der berühmteste Palast, doch fast zur Gänze eine Rekonstruktion aus dem 19. Jahrhundert. Die offene Bauweise zeigt das Vertrauen in die souveräne Macht des Herrschers, als Luxus wichtiger war als Verteidigung; andererseits ist Gelnhausen in Hessen von einer starken Mauer mit einem Bergfried umgeben.

Grundriss von Wildenberg

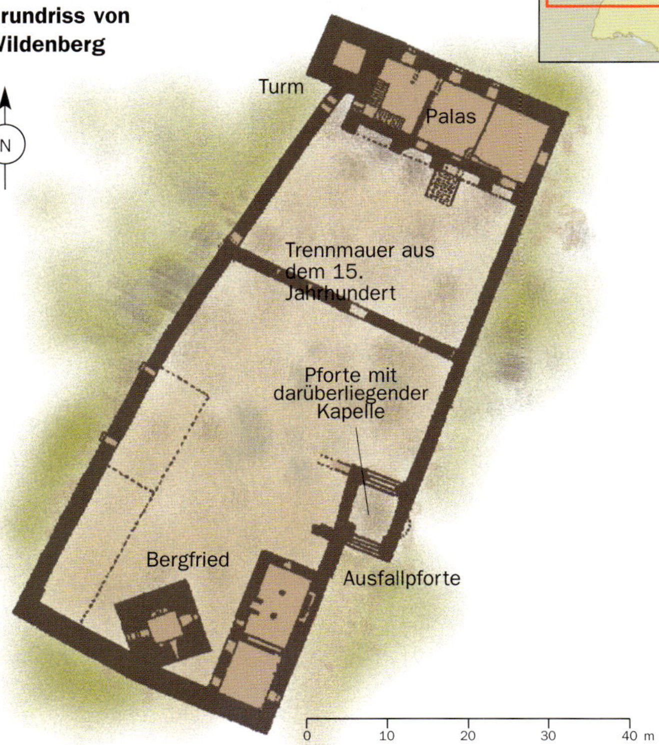

Wildenberg

Die Burg Wildenberg, deren Bau Rupert von Dürn bald nach 1168 begann, liegt 50 km nordöstlich von Heidelberg im Odenwald.

Konrad von Dürn vervollständigte den Bau im 13. Jahrhundert und errichtete ein zweites Stockwerk mit frühgotischen Fenstern. Die Innenmauern bilden ein Rechteck mit einem vorspringenden Haupttor und einem darüber liegenden Kapellenerker. Im Westen steht ein quadratischer, aus Bossenquadern gebauter Bergfried, während Palas und Turm im Osten errichtet wurden. Solche Burgen konnten durch Gräben in Sektionen geteilt werden. Im 15. Jahrhundert wurde der Innenhof durch eine Trennmauer geteilt.

1525 wurde die Burg durch ein Feuer zerstört. Der bayrische Ritter und Minnesänger Wolfram von Eschenbach, der um 1220 starb, erwähnt Wildenberg, wenn er von den Herren spricht, denen er hier offenbar diente.

Die Wartburg

Diese berühmte Burg liegt auf einem steilen Kliff südlich oberhalb von Eisenach in der Nähe von Erfurt. Ludwig von der Schauenburg baute hier bereits Mitte des 11. Jahrhunderts eine Holzburg

mit zwei Türmen. Hermann I., Landgraf von Thüringen und Getreuer Friedrich Barbarossas, erneuerte die Burg im 12. Jahrhundert als Gegengewicht gegen mächtige Fürsten. Die Wartburg ist eine der wenigen nicht für Barbarossa erbauten Burgen.

Das unüberwindbare Terrain erlaubte den Bewohnern viel Komfort wie großzügige sanitäre Anlagen und nach außen liegende Palasfenster. Eine starke Mauer umgibt die gesamte Anlage. Die Fensterarkaden auf der Hofseite öffnen sich in Loggien. Der romanische Palas der Thüringer Landgrafen ist erhalten, obwohl die Burg einige Male restauriert worden ist, weitgehend nach dem ursprünglichen Plan.

Der Hof Hermanns I. wurde von den Minnesängern Walther von der Vogelweise und Wolfram von Eschenbach besucht, ein Ereignis, das einige Jahrhunderte später in der Ballade „Sängerkrieg auf der Wartburg" festgehalten wurde, auf der Wagner seinen „Tannhäuser" basieren ließ. Die Wartburg wurde zum Symbol der Stärke für Luther, als er hier von Mai 1521 bis März 1522 von Kurfürst Friedrich III. von Sachsen, dem Weisen, in Sicherheit gebracht wurde.

Trifels

Trifels, auf einem Felsenkamm nahe Annweiler, ist eine Kaiserburg, die der Kaiser wie einige andere auch von ihren früheren Besitzern übernahm. Trifels liegt ebenfalls an einer wichtigen Handelsroute, der von Speyer an die Saar, die das mittlere Rheinland mit Frankreich verbindet. Gemeinsam mit Anebos und Schnarfenberg bildet sie ein Festungsdreieck. Kaiser Barbarossa erweiterte sie 1153.

Trifels ist heute eine Ruine, doch der dreieckige Grundriss ist noch deutlich erkennbar. Der breite Treppenaufgang führt meist zum Palas, hier aber zu einem quadratischen Turm, in dem sich der Eingang zum Palas befindet. Die halbkreisförmige Apsis (üblicherweise das östliche Ende einer Kirche oder Kapelle) spingt hier im oberen Stockwerk vor und ist ein frühes Beispiel dieser Form.

Oben: Rekonstruktion von Trifels. Die Burg lag an einer wichtigen Handelsroute.

Unten: Der Wachturm ist einer der ältesten Überreste der Wartburg.

Die Rheinburgen

Gegenüber: Die mächtigste der Rheinburgen, Rheinfels, hielt einigen Einnahmeversuchen Stand; verfiel aber im 18. Jahrhundert, weil die Ressourcen zur Instandhaltung fehlten.

Ein Fluss bot nicht nur einfache Transportmöglichkeiten und ständig frisches Wasser, sondern auch die Möglichkeit, Zoll für die Genehmigung zur Weiterfahrt auf dem Fluss einzuheben. Ein Wasserweg wie jener auf dem Rhein war sehr profitabel – kein Wunder, dass seine Ufer mit Burgen übersät waren.

Die meisten Burgen dienten als Zollstationen, aber es ist ein Mythos, sie als Schlupfwinkel für Räuber zu bezeichnen. Nur die wenigstens waren in der Zeit von 1250 bis 1273, nach dem Tod von Friedrich II., Raubritterburgen. Manche dienten als sichere Plätze zur Aufbewahrung von Geld.

Als Straßburg 1681 von Frankreich annektiert wurde, hatte Ludwig XIV. keine Lust, die Burgen seine Schatullen schröpfen zu lassen und ließ 1689 die Burgen schleifen. Doch erst als Frankreich 1797 das gesamte Westufer des Rheins in Besitz bekam, hörte die Zolleinnehmerei auf.

Marksburg

Die Burg liegt auf einem Hügel über dem Rhein bei Braubach, ca. 12 km südlich von Koblenz. Sie ist eine der am besten erhaltenen Rheinburgen. Um 1100 lag hier die Residenz eines Adligen, sie ging jedoch bald an die Pfalzgrafen vom Rhein.

Erstmals wird die Burg 1231 erwähnt. Wahrscheinlich wurde sie kurz vorher von Graf Eberhard II. von Eppstein erbaut. Um die Mitte des 13. Jahrhunderts entstand hier eine Zollsperre über den Rhein, und kurz vor deren Abschaffung gaben die Bayern die Burg den Grafen von Katzenelnbogen. Von 1479 bis 1866 war sie im Besitz der Landgrafen von Hessen.

Der dreieckige Innenhof mit einem Bergfried ist mit Gebäuden in drei Ebenen umbaut. Zu diesem Komplex gehört der Rest eines Palas mit romanischen Fenstern und Blendbögen im Norden und der Kapellenturm im Süden der Anlage. Im 14. Jahrhundert kam östlich des Hofes ein zweiter Palas und ringsum eine zusätzliche Verteidigungsanlage hinzu. Ein weiterer Mauerkranz mit Rundtürmen entstand im 15. Jahrhundert und im 17. Jahrhundert wurde an der Ostseite ein Bollwerk angebaut.

Rheinfels

Die mächtigste aller Rheinburgen thront auf einem Bergrücken bei St. Goar, 24 km südlich von Koblenz. Die Taunusgrafen von Katzenelnbogen errichteten am Flussufer bei St. Goar eine Zollstation und bauten aus deren Ertrag die Burg Rheinfels.

Die ursprüngliche Anlage mit viereckigem Grundriss und einem Bergfried, von der nur die

Rechts: Gebäude in drei Ebenen und ein Bergfried bilden den Kern der Marksburg.

Fundamente erhalten sind, geht auf Graf Diether von Katzenelnbogen zurück. Wilhelm II. von Katzenelnbogen (1332–1385) fügte nach Süden eine starke Schildmauer mit quadratischen Türmen an beiden Enden hinzu und errichtete einen Palas mit runden Ecktürmen an der Nordseite der Burg. Nach 1479 machten die Landgrafen von Hessen-Kassel die Burg zu einer wohnlicheren Residenz. 1692 wurde die Burg von den Franzosen vergeblich bombardiert, und 1797 wurde sie gesprengt, um Baumaterial zu erhalten – nur ein Drittel der Burg ist noch intakt.

Eltville

Seit dem frühen Mittelalter stand in Eltville, 14,5 km westlich von Mainz, eine Burg. Erzbischof Balduin von Trier überbaute sie ab 1330 mit einer neuen Burg, die erst 15 Jahre später fertig gestellt war und den Erzbischöfen bis ins späte 15. Jahrhundert als Residenz diente.

Am Rande des Innenhofs steht ein imposanter Wohnturm mit kleineren Ecktürmchen und einem achteckigen Treppenturm. Das Innere ist mit Wandmalereien aus dem 14. und 15. Jahrhundert dekoriert. Die Ruinen des ehemaligen Palas liegen westlich vom Turm. Die Schweden zerstörten die Burg 1635, sie wurde jedoch im gleichen Jahrhundert teilweise wieder aufgebaut.

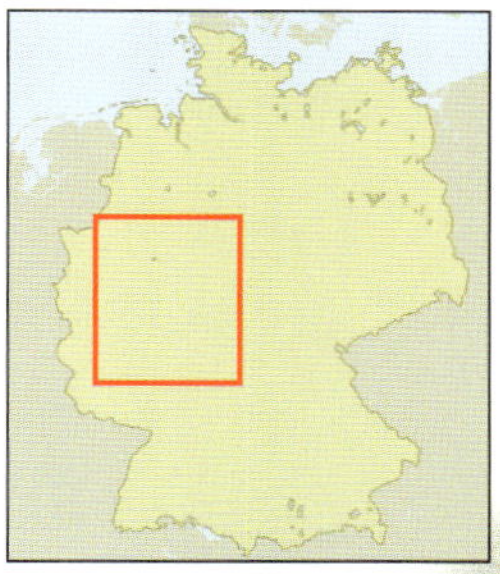

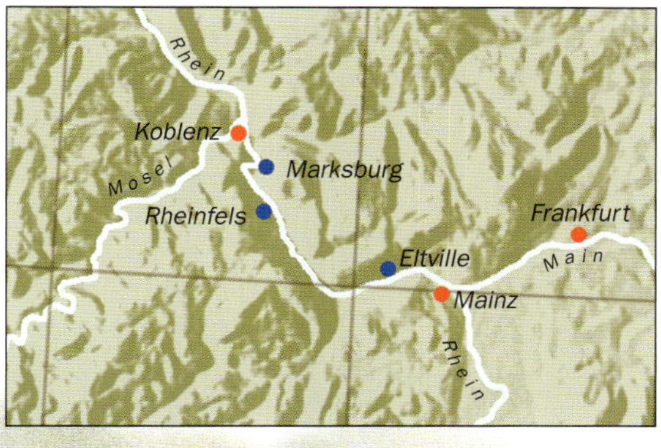

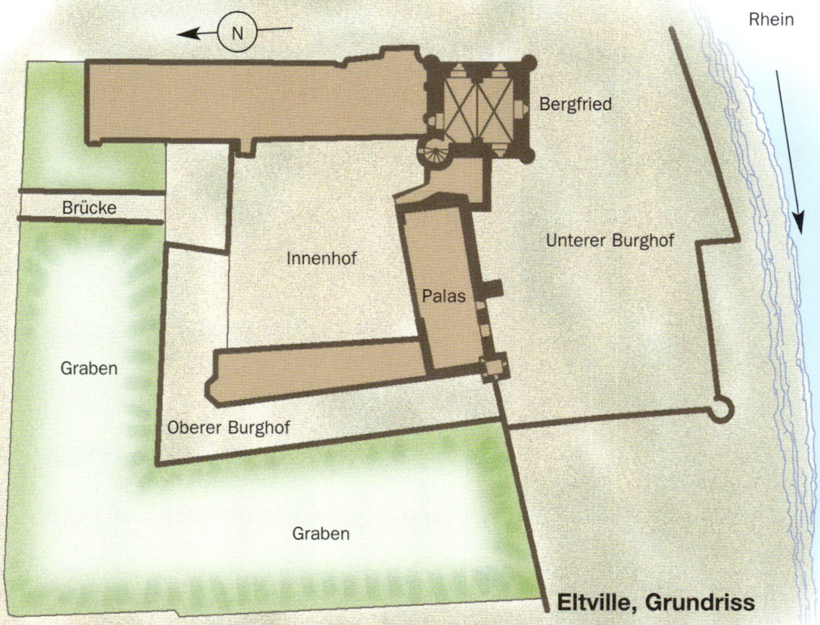

Eltville, Grundriss der Burg

Ganerbenburgen

Die in Deutschland praktizierte Erbteilung hatte zur Folge, dass die Burgen bereits so konzipiert wurden, dass sie geteilt werden und später mehreren Erben zusammen gehören konnten – die „Ganerbenburgen". Diese Burgform tritt auch in Südfrankreich auf – entweder teilten sich Brüder oder verschiedene Familien die Burg.

Burg Eltz

Dieser Hochbau mit seinen in den Himmel ragenden Spitztürmen liegt auf einer Felsenplatte hoch über der Eltz, einem Seitenarm der Mosel, nahe Wierschem in Rheinland-Pfalz. 1157 wurde sie das erste Mal erwähnt, 1268 teilte sich die Familie der Grafen Eltz in mehrere Linien, von denen einige in die um den Innenhof gruppierten sechs Häuser einzogen. Aus dieser Zeit ist wenig erhalten, da große Teil der Burg ab dem späten 15. Jahrhundert restauriert wurden – nur die Kapelle aus dem 14. Jahrhundert und der Turm der Familie Platt-Eltz am Westende des Hofes enthält ältere Bauteile. Vier Residenzen öffnen sich in den Innenhof.

Viele deutsche Burgen sind keine Neubauten, sondern resultieren aus einem Wiederaufbau alter Anlagen. Die dicht gedrängten, halb aus Holz erbauten Häuser der Burg Eltz bekamen große Fenster, je höher sie aufgestockt wurden, und in den oberen Stockwerken vorspringende Türme wie in den engen Straßen einer mittelalterlichen Stadt. Die Räume im Inneren sind klein, doch luxuriös und wurden mit lebendigen, bunten Malereien ausgeschmückt. Auch die Altarseite des Oratoriums springt wie ein Türmchen vor.

Mitte: Der Hof der Burg Eltz ist hinter den ihn umgebenden Gebäuden versteckt.

Unten rechts: Der Zugang zur Schönburg ist geschützt durch einen Graben und einen Wall, die *Schildmauer*, auf der linken Seite.

Salzburg

Die Salzburg in Bad Neustadt an der Saale liegt in Franken, etwa 71 km nördlich von Würzburg. Sie ist eines der besten Beispiele einer deutschen Ganerbenburg. 1162 wurde sie zum ersten Mal erwähnt, ihre Erbauer waren die Bischöfe von Würzburg.

Die Burg liegt auf einem Felsvorsprung und der Mauerkranz folgt dem Gelände. Der östliche Zugang, der Schwachpunkt der Anlage, ist durch einen Graben und eine weitere Mauer mit vier quadratischen Türmen geschützt. Der Torturm von etwa 1200 wurde aus Bossenquadern erbaut.

Die Burg wurde in sechs Sektoren unterteilt, von denen der südliche und westliche am besten erhalten ist. Auch der Munze-Palas aus der Mitte des 13. Jahrhunderts, mit gotischen Fenstern und einem Stufengiebel, ist erhalten. Ab dem 16. Jahrhundert verfiel die Burg.

Salzburg, Grundriss der Burg

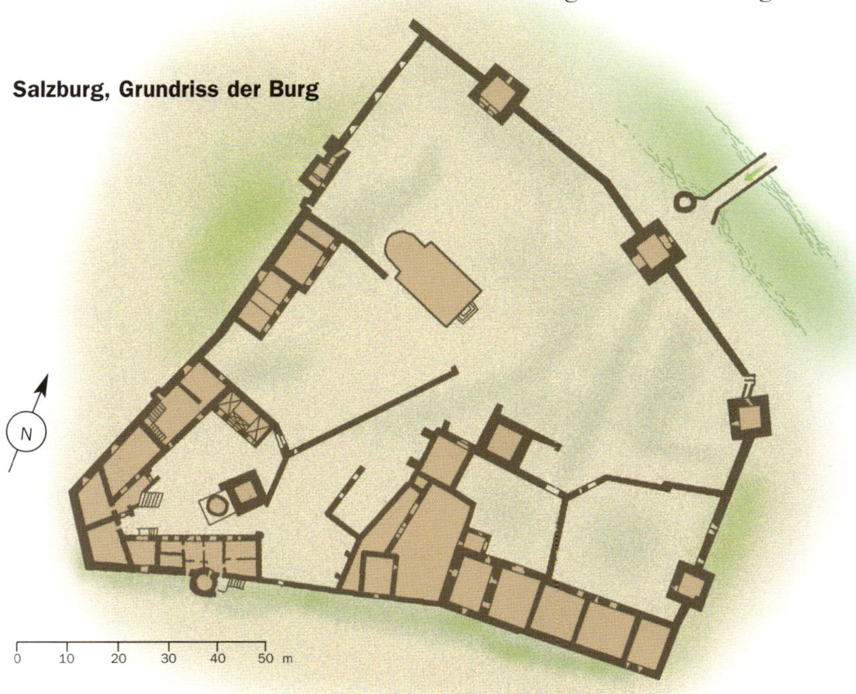

Lichtenstein

Lichtenstein liegt nördlich von Bamberg in Bayern. Die Chroniken erwähnen die Burg 1232 das erste Mal; sie wurde zwischen drei Linien der Fürsten Lichtenstein aufgeteilt, was ihren ungewöhnlichen Grundriss erklärt.

Der Südteil ist in einem wesentlich besseren Zustand als der nördliche. Im Norden umgibt der Mauerkranz aus dem 13. Jahrhundert eine romanische Kapelle und einen Rundturm. Der quadratische Bergfried dürfte aus dem 14. Jahrhundert stammen, doch die umliegenden Gebäude wurden im 15. und 16. Jahrhundert wieder aufgebaut. Auch im besser erhaltenen südlichen Teil stehen ein Bergfried und zugehörige Nebengebäude, die zum Teil aus Holz erbaut wurden.

Schönburg

Diese Burg in Oberwesel in Rheinland-Pfalz steht auf einem terrassenförmigen Hügel oberhalb von Schönburg am Rhein, 47 km südlich von Koblenz. Sie wurde erstmals 1149 erwähnt. Bis ins 14. Jahrhundert gehörte die Burg den Erzbischöfen von Magdeburg und wurde dann zu einer Ganerbenburg der Grafen von Schönburg und auf drei Linien der Familie aufgeteilt.

Der südliche Zugang ist durch einen in den Felsen geschnittenen Graben und eine hohe, mit Pechnasen bestückte Schildmauer, wahrscheinlich aus dem 14. Jahrhundert, gesichert. Jede Linie besaß einen Bergfried und Palasgebäude im Burggelände. Ein quadratischer und ein runder Bergfried sind noch erhalten. Eine kleine gotische Kapelle liegt im Burghof. Die Burg wurde 1689 von den Franzosen geplündert.

Oben: Die Verwendung als *Ganerbenburg* führte zum unregelmäßigen Grundriss der Burg Lichtenstein.

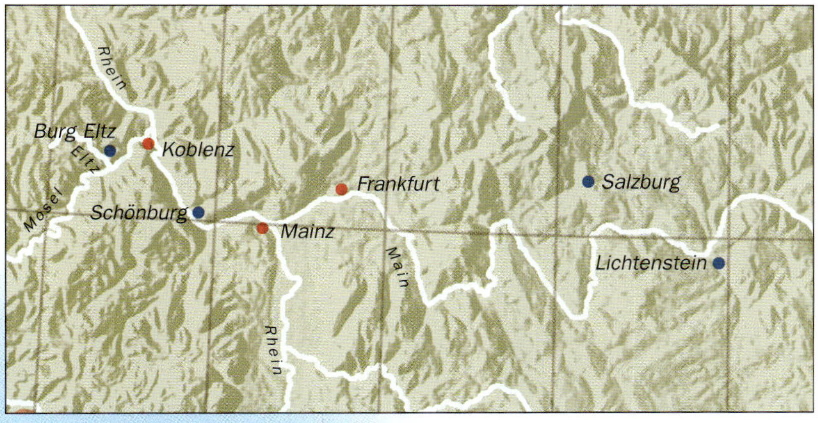

Burgen vom Reißbrett

Gegenüber oben: Kaub besteht aus zwei Burgen. Guntenfels befindet sich auf einem hügeligen Vorsprung, während Pfalz den Rhein bewacht. Der Turm der Mautburg stammt aus den Jahren vor 1330, die Verteidigungsmauer wurde kurz nach 1340 fertiggestellt.

Der regelmäßige Grundriss wurde in Deutschland erst im 15. und 16. Jahrhundert verbreitet. Pfalzgrafenstein bei Kaub, eine sechseckige Burg auf einer Insel im Rhein, ist ein besonders schönes Beispiel dafür.

Herzogkasten/Neues Schloss

Der Herzogkasten in Ingolstadt in Niederbayern liegt rund 80 km nördlich von München. Die Originalburg aus dem 13. Jahrhundert ist bis auf den dreistöckigen Herzogkasten mit Stufengiebel und hohem Satteldach längst verschwunden.

Als die Stadt wuchs, wurde das Neue Schloss auf dem ehemaligen Burgplatz errichtet. Es besteht aus einem rechteckigen Hof mit einem großen Speicher, einem Rundturm im Norden und dem Palas mit gotischem Gewölbe und einem quadratischen und einem fünfeckigen Turm im Osten. Die Burg wurde während des Zweiten Weltkrieges schwer beschädigt und ist mittlerweile restauriert.

Glücksburg

Glücksburg liegt 12 km nordöstlich von Flensburg in Schleswig-Holstein. Die Burg wurde zwischen 1582 und 1587 für den Herzog von Holstein-Hadersleben in der Nähe eines früheren Zisterzienserklosters erbaut. Sie ist eine typische Reißbrettanlage des späten 15./16. Jahrhunderts: quadratisch mit achteckigen Ecktürmen.

Glücksburg gehört zu den Wasserburgen (sie liegt auf einer Insel), wie man sie in niedrig gelegenen, flachen Gebieten findet. Innerhalb der Mauern befinden sich drei Gebäude mit gewölbten Innenräumen und einer Innenausstattung aus dem 17. bis 19. Jahrhundert.

Schloss Heidelberg

Die Burg thront auf einem Bergsporn oberhalb von Heidelberg in Baden-Württemberg. Die seit 1255 bekannte Befestigung war Sitz der Pfalzgrafen vom Rhein. 1303 wurde in den Chroniken eine zweite Festung auf der Molkenkur erwähnt, die 1537 durch einen Blitz zerstört wurde.

Schloss Heidelberg hat einen grob viereckigen Grundriss, die Ecken sind durch massive Türme geschützt. Bis auf den Ruprechtsbau in der Südwestecke des Hofes, ein Werk Kurfürst Ruprechts III., und drei runde Türme an der Ostseite aus dem 15. Jahrhundert sind die mittelalterlichen Bauten verloren. Der Glockenturm am Nordende der Burg wurde 1525 zu einem

Unten: Das Heidelberger Schloss, mit der Fassade des Friedrichsbaus, flankiert vom Glockenturm (links) und dem Dicken Turm (rechts).

schlanken achteckigen Turm erhöht. Die davor liegende Brustwehr diente zum Schutz des Zeughauses. Von dort zogen sich die großen Geschützstellungen bis zum Dicken Turm in der Nordwestecke. Gerichtet waren sie gegen die Stadt.

Die Gebäude rund um den Innenhof stammen größtenteils aus der Zeit nach dem Mittelalter. Das erste Gebäude wurde 1508 an der Südseite errichtet. Der Ottheinrichsbau von 1556 im Osten besitzt eine wundervolle Renaissancefassade und dürfte der bekannteste Teil der Burg sein. Der Friedrichsbau auf der Nordseite, erbaut zwischen 1601 und 1607 durch Friedrich IV., diente als Palast für die Kurfürsten. Seine Fassade ist heute mit Kopien der Statuen der Familie der Wittelsbacher dekoriert (die Originale befinden sich im Inneren der Burg).

1689 und 1693 wurde das Heidelberger Schloss durch französische Truppen zerstört. 1693 versuchten sie, den im Südosten liegenden mittelalterlichen Krautturm, in dessen Untergeschoss Schießpulver lagerte, zu sprengen. Er brach jedoch nur in zwei Hälften, von denen die eine in den Burggraben schlitterte, wo sie bis heute liegt. Der Friedrichsbau wurde zwischen 1897 und 1900 restauriert.

Gutenfels und Pfalz bei Kaub

Die Pfalz und Gutenfels sind zwei Burgen; die Pfalz liegt auf einer Rheininsel bei Kaub, 30 km südlich von Koblenz, Gutenfels liegt oberhalb davon. Sie wurde vielleicht Anfang des 13. Jahrhunderts von den Rittern von Falkenstein errichtet. Aus dieser Zeit stammt der Kern der Burg, ein Wohnblock mit rechteckigem Hof und seitlichen Flügeln. Ein quadratischer Bergfried schließt östlich daran an. Später kamen wie so oft in Deutschland Mauerkränze, die Höfe abteilen, hinzu.

Der fünfeckige Turm der Pfalz (Pfalzgrafenstein) wurde von Ludwig von Bayern 1327 als Zollstation gebaut. Um 1340 kam die sechseckige Umfassung dazu. Am Südende wurde 1607 eine Bastion angebaut. Wegen der starken Strömung des Rheins an dieser Stelle wurde die Pfalz nie erobert.

Kapitel 8: Die Benelux-Länder

Im Gefolge Karls des Großen

Als Karl der Große starb und sein Reich geteilt wurde, hielt das Feudalsystem in den heutigen Benelux-Ländern Einzug. Die Burgen dienten nicht nur als Verwaltungszentren, sondern auch als Verteidigungsposten gegen Deutschland und Frankreich.

Als das Reich Karls des Großen nach seinem Tod zerfiel, kam ein großer Teil der heutigen Benelux-Länder unter die Herrschaft seines Enkels Lothar, dessen Reich quer durch das heutige Europa reichte, vom Ärmelkanal bis nach Norditalien, und zwischen den Königreichen seiner neidischen Brüder lag. Letztlich wurde sein Reich aufgeteilt und wie in Frankreich wurde das Feudalsystem zur stabilisierenden Macht, in dem sich Herzöge und Grafen etablierten. Doch die Unruhe des Volkes und die Bedrohung durch Frankreich und besonders die deutschen Staaten führten zum Burgenbau in diesem Gebiet.

Unten: Die Fassade der Burcht bei Leiden.

Die Architektur der Burgen war größtenteils von Frankreich und Deutschland beeinflusst. Trotzdem gab es schon seit den frühesten Zeiten eigene besondere Merkmale. Besonders in Holland ist dies festzustellen. Eine der ältesten holländischen Burgen ist die Burcht in Leyden, wo um 1150 eine Hügelkuppe von einem Mauerring umgeben wurde, sodass ein geschützter Innenhof entstand. Die Mauer erhielt Bögen, die eine Galerie tragen, ein Element, das für Holland und den Niederrhein charakteristisch werden sollte.

Das flache Terrain Hollands förderte die Verbreitung einfacher Ringmauer-Anlagen. Die Burcht wurde in Teylingen und Oostvoorne kopiert. In Teylingen kam später eine Art Palas dazu, während in der Mitte der Motte von Oostvoorne ein fast quadratischer Turm errichtet wurde; ähnliche Anlagen entstanden in Kessel und Wouw.

Im 13. Jahrhundert folgten die Burgen auch in Holland einem quadratischen oder rechtwinkeligen Grundriss mit Türmen an den Ecken. Muiden mit seinen runden Ecktürmen ist das beste Beispiel für diesen Typ, ebenso wie Burg

1297	1302	1305	1340er Jahre	1479	1499	1530er Jahre	1567
Der französische König Philipp IV. fällt in Flandern ein	Flandern schlägt Frankreich in der Schlacht bei Courtrai	Flandern unterwirft sich der französischen Herrschaft	Hollands Sümpfe werden mit Pumpen trockengelegt, um Land zu gewinnen	Franzosen ziehen in die Niederlande, werden aber von den Habsburgern geschlagen	Kaiser Maximilian I. unterdrückt einen Aufstand in den Niederlanden	Renaissance bringt neuen Baustil in die Niederlande	Beginn des holländischen Unabhängigkeitskrieges gegen die Spanier

Links: Die auf einem Berg gelegene Burg Walzin.

Helmond, errichtet im frühen 15. Jahrhundert, die später als Rathaus verwendet wurde. Die runden Ecktürme sind sicherlich auf französischen Einfluss zurückzuführen. Dieser ist besonders in Sluis zu spüren, da für die Errichtung der Burg 1384 ein französischer Architekt angestellt wurde. Sluis wurde später zerstört.

Die Baustile ändern sich

Eine andere frühe Burgenform in Holland und hier besonders in Flandern sind die Turmburgen. Die meisten dieser aus der Romanik stammenden Burgen sind zerstört und verfallen. Die wenigen noch erhaltenen befestigten Häuser aus dem 13. Jahrhundert wurden vom Adel errichtet. Die ersten Anlagen bestanden meist aus einem würfelförmigen Turm aus Backstein, dann wurde ein Flügel angebaut – die L-Form war entstanden, ähnlich der Burgen in Schottland. Oft verband eine Mauer die Ecken der Bauteile und bildete so einen kleinen, verteidigungsfähigen Innenhof. Ein Außenwerk schützte weitere Nebengebäude, wie sie üblicherweise im Mittelalter angefügt wurden. Im Laufe der Jahrhunderte jedoch trat wie auch anderswo der Wunsch nach Sicherheit hinter den Wunsch nach mehr Komfort zurück.

Obwohl die belgischen Burgen den holländischen ziemlich ähnlich sind, ist hier doch der französische Einfluss deutlicher spürbar. Die schwebenden Türme an der Mauer des Gravensteen in Gent sind ein Beispiel dafür. Die Kombination von Verteidigung und Bequemlichkeit wurde in Flandern zum üblichen Baustil; der polygonale Grundriss mit Flankentürmen kam bis zum Ende des Mittelalters zur Anwendung. Später wurden diese Strukturen modifiziert (Burg Gaasbeck) oder verändert wieder aufgebaut.

Bereits im späten Mittelalter zeigten die Burgen ein elegantes Aussehen, ähnlich den französischen Festungen. Die Burg Walzin, die über einem Bergabhang thront, entspricht diesem neuen Bautyp. Die Kaufmannschaft kopierte diese Verteidigungsanlagen und baute Zinnen und kleine Türme auf ihre Rathäuser und Tuchhallen.

Links: Die Rekonstruktion von Oostvoorne zeigt den Zentralturm.

Links und unten: Die Ruinen von Oostvoornes Zentralturm.

Belgien und Luxemburg

Die ersten Burgen in Belgien dürften aus dem 11. Jahrhundert stammen. Die flache Landschaft förderte den Bau von Wasserburgen oder von Burgen in einem Wassergraben.

Gravensteen

Diese einmalige Burg liegt in Gent am Zusammenfluss der Flüsse Lieve und Lys. Der erste auf diesem Platz errichtete Bau war aus Holz (wahrscheinlich von den Wikingern), doch schon um 1000 stand hier ein steinerner Donjon. Die Burg wurde 1128 von den Anhängern von Thierry von Elsaß belagert.

Reste dieses frühen Turms bilden den Keller des Donjons, der nach 1180 von Philipp von Elsaß nach seiner Rückkehr von einem Kreuzzug auf dem gleichen Platz errichtet wurde. Er vergrößerte die Burganlage, um die Bürger zu kontrollieren, die in der Stadt Türme errichtet hatten. Aus dieser Zeit stammen die Fenster der Wohnräume des Kastellans und die kreuzförmige Maueröffnung oberhalb des Haupttores.

Zwischen dem 13. und 14. Jahrhundert wurde die Burg wieder aufgebaut und restauriert. Der ovale Burghof ist von einer Mauer mit 24 zweistöckigen, hervorspringenden Türmen umgeben. Eine Wehrplatte konnte bei Bedarf in die auf der Rückseite offenen Türme eingeschoben werden. Getrennt vom Donjon, stehen an der Umfassungsmauer der Palas des Grafen und andere Gebäude mit gewölbten Kellern.

Rechts: Die Erkertürmchen an der Verteidigungsmauer von Gravensteen.

Im frühen 14. Jahrhundert belagerten die Genter zweimal die Burg; 1301 wurde die Kapitulation durch Feuer erzwungen, 1338 schlugen die Angreifer eine Bresche in die Mauer. Die Instandsetzungsarbeiten an der Mauer und dem Torgang aus dem 14. Jahrhundert zeugen noch heute von diesen Ereignissen. Von 1407 bis 1708 diente die Burg als Gerichtshof. 1780 wurde sie verkauft, zu einer Textilfabrik umfunktioniert, aber zwischen 1889 und 1908 komplett restauriert.

Beersel

Beersel bei Brüssel wurde aus Backstein erbaut und ist mit einem Wassergraben umgeben. Die runde Anlage, geschützt durch eine Steinmauer, entstand zwischen 1300 und 1310. Während des Flandernaufstands wurde die Burg 1489 zweimal belagert, eingenommen und schwer beschädigt, doch 1491 wieder aufgebaut. Dabei wurden drei hufeisenförmige Türme hinzugefügt, deren Form Kanonenkugeln besser abprallen ließ. Schon früher gibt es solche in Fougères, was auf französischen Einfluss in dieser Burganlage schließen lässt. Die Doppeltortürme waren die Vorläufer der Geschütztürme, die in den Städten im späten Mittelalters errichtet wurden.

Da die Burg seit 1544 nicht besetzt wurde, sind die Innenräume nahezu unverändert.

Vianden

Die Burg liegt auf einem Felsen 40 km nördlich von Luxemburg. Schon die Römer und Karolinger hatten die Vorteile dieser Lage erkannt. Die Burg wurde im 10. oder 11. Jahrhundert erbaut und von den Grafen von Vianden im 13. und 14. Jahrhundert zu einer der größten Burgen Europas erweitert.

Links: Die hufeisenförmigen Türme von Beersel.

Die Burg besitzt innere Mauern mit einem runden Eckturm und Wohnbauten und eine niedrigere Außenmauer und wird durch drei Tore beschützt. Die Kapelle, der kleine und der große Palas wurden zwischen Ende des 12. und Mitte des 13. Jahrhunderts errichtet. Das Portal des Palas ist von besonderer Schönheit. Durch den sechseckigen Eingang der Kapelle gelangt man auch in den gewölbten Keller. Der Rittersaal fasst bis zu 500 Menschen. Das *Quartier de Juliers* an der Westseite des jetzt zerstörten großen Palas stammt aus dem frühen 14. Jahrhundert.

Von 1417 bis zur Französischen Revolution war die Burg im Besitz des Hauses Oranien-Nassau. Die Burg wurde in der französischen Revolution konfisziert, jedoch 1820 König Wilhelm I. von Holland zurückgegeben. Nachdem Vianden verschleudert wurde, verfiel sie, doch der Großherzog von Luxemburg verstaatlichte sie 1977; seither wurde sie vollkommen renoviert.

Unten: Die Burg von Vianden.

Die Niederlande

Oben: Die Backsteinburg von Muiderslot mit ihrem mit Pechnasen versehenen Portal und dem gedeckten Wehrgang.

Rund 300 der 2000 oder mehr Burgen Hollands stehen noch. Die Landschaft ist sehr flach, sodass es viele Wasserburgen mit unterschiedlichen Grundrissen gab, die sich eines natürlichen oder künstlich angelegten Wasserlaufes bedienten. Einige Beispiele von steinernen Ringmauern sind in Utrecht, Horn und Leyden erhalten. Floris IV., Herzog von Holland, setzte im 13. Jahrhundert Impulse durch den Bau von Burgen: Muiden, mit einem französisch beeinflussten rechteckigen Grundriss und runden Türmen, und Het Binnenhof, sein Palast in Haag (heute Sitz der niederländischen Regierung) mit einem bemerkenswerten Rittersaal. Die Nähe der prosperierenden flämischen Städte förderte den Wunsch nach mehr Komfort in späteren niederländischen Burgen, und aus dieser Zeit stammen wahrscheinlich die besten Beispiele.

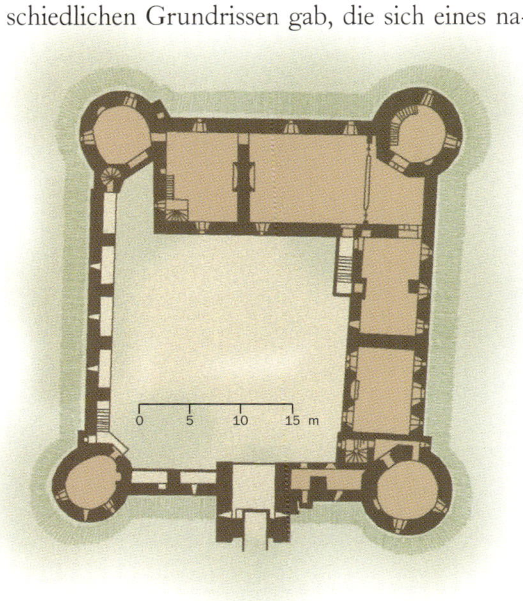

Rechts: Muiderslot, Grundriss der Burg.

Muiderslot

Die Burg liegt 13 km östlich von Amsterdam und diente seit ca. 1000 n. Chr. als Festung. 1280 baute sie Herzog Floris V. wieder auf. Als er im Konflikt zwischen Edward I. von England und Philipp IV. von Frankreich auf die französische Seite wechselte, nahmen ihn verärgerte Adlige gefangen; doch als Bauern sie daran hinderten, ihren Gefangenen nach England zu bringen, ermordeten sie ihn 1296 kurzerhand in der Burg. Danach wurde die Burg zerstört.

Die heutige Burg wurde größtenteils zwischen 1370 und 1386 von Albert von Bayern erbaut und ist eine der am besten erhaltenen Backsteinburgen der Niederlande. Die rechteckige Anlage ist von einem Wassergraben umgeben und ähnelt den Randhausburgen am Unterrhein. Das Torhaus ist mit Pechnasen bestückt und ein bedeckter Wehrgang läuft auf den Mauern entlang. Auf der Innenseite der Nordmauer lag eine Halle und an der Ostmauer ein Wohnflügel, der dem Mauerlauf folgt.

1508 wurde die Burg vom Herzog von Gelderland erobert und 1586 wiederum vom Earl von Leicester.

Valkenburg

Valkenburg, 11 km östlich von Maastricht in Limburg, ist die einzige Hügelburg Hollands.

Die früheste Burg baute wahrscheinlich 1115 Gosewijn I., Herr von Valkenburg: einen rechteckigen Donjon, hölzerne Nebengebäude und eine Ringmauer. 1122 wurde die Burg bei der Belagerung durch den Grafen von Louvain zerstört. Die folgende Burg aus dem 13. Jahrhundert wurde 1329 von Johann III., Herzog von Brabant, erstürmt und zerstört. Valkenburg wurde wieder aufgebaut und kam 1370 in den Besitz der Herzöge von Brabant.

Von der eher dreieckigen Anlage des 14. Jahrhunderts sind noch Reste von zwei runden Ecktürmen, einem Wohntrakt an einer Seite, einem tieferen Innenhof und einem Wachturm, einem *dwingel*, vorhanden. In den Felsen wurden unterirdische Gänge geschlagen, die vielleicht bei Belagerungen im Mittelalter benutzt wurden.

Valkenburg wurde 1465, 1568 und 1632 belagert und 1672 gesprengt, damit die Franzosen die Burg nicht für ihre Zwecke benutzen konnten. Die in den Felsen geschlagene Kapelle wurde während der französischen Belagerung verwendet. Die Burg ist nach wie vor eine Ruine. 1944 dienten die unterirdischen Gänge während der Kämpfe zwischen den Deutschen und den Alliierten nach dem D-Day als Schlupfwinkel.

Oben: Die Ruinen der Valkenburg.

Wedde

Die Festung liegt auf einem Hügel und gehört zu den Turmburgen. Der zentrale Turm und die Nebengebäude sind von einer Mauer umgeben. Der rechtwinklige Turm wurde wahrscheinlich als ältester Teil der Anlage in der Mitte des 14. Jahrhunderts errichtet. Palisaden schützten den Innenhof, doch während der Bürgerkriege 1470 wurden sie durch eine Steinmauer ersetzt, die 1530, als an die nördliche Seite des Turms ein Palas angebaut wurde, wieder erneuert wurden. Ein rechtwinkliger Turm ragt diagonal aus jeder Ecke der Burgmauer hervor.

Links: Wedde, Grundriss der Burg.

Felsen- und Wasserburgen

Österreich ist reich an Burgen. Das Land bildete eine Pufferzone gegen die Gefahren aus dem Osten und hatte keine andere Alternative, als sich zu verteidigen.

Zu Beginn seiner Geschichte wurde Österreich durch ungarische Plünderer bedroht, doch die magyarischen Reiter waren für Festungen keine wirkliche Gefahr. Später wurde Österreich Teil des Heiligen Römischen Reichs. 1493 wurde sein Herzog Maximilian zum Kaiser gewählt.

Als Konstantinopel 1453 an die osmanischen Türken unter Sultan Mehmet II. fiel, war die Sicherheit Österreichs mehrmals in Frage gestellt. Der Weg war offen für eine türkische Invasion in das christliche Europa. Unter Suleiman I. „dem Prächtigen" eroberten die Türken 1521 Belgrad und 1522 Rhodos; sie töteten den König von Ungarn in der Schlacht von 1526 und erreichten Wien 1529, doch nach einer erfolglosen Belagerung zogen sie sich zurück.

Unten: Die teilweise renovierte Burg von Hardegg stammt ursprünglich aus dem Jahre 1200.

1261	1278	1315	1386	1415	1485	1544	1683
King Ottokar von Böhmen annektiert Österreich	Rudolf von Habsburg schlägt die Böhmer und wird Herrscher von Österreich	Schweizer schlagen österreichische Armee in der Schlacht von Morgarten	Habsburger anerkennen die Unabhängigkeit der Schweiz	Unterstützt vom Hl. Römischen Reich übernimmt die Schweiz den Aargau	Die Ungarn vertreiben die Habsburger aus Österreich	Türkische Heere fallen in Österreich ein	Die Türken belagern zum zweiten Mal Wien

Nach dieser Krise konnten die Habsburger als Herrscher Österreichs den Titel „Bollwerk der Christenheit“ für ihr Land in Anspruch nehmen. Im 16. und 17. Jahrhundert versuchten Päpste, über die österreichischen Herrscher Kreuzzüge zu organisieren. Die Heilige Liga von 1537–1540 blieb jedoch das einzige wirkliche Kreuzzugsbündnis, geschlossen zwischen dem Papst, dem Kaiser und der Republik Venedig.

Die gebirgige Landschaft Österreichs brachte eine Vielzahl verschiedener Burgformen hervor. Besonders im Ostteil des Landes dürften die Burgen auf prähistorischen germanischen Siedlungen basieren, die später gegen die Bedrohung durch die Türken befestigt wurden. Daher ist es oft schwer, Burg von Festung zu unterscheiden.

Die wichtigste Form der Verteidigung bestand auch in Österreich aus einem Steinturm – zumindest im 12. Jahrhundert. Anfangs vom Adel und Kirchenfürsten erbaut, wurden die Burgen später vor allem von Rittern in öffentlichen Positionen und vom Adel errichtet, dessen Titel auf Ämtern beruhte. Oft wurde der Turm vor allen anderen Gebäuden erbaut, wie in der Steiermark. Türme waren zunächst schlank und quadratisch und dienten eher als Wacht- denn als Wohntürme. Eine solide, einfache Halle lag dicht daneben, und die ganze Anlage wurde von einer Mauer verbunden, die dem Umriss dichter folgte als anderswo. Burgen in der Steiermark, in Kärnten und speziell in Tirol drücken sich dermaßen eng und ungastlich an die Felswände, dass sie, außer in Zeiten der Unruhen, wahrscheinlich kaum je bewohnt wurden.

Türme

Wie in Hardegg *(Seite 89)* war der Wachturm oft das Herz der Burg. Solche Burgen wurden im gesamten Einflussbereich der Habsburger gebaut, in der Schweiz, in Böhmen und Slowenien. Das Burgenland verdient seinen Namen, obwohl das Terrain nicht wirklich geeignet war. Einige Wachtürme gleichen den römischen Türmen. Sie sind zwar höher, wurden aber im späten Mittelalter erbaut, um die Straßen im Tal zu kontrollieren.

Diese Periode des Burgenbaus endete weitgehend um 1300. Bereits jetzt ist der Weg zu komfortableren Bauten sichtbar, wie Zubauten von Wohnräumen erkennen lassen. Oft wurden die Burgen vergrößert, um die zusätzlichen Gebäude unterbringen zu können. Der Wachturm wurde zu einem Wohnturm, indem größere Türme mit breiteren Fensteröffnungen und bewohnbaren Räumen erbaut wurden. In Krempelstein z. B. wurde bereits dem Komfort Vorrang vor der Verteidigung gegeben. Solche Türme stehen auch in Städten und sind wahrscheinlich unter dem Einfluss Norditaliens via Südtirol entstanden.

Oben: Anif ist eine *Wasserburg* in der Nähe von Salzburg, erbaut im 16. Jahrhundert vom Erzbischof von Salzburg. 1803 wurde sie vom Grafen von Arco-Stepperg vergrößert.

Auch die Verteidigungsanlagen der Burgen änderten sich. Teile der Innen- und Außenmauern besaßen zwar Verschanzungen, doch Mauern reichten selten um die gesamte Burganlage. Das erste Bollwerk scheint oft die Funktion der Lagerhäuser übernommen zu haben, sodass Scheunen, Werkstätten etc. in den Umkreis der Hauptburg gelangten. Abgesehen von diesen Veränderungen in Richtung Behaglichkeit, wirken die Burgen Österreichs streng. Die Verteidigung des Burgherrn und der lokalen Bevölkerung gegen äußere Feinde blieb über Jahrhunderte vorrangig.

Große Türme

Der schlanke Wachturm, der wie in Norditalien von byzantinischen Vorbildern stammen dürfte, wurde im späten 13. Jahrhundert von Türmen abgelöst, die dem normannischen Donjon ähneln, aber nicht von ihm beeinflusst sind.

Friesach

Friesach in Kärnten ist eine befestigte Stadt mit Stadtmauer und Burggraben. Die drei Burgen wurden vom Erzbischof von Salzburg erbaut, doch der Platz ist seit 860 bekannt und ließ verschiedene Orden ihre Klöster und Konvente hier errichten. Die größte Burg auf dem Petersberg wurde von Erzbischof Gebhard vor 1077 erbaut. Den großen Bergfried errichtete Erzbischof Konrad zwischen 1124 und 1130, der die Burg auch vergrößerte. In der Burgkapelle St. Rupert gibt es wunderbare Fresken aus dem 13. Jahrhundert.

Weitere Zubauten kamen im 16. Jahrhundert dazu. Die zweite Burg, Burg Geiersberg, liegt nördlich von Friesach. Der erhaltene Bergfried stammt aus dem Jahr 1130. 1750 wurde die Burg dem Verfall überlassen, doch 1912 begannen die ersten Restaurationsarbeiten.

Im Süden der Stadt liegt als drittes die befestigte Kirchenruine auf dem Virgilienberg.

Unten: Sechs Höfe umgeben Rappottenstein.

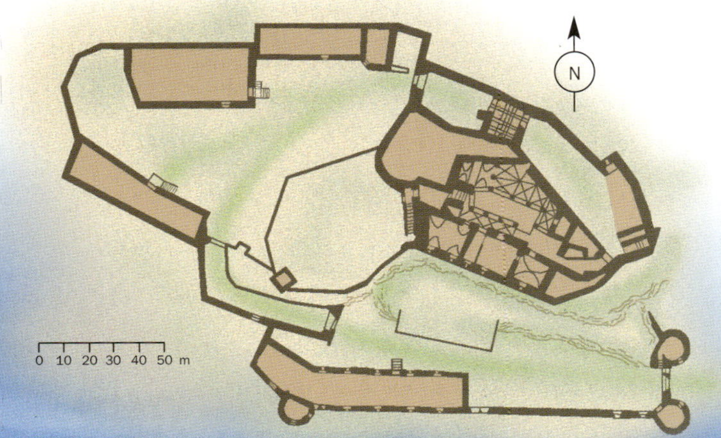

Rappottenstein

Die Burg Rappottenstein liegt über dem Fluss Kamp, 10 km südwestlich von Zwettl. Der Bau wurde von dem Kuenringer Rapoto, dem Bauherrn von Aggstein und Dürnstein, in der zweiten Hälfte des 12. Jahrhundert begonnen. Rapoto errichtete einen fünfeckigen Turm im Süden des Zentrums der Burg, das von hohen Mauern umgeben ist.

Kragsteine in der Turmmauer könnten einst hölzerne Pfos-

Links: An Österreichs Grenze zu Böhmen (einem Teil der heutigen Tschechischen Republik) bietet Heidenreichstein ein gutes Beispiel einer österreichischen Wasserburg.

ten gestützt haben. Die St.-Pankratius-Kapelle stammt aus dem Jahr 1348, während der Wohntrakt im Norden des Innenhofes – Küche, gewölbte Halle und Archivzimmer – der zweiten Hälfte des 15. Jahrhundert zugeordnet werden muss. Die Mauern tragen Zinnen nach italienischem Vorbild.

Die Minnesänger wurden besonders durch die Babenberger Herzöge gefördert.

Der größere Außenhof mit dem Brauhaus wurde um 1548 angelegt und ist der sechste Hof dieser Burg. Etwa gleichzeitig wurden die Renaissance-Arkaden an der Südseite des Innenhofs angebaut. Die Zugänge zur Burg sind geschickt angelegt und benutzen zur Absicherung wie auch die Burg selbst das Gelände.

Heidenreichstein

Heidenreichstein ist wahrscheinlich die wichtigste österreichische Wasserburg. Sie liegt 17 km nordöstlich von Gmünd in Niederösterreich und war eine weitere Minnesängerburg. Der Burggraf von Gars begann 1190 mit dem Bau.

Der hohe Bergfried stammt aus dem 13. Jahrhundert, während die meisten anderen Gebäude erst zwischen dem 15. und 16. Jahrhundert errichtet wurden. Alle vier Ecktürme haben ein kegelförmiges Dach, der Wehrgang des größten Turms wird vom vorkragenden Dach geschützt. Die Burg ist nur über zwei Zugbrücken und über ein Renaissancetor zugänglich. Der große Kamin, die vorspringenden Abtritte und Schornsteine zeugen von dem Wunsch nach mehr Komfort.

Die Burg wurde im 15. Jahrhundert von den Hussiten (den Anhängern des tschechischen Reformators Jan Hus, die nach dessen Ermordung rebellierten und die Hussitenkriege entfachten) und von rebellischen Bauern belagert.

Schloss Bruck

Westlich von Lienz in Osttirol liegt auf einer Felsspitze Schloss Bruck und überblickt das Tal der Isel. Die Burg wurde zwischen 1252 und 1277 von den Grafen von Görz errichtet. Sie besteht aus einem großen rechteckigen Bergfried mit einem Anbau im Osten, einem sehr gut erhaltenen Rittersaal und einer im 15. Jahrhundert wieder aufgebauten romanischen Kapelle mit Fresken aus dem 13. und 15. Jahrhundert

Ab 1442/43 war die Burg im Besitz der Stadt Lienz, ab 1500 im Eigentum der Habsburger, die die Verteidigungsanlagen modernisierten und an der südlichen Seite eine weitere Mauer mit Bollwerken errichteten. Die Burg dient heute als kunst- und kulturhistorisches Museum.

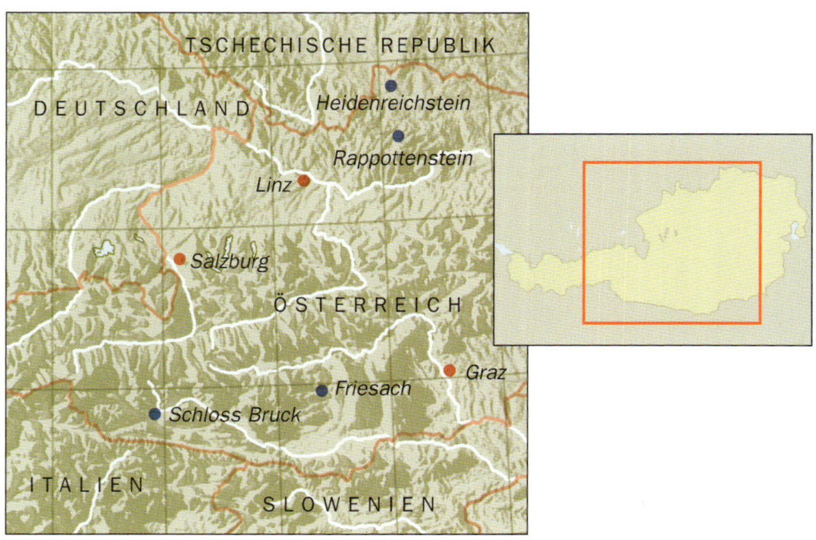

Burgen des Hügel- und Berglands

Wegen der landschaftlichen Gegebenheiten liegen viele österreichische Burgen auf Felsen, und ihr unregelmäßiger Grundriss folgt der Form des Berges.

Dürnstein

Die Burg steht auf einer Felsnase oberhalb des Ortes Dürnstein in Niederösterreich und überblickt das Donautal. Sie wurde wahrscheinlich von dem Geschlecht der Kuenringer im frühen 12. Jahrhundert errichtet. Die Burg wurde durch den englischen König Richard I. Löwenherz bekannt, der auf der Rückkehr vom dritten Kreuzzug von Herzog Leopold V. von Österreich festgenommen und hier gefangen gehalten wurde.

Richard hatte den Herzog während des Kreuzzugs tief beleidigt, als er dessen Banner von den Mauern der eroberten Festung Akko riss und in den Schmutz warf. Der Legende nach soll Richards Sänger Blondel eine bestimmte Weise singend von England aus in den europäischen Burgen nach seinem Herrn gesucht und ihn so gefunden haben. Ein gewaltiges Lösegeld brachte Richard seine Freiheit zurück.

Im 13. Jahrhundert zerstörte Herzog Friedrich II. von Österreich Dürnstein nahezu vollkommen. Die Burg wurde jedoch wieder aufge-

Unten: An einer scharfen Biegung der Donau gelegen thront die Burg Dürnstein über der gleichnamigen Stadt.

Oben: Blick über den weitläufigen Hof der Burg bei Aggstein, weit über der Donau gelegen.

baut und zum Stammsitz der Kuenringer. Bei ihrem letzten militärischen Einsatz fiel sie 1645 in die Hände der Schweden.

Aggstein

Aggstein liegt 13 km nordöstlich von Melk in Niederösterreich und dürfte im frühen 12. Jahrhundert von Nizzo, Sohn des Azzo von Hezzmannsweisen und Gründer des Geschlechts der Kuenringer, erbaut worden sein.

Burg Aggstein thront hoch über der Donau auf zwei Felsköpfen. In den engen, aber langen Höfen stehen zwischen hervorspringenden Felsen, die selbst in weitere Gebäude integriert wurden, mehrere Bauten. Der wuchtige, 15 m hohe Torbau hat ein Spitzbogentor und einen gewölbten Durchgang. 1231 und 1296 eroberte der Herzog von Österreich die Burg. Sie blieb eine Ruine, bis sie 1429 Georg Scheck vom Wald als Lehen erhielt und in sieben Jahren in ihrer heutigen Form wieder aufbauen ließ. Die Bauten im mittleren Burghof kamen im 17. Jahrhundert dazu.

Runkelstein

Die ursprüngliche Wehranlage wurde von der Familie der Herren von Wangen 1237 auf einem steil aufragenden Felsen in der Nähe von Bozen in Südtirol errichtet und 1413 von der Bozener Familie Vintlers übernommen.

Die Gebäude und der Palas – Westpalas und Sommerhaus – sind entlang der Mauern des Burghofes angeordnet wie bei westdeutschen Randhausburgen. Das Innere der Wohnbauten, auch der Wappenschildsaal und Turniersaal, enthält ausgezeichnete Fresken und Gemälde aus dem 14. Jahrhundert. Auch das Sommerhaus ist mit Fresken dekoriert, darunter einer der größten Freskenzyklen des Mittelalters mit der Geschichte der Liebenden Tristan und Isolde. Im Süden folgt die Burgmauer ganz dem Felsen.

Die Burg wanderte durch verschiedene Hände. 1893 schließlich schenkte Kaiser Franz Joseph die neu gestaltete Burg der Stadt Bozen.

Hardegg

Die Burg liegt auf einem Felsrücken über der Thaya, etwa 14 km nordwestlich von Retz in Niederösterreich. Bereits im frühen 12. Jahrhundert wurde auf dem Berg eine Wehranlage errichtet, deren Wohnturm bis ins 14. Jahrhundert ständig erweitert wurde. Die Stadt Hardegg liegt an der Landesgrenze und die Burg war eine strategisch wichtige Anlage gegen Ungarn, Polen und Böhmen.

Hardegg ist eine groß angelegte Burg mit vier mächtigen Türmen, darunter ein romanischer Wachturm, zwei Palasbauten und eine Kapelle.

Gegen Ende des 19. Jahrhunderts wurde mit ihrer Restaurierung begonnen. Zu den Sehenswürdigkeiten der Burg gehört unter anderem eine große Waffensammlung.

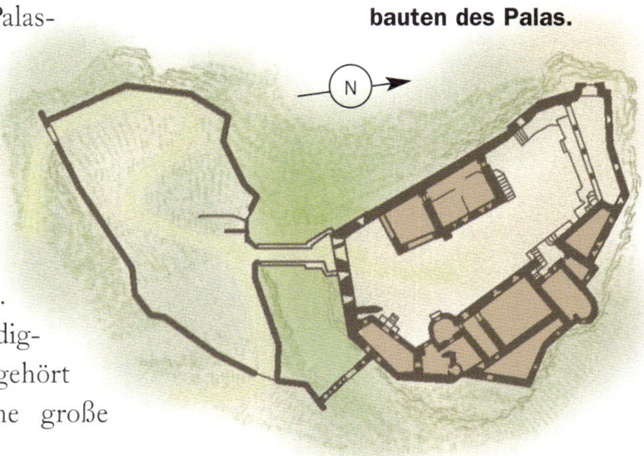

Grundriss von Runkelstein und (oben) die Wohnbauten des Palas.

Bollwerke gegen den Osten

Oben: Die eindrucksvollen Mauern und Türme der über der Stadt Salzburg gelegenen Festung Hohensalzburg.

Im 14. und 15. Jahrhundert änderte sich die Form der österreichischen Burgen als Folge des Wunschs nach mehr Komfort im Wohnbereich. Ab dem 15. Jahrhundert wurden die Burgen gegen die Bedrohung durch die Türken befestigt. Als Erstes wurden die größeren Burgen mit Bollwerken, Kasematten und zusätzlichen Mauern verstärkt – ein Prozess, der bis ins 16. Jahrhundert anhielt, als die Gefahr noch zunahm.

Hohensalzburg

Die Burg auf dem Mönchsberg oberhalb Salzburgs ist eine Mischung aus verschiedenen Stilen und Epochen. Sie wurde von Erzbischof Gebhard, einem Parteigänger des Papstes im Investiturstreit zwischen Papst und König, errichtet, um den Weg über die Alpen zu sichern.

Der früheste noch vorhandene Teil ist das „Alte Schloss" (Palas), das jedoch im 15. Jahrhundert speziell unter Erzbischof Leonhard von Keutschach aufgestockt wurde. Er war auch verantwortlich für die Ausschmückung der Goldenen Stube mit Spiralsäulen aus rotem Marmor, geschnitzter Holztäfelung an Wänden und Decke, teils vergoldet und bemalt, und einem dekorativen Kachelofen. Auch der Große Festsaal ist mit verzierter Holztäfelung verkleidet.

Im 15. Jahrhundert erhielt die Festung Hohensalzburg vier Rundtürme, ein Zeughaus und einen Schüttkasten. Im 16. und 17. Jahrhundert erfolgten die letzten Ergänzungen mit der Errichtung der mächtigen „Khuenburgbastei".

Erzbischof Leonhard musste sich zum Schutz vor Feindseligkeiten der Bürger und vor Bauernaufständen auf die Festung zurückziehen. In den Bauernkriegen von 1525 war die Burg erstmals in ernster Bedrängnis.

Rechts: Der lange, gewundene Zugang zur Burg Hochosterwitz ist bekannt für seine vielen Tore.

Hochosterwitz

Diese mächtige Festung steht auf einem Felsen in Kärnten, 9 km östlich von St. Veit an der Glan. Die erste urkundliche Erwähnung erfolgte 960. Die Burg war im Besitz des Erzbischofs von Salzburg und später der Familie der Osterwitzer, die 1209 das Erbamt der Mundschenken verliehen bekamen. Als der letzte Osterwitzer von den Türken gefangen genommen wurde und starb, wurde die Burg von König Friedrich III. an den Landeshauptmann von Kärnten, Christof Khevenhüller, verpfändet.

Landeshauptmann Georg Khevenhüller erwarb die Burg 1570 und baute sie bis 1586 gegen die drohenden Türkeneinfälle aus. Anders als in anderen österreichischen Grenzfestungen mit Bollwerken und Geschützstellungen aus dem Mittelalter sind hier fast alle früheren Befestigungsanlagen verschwunden. Die Hauptburg hat einen rechteckigen Grundriss mit drei runden Ecktürmen. Der Eindruck der Burg ist überwältigend: nicht weniger als 14 Tore und drei Gräben müssen auf dem steilen Pfad zur Festung überwunden werden. Ein so gesicherter Burgweg zählt zu den größten Seltenheiten. Nur geringe Veränderungen wurden seit dem 16. Jahrhundert durchgeführt. Die Familie Khevenhüller ist bis heute für die Erhaltung der Burg zuständig.

Forchtenstein

Die Burg liegt auf einem steilen Felsen am Fuß des Rosaliengebirges, etwa 22 km südöstlich von Wiener Neustadt, Niederösterreich. 1300 wurde von den Grafen von Mattersdorf auf der westlichen Seite des Burghofs ein großer Wohnturm errichtet. Die fast quadratische Anlage war mit Bollwerken verstärkt.

1622 ging die Burg an die Fürsten Esterhazy, die den Wohnturm vollkommen renovierten und einen zusätzlichen Basteiengürtel errichteten. Im 16. und 17. Jahrhundert lag die Burg im Vorfeld des Krieges gegen die osmanischen Türken. Der 142 m tiefe Burggraben wurde zwischen 1660 und 1680 von türkischen Gefangenen gegraben. Mit einer Tretmühle konnte das Wasser in den Graben geschöpft werden.

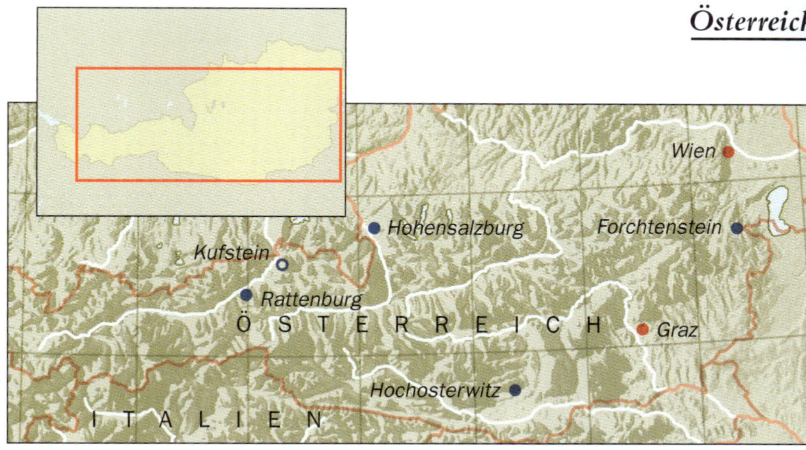

Oben: Der große Donjon überragt die Mauern von Forchtenstein.

Rattenburg

Zusammen mit Kufstein und Sigmundskron gehört Rattenburg zu den mächtigsten Burgen dieser Tiroler Region. Rattenburg entspricht dem Idealbild einer Festungsanlage mit einer starken Bastion und einem großen Außenwerk.

Grundriss von Rattenburg

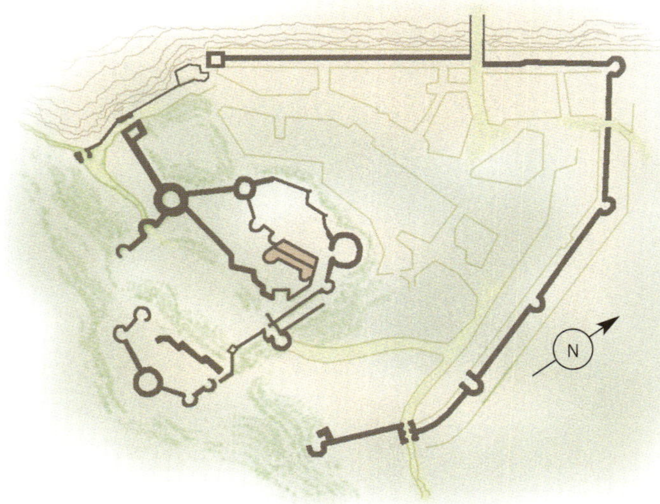

Einflüsse von außen

Die Schweiz ist zwar ein kleines Land, doch voller Burgen, meist auf Hügeln oder Bergspitzen gelegen, deren Bauart den Einfluss der Nachbarländer Frankreich, Deutschland und Italien verrät oder die Züge walisischer Burgen tragen, da hier der Baumeister Edwards I., James of St. George, tätig war.

Gegenüber oben: Die Hochburg Kropfenstein schmiegt sich an einen engen Gebirgspass.

Gegenüber unten: Teile der Stadtmauern von Freiburg.

Unten: Von der Stadt Murten im Kanton Freiburg blieben die Stadtmauern großteils erhalten wie auch der *chemin de ronde* und die Türme. Nach seiner Niederlage bei Grandson (Seite 99) führte Karl der Kühne 1476 das Heer der Burgunder beim Murtensee erneut in die Schlacht. Sie wurden vom Schweizer Bund vernichtend geschlagen, was das Ende des Einflusses von Burgund in der Region zur Folge hatte.

Die Schweizer lebten seit den Tagen des Römischen Reiches in Freiheit, die jedoch im 13. Jahrhundert durch die Habsburger Herzöge von Österreich bedroht wurde. 1291 schlossen sich drei Kantone um den Luzerner See zusammen (Uri, Schwyz und Unterwalden) und bildeten eine Allianz, die im Kampf gegen Österreich an Stärke noch zunahm.

Die Burgen folgten wie in Österreich dem Terrain, und wie in Österreich war der Turm der vorrangigste und wichtigste Teil beim Bau einer Burg. Nach und nach wurden die Türme nicht mehr in der Nähe der Höfe und Dörfer im Tal angelegt, sondern auf Hügeln, Felsspitzen oder Bergwänden, wo ein Angriff nicht nur wesentlich schwieriger war, sondern auch eindrucksvoll der Stand des Burgherrn repräsentiert wurde. Trotzdem wurden auch viele Türme in Städten errichtet, wie in Frauenberg. Türme gehörten jedenfalls zum Bild der Schweizer Burgen.

Die Grenzen zwischen einem Wachturm und einem Wohnturm sind in der Schweiz fließend, da sich beide Verwendungszwecke überlappen. Wiederum wie in Österreich, war Komfort weniger wichtig als eine starke Befestigungsanlage. Das Erdgeschoss des Hauptgebäudes wurde als Warenlager, Küche und sogar als Stallung verwendet. Solche Gebäude konnten gelegentlich die Funktion des Hauptturms übernehmen. Oft presste sich das Gebäude in eine Felsenhöhle, sodass nur die Vorderseite befestigt werden musste, um den Durchgang zu versperren.

Ein gutes Beispiel für so eine Felsburg ist Kropfenstein. Solche Festungen, nahezu unsichtbar und umgeben von einem Felsmantel, werden immer wieder für Raubritterburgen gehalten, doch gibt es dafür keine Beweise. Die Burgen wurden errichtet, um Straßen und Bergpässe zu kontrollieren und dem Burgherrn reiches Wegegeld einzubringen.

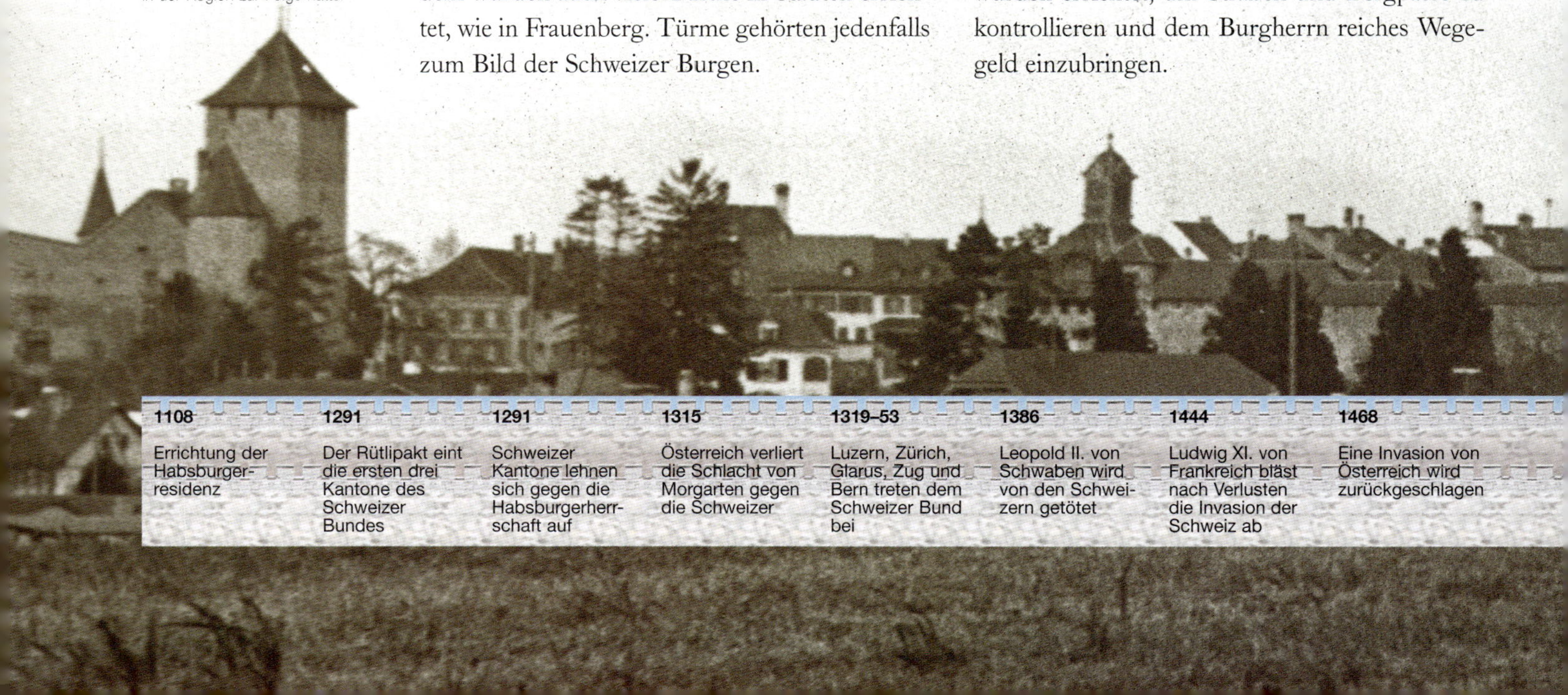

1108	1291	1291	1315	1319–53	1386	1444	1468
Errichtung der Habsburgerresidenz	Der Rütlipakt eint die ersten drei Kantone des Schweizer Bundes	Schweizer Kantone lehnen sich gegen die Habsburgerherrschaft auf	Österreich verliert die Schlacht von Morgarten gegen die Schweizer	Luzern, Zürich, Glarus, Zug und Bern treten dem Schweizer Bund bei	Leopold II. von Schwaben wird von den Schweizern getötet	Ludwig XI. von Frankreich bläst nach Verlusten die Invasion der Schweiz ab	Eine Invasion von Österreich wird zurückgeschlagen

Reiche Vielfalt

Neben Fels- und Wasserburgen sind in der Schweiz noch andere Typen zu finden. Die rechteckige Bauweise war zwar selten, doch es gibt einige Beispiele, wie z. B. Marschlins im Kanton Grisons aus der zweiten Hälfte des 13. Jahrhunderts. Ähnlichkeiten sind auch mit den Burgen, die Friedrich II. in Süditalien errichten ließ, zu erkennen, und da die Bischöfe von Chur, die Grisons übernahmen, Parteigänger der Staufer waren, dürfte der Einfluss auch daher kommen.

Im Kanton Vaud stehen ähnliche Burgen, die jedoch eher das Resultat der Verbindung mit dem Haus von Savoyen sind. Im späten 14. oder frühen 15. Jahrhundert kam der Einfluss mehr aus Norditalien wie in Vufflens, das ein Vasall des Herzogs von Savoyen errichtete.

Einige Burgen wurden im späten Mittelalter durch Mauern erweitert, doch die meisten waren ihrem Bauplatz so angepasst, dass kaum zufriedenstellende Erweiterungen möglich waren. Im Hügelland wurden die Burgen mit einem Bollwerk verstärkt, im Flachland übernahmen zu Wohngebäuden umfunktionierte, verstärkte und verbreiterte Mauern die Aufgabe. Türme wie in Freiburg wurden im Mittelalter mit Mauern und Flankentürmen umgeben und spiegeln so ihre zunehmende Macht, als der Geldmarkt an Bedeutung zunahm. Nun standen die Städter und Bauern dem Adel immer aggressiver gegenüber und sahen in ihm nur die Unterdrücker.

Viele Schweizer Burgen wurden zu Residenzen der Landvogtei, u. a. Kyburg (Zürich) und das Landvogteischloss nahe Baden im Aargau.

Zur gleichen Zeit nahmen die Unabhängigkeitsbestrebungen der Schweizer militante Züge an. Im 14. Jahrhundert waren die Soldaten der Kantone, bewaffnet mit Piken und Hellebarden, über die österreichische Oberherrschaft siegreich. Im 15. Jahrhundert griffen sie die mächtigen Herzöge von Burgund an, denen es nicht besser erging. Der Tod Karls des Kühnen 1476 in der Schlacht von Nancy beendete die Versuche, die Schweiz zu unterwerfen.

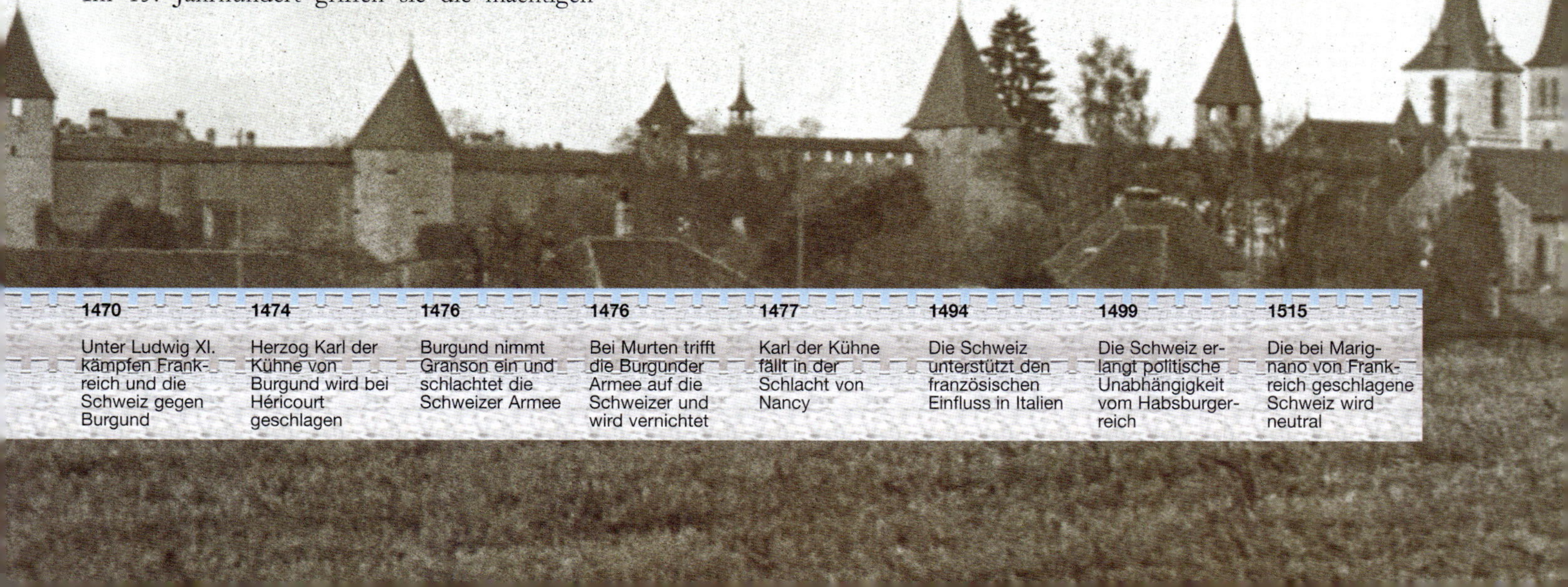

1470	1474	1476	1476	1477	1494	1499	1515
Unter Ludwig XI. kämpfen Frankreich und die Schweiz gegen Burgund	Herzog Karl der Kühne von Burgund wird bei Héricourt geschlagen	Burgund nimmt Granson ein und schlachtet die Schweizer Armee	Bei Murten trifft die Burgunder Armee auf die Schweizer und wird vernichtet	Karl der Kühne fällt in der Schlacht von Nancy	Die Schweiz unterstützt den französischen Einfluss in Italien	Die Schweiz erlangt politische Unabhängigkeit vom Habsburgerreich	Die bei Marignano von Frankreich geschlagene Schweiz wird neutral

Frühe Türme

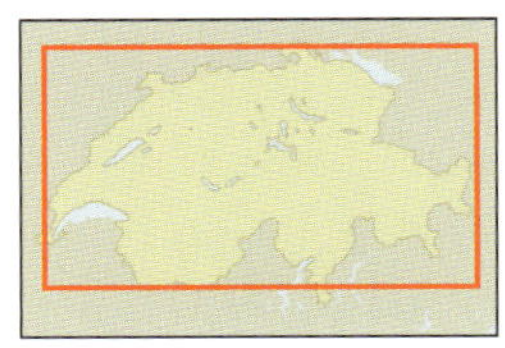

Oben: Rekonstruktion der Burg von Habsburg

Wachtürme und Wohntürme waren im frühen Burgenbau in der Schweiz üblich, obwohl sich die Funktionen nicht streng trennen lassen. Sie waren das Zentrum einer Burg und lagen meist auf Hügeln oder Bergen.

Habsburg

Die Burg liegt nahe Bragg im Aargau, 44 km nordwestlich von Zürich und gab der Dynastie Habsburg (Herzöge von Österreich ab 1282) den Namen, obwohl die Familie ab dem 13. Jahrhundert an einem anderen Ort residierte. Sie liegt auf dem Wülpelsberg über dem Tal der Aar. Die erste Festung wurde etwa 1020 von Radbot und seinem Bruder Werner, Bischof von Straßburg, begonnen. Viele Steinbauten wurden früher im 11. Jahrhndert errichtet, und der mit Bossenquadern gebaute Bergfried könnte aus dem 11. Jahrhundert stammen, obwohl die erste urkundliche Erwähnung der Burg aus dem Jahr 1108 stammt. Wahrscheinlich wurde die Burg größtenteils später im 12. Jahrhundert erbaut.

Im 12. und 13. Jahrhundert wurde ein rechteckiger Palas an die Ostecke des Bergfrieds angebaut und mit einer Mauer zu einer Umfriedung geschlossen. Ein Graben trennte den alten von neueren Teilen der Burg und der alte östliche Teil wurde offenbar im 13. Jahrhundert aufgegeben. Ein kleiner quadratischer Turm im Norden der Anlage wurde im 15. oder 16. Jahrhundert ange-

baut. 1415 wurde die Burg von den Bernern eingenommen und Bern übergeben. 1420 übernahmen die Herren von Greifensee die Burg, die sie 1457 an die Stadt Bern abtraten. Fünf Jahre später besaß Hans Arnold Segesser die Feste, 1469 erhielt sie das Konvent von Königsfelden und 1528 wiederum die Stadt Bern, die große Teile des Inneren des Palas veränderte: Holztäfelungen an den Decken, Paneele und Tore in gotischem Stil. Der Ostteil der Burg wurde im 17. Jahrhundert zerstört. 1804 übernahm der Kanton Aargau die Habsburg und restaurierte sie im 19. und 20. Jahrhundert

Thun

Die Burg Thun, 28 km südöstlich von Bern, wird von einem rechteckigen Donjon beherrscht und überwachte einen der wichtigsten Alpenpässe. Die Herren von Thun, die das Tal der Aar im 12. Jahrhundert kontrollierten, erbauten ihre erste Burg dichter an der Bergspitze als die noch heute stehende, die von den Herzögen von Zähringen Ende des 12. Jahrhundert errichtet wurde. Der Plan des großen Dorfes mit seinen weiträumigen Gebäuden ist erhalten. Der Donjon hat viele Gemeinsamkeiten mit den Wohntürmen der Normandie und ist von beeindruckender Größe (13 x 20 m).

Als die Grafen von Kyburg die Burg erhielten, erweiterten sie den Donjon um das Obergeschoss und ließen wahrscheinlich auch das riesige, 42 m hohe Walmdach aufsetzen. Die gemauerten Ecktürme schließen direkt an den Donjon an und haben achteckige Spitzdächer. Die Arbeiten müssen 1250 beendet gewesen sein, denn dieses Aussehen ist bereits auf den frühesten Petschaften der Stadt erkennbar. Im Inneren befindet sich einer der größten Rittersäle der Schweiz.

Der Eingang, der 14 m über dem Burghof liegt, wird heute über eine Stiege erreicht, die die Familie Kyburg erbaute. Die Umfassungsmauer umschließt außerdem Wohnbauten südlich des Donjons.

Trotz des großen Turms scheint Rudolf von Habsburg 1266 einige Zeit in einem Gebäude im Innenhof gelebt zu haben. Die männliche Linie der Grafen Kyburg starb 1263 aus, worauf die Habsburger Thun beanspruchten und sich Neu-Kyburg nannten. Nach zweimaligem Besitzerwechsel ging die Burg 1384 an die Stadt Bern über. Einige Bauten wurden erweitert und umgebaut, wie der Gefängnisturm, doch die Burg blieb weitgehend intakt.

Links: Der große Bergfried von Thun.

Unten: Die obere Fensterreihe, das steile Dach und die Ecktürme der Burg von Thun wurden im Jahre 1250 hinzugefügt.

Burgen des Hügel- und Berglands

Bedingt durch die gebirgige und felsige Landschaft der Schweiz wurden viele Burgen hoch auf Bergen oder steilen Hügeln errichtet, um sie leichter verteidigen und das umliegende Land leichter kontrollieren zu können. Die hohen Berge bildeten ein Hindernis für Armeen, die nur spezielle, wiederum von den Burgen kontrollierte Pässe benutzen konnten.

Aigle

Die Burg von Aigle liegt in den Alpen, im Kanton Vaud, 47 km südwestlich von Lausanne. Die erste Befestigung wurde hier im 11. Jahrhundert errichtet, die Vergrößerung der Burg erfolgte im 13. Jahrhundert. 1475 gelang es den Bernern, die Burg in ihre Hände zu bekommen und ihr das heutige Aussehen zu geben. Die rechteckige Anlage besteht aus einer starken Ringmauer mit drei schlanken Ecktürmen und kegelförmigen Dächern. In der vierten Ecke steht ein imposanter Donjon mit einem quadratischen Turm an der Seite. Ein bedeckter Wehrgang umläuft die Mauern, während die vorspringende Wachstube oberhalb des Einganges, mit eigenem Feuerplatz und Rauchabzug, mit Pechnasen bestückt ist.

Der Donjon ist von Nebengebäuden umgeben. Die Gesindehäuser und diverse andere Gebäude im Burghof schließen nicht direkt an die Ringmauer an. Rechteckige Burgen wie Aigle, deren Türme auf den Einfluss durch das Haus Savoyen hinweisen, sind in der Schweiz eher selten. Eine ähnliche Anlage ist Champvent in Vaud.

Tarasp

Tarasp ist eine alpine Burg in Grisons, 4 km südwestlich von Scuol. Die erste Anlage wurde für die Freiherren von Tarasp im 11. Jahrhundert erbaut, die von der Burg aus die österreichische Grenze bewachten. Verschiedene Schweizer und österreichische Familien übernahmen Tarasp, bis sie in die Hände von Herzog Sigismund von Österreich kam. 1916 übernahm sie der Großherzog von Hessen-Darmstadt, dessen Privatresidenz sie noch heute ist. Erst im frühen 20. Jahrhundert wurde die Burg umfassend restauriert.

Gruyères

Die Burg Gruyères liegt 5 km südöstlich von Bulle auf einem Hügel und überschaut die befestigte Stadt. Das erste Mal 1073 urkundlich erwähnt, wurde sie von den Grafen von Gruyères gehalten, um das Sarine-Tal zu kontrollieren. Einige Teile aus dem 12. und frühen 13. Jahrhundert sind noch vorhanden: ein quadratischer Turm und eine innere Umfassung mit an sie angebauten Nebengebäuden. Der östliche Teil der Stadtbefestigung dürfte aus der gleichen Zeit stammen.

Unten: Bei Aigle erhebt sich der hohe Bergfried zur Linken der gestuften Giebel über die Verteidigungsmauern.

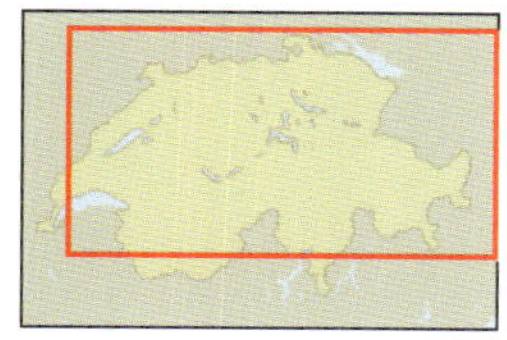

Rechts: Tarasp liegt auf einem felsigen Hügel nahe der österreichischen Grenze.

Der große, runde Donjon mit einem Durchmesser von 11,25 m und Innengewölben wurde um 1250 von Peter II. von Savoyen im Südosten der Anlage erbaut. Wahrscheinlich verstärkte und erhöhte er zur gleichen Zeit die Außenmauern und schuf so Platz für Geschützstellungen auf der Innenseite. Einer der Türme beherbergt die Kapelle, die 1324 das erste Mal urkundlich erwähnt wurde. Der Rest der Burg entstand größtenteils nach einer Zerstörung im Jahr 1480. Kurz nach 1500 wurden weitere komfortable Wohnbauten im Süden des Innenhofes errichtet.

Vom 12. Jahrhundert bis 1554 beherbergte die Burg 19 Grafen, bis Gruyères zur Tilgung von Schulden verkauft werden musste. Freiburg übernahm sie 1555, bis sie 1848 wieder zum Verkauf stand; die Familien Borg und Balland erwarben sie und begannen die Restaurierung. 1938 übergaben sie die Burg dem Kanton.

Misox

Auf einem Felsvorsprung außerhalb Mesocco in Grisons steht die Ruine der im 11. und 12. Jahrhundert erbauten Burg Misox, deren Aufgabe es war, den Sankt-Bernhard-Pass und das Val Mesolcina zu bewachen. Den mächtigen Donjon schützt ein Mauerkranz. Im Innern steht eine Kapelle mit einem romanischen Kampanile mit fünf Etagen übereinander liegender Bögen. Das äußere Bollwerk enthält eine weitere Kapelle, die der hl. Maria von der Burg, mit einem ähnlichen Kampanile und Fresken aus dem 15. Jahrhundert, die u. a. den hl. Georg und den Drachen zeigen. Die Burg wurde mehrmals belagert und im 18. Jahrhundert definitiv verlassen.

Unten: Der von Peter von Savoyen errichtete Bergfried von Gruyère befindet sich neben den um 1500 erbauten Wohnbauten.

Wasserburgen

Oben: Die Burg von Chillon macht sich die natürlichen Gegebenheiten des Genfer Sees zur Verteidigung zu Nutze.

Die Schweizer Seen luden zum Bau beeindruckender Wasserburgen ein; sie kontrollierten Wasserwege und waren gegen Untergrabung und Belagerungsmaschinen gefeit.

Chillon

Die mächtige Burg von Chillon steht auf einem Felsen im Genfer See südlich von Montreux, der bereits von den Römern und auch schon in der Bronzezeit besetzt war. Der Bau der Burg begann wahrscheinlich im 10. Jahrhundert. Sie bewachte den engen Weg auf der Route nach Italien über den St. Bernhard Pass und diente als Zollstation.

Ursprünglich war die Burg im Besitz der Bischöfe von Sion und anschließend der Herren von Alinge, die den quadratischen Turm im Zentrum der heutigen Burg erbauten. Ab dem 11. Jahrhundert war Chillon Lehen der Grafen von Savoyen. Damals wurde der Nordturm errichtet (erhöht im 14. Jahrhundert wie auch der Alinge-Turm). Pierre Mainier rekonstruierte die Burg im 13. Jahrhundert für Peter II., Herzog von Savoyen, und sein Werk ist größtenteils heute noch zu sehen – vor allem die seeseitig liegende herrschaftliche Residenz.

Die „Camera Domini", im 14. Jahrhundert umgebaut, enthält noch die Decke und Wandgemälde aus dieser Zeit. Drei halbkreisförmige Türme wurden den landeinwärts gelegenen Verteidigungsanlagen angefügt, um die Sicherheit zu erhöhen. Die halbkreisförmigen Bögen und die flachen Fensterbögen von Chillon, typisch für savoyische Bauten, finden sich auch in Harlech und beide wurden von dem Steinmetzmeister James von St. George aus Savoyen gestaltet.

Rekonstruktionszeichnung von Chillon mit den verschiedenen Dachformen von oben

Das neue Torhaus entstand im 15. Jahrhundert. Vom Eingang gelangt man in den ersten Burghof mit militärischen Stellungen. Die innere Schutzwehr ist durch den Donjon in zwei Burghöfe geteilt; im zweiten Hof stehen die Unterkunft des Burgpräfekten, die Warenlager und das Burgverlies. Im dritten Burghof liegt die Residenz der Burgherren und die Kapelle. Der vierte Hof wird von den D-förmigen Türmen im Mauerkranz begrenzt. Als die Burg 1836 zum Arsenal wurde, musste man den Eingang für Kanonen erweitern.

1536 wurde Chillon von den Schweizern (Bernern) eingenommen, die die Burg für ihre Landvogte und als Waren- und Waffenlager benutzten. Später wurde sie in ein Gefängnis umgewandelt. Lord Byrons Gedicht „Der Gefangene von Chillon" bezieht sich auf Francois Bonnivard, einen Helden der Schweizer Reformation (von den Bernern 1536 befreit), der vier Jahre lang hier in einem gewölbten Lagerraum gefangen gehalten wurde. 1798 ging die Burg an den Kanton Vaud und wurde seit dem Ende des 19. Jahrhunderts restauriert.

Grandson

Grandson in Vaud liegt an den Ufern des Neuenburger Sees. Die erste Anlage wurde im 11. Jahrhundert von den Herren von Grandson errichtet, doch die heutige Burg entstand erst im 13. Jahrhundert. Die Burg ist von einer hohen Mauer mit drei runden und zwei halbkreisförmigen Türmen umgeben. Ein Rundgang läuft 150 m lang um die Mauer. Es gibt einen Festsaal im Renaissance-Stil, eine Kapelle und ein Burgverlies.

Am 2. März 1476 besiegte die Schweizer Eidgenossenschaft die Armee von Karl dem Kühnen fast vor den Mauern der Burg, die später in den Besitz der Städte Bern und Freiburg gelangte. Heute beherbergt die Burg ein Museum.

Links: Die hohe Außenmauer und der D-förmige Turm mit Pechnasen sind durch einen Wassergraben vom Festland getrennt.

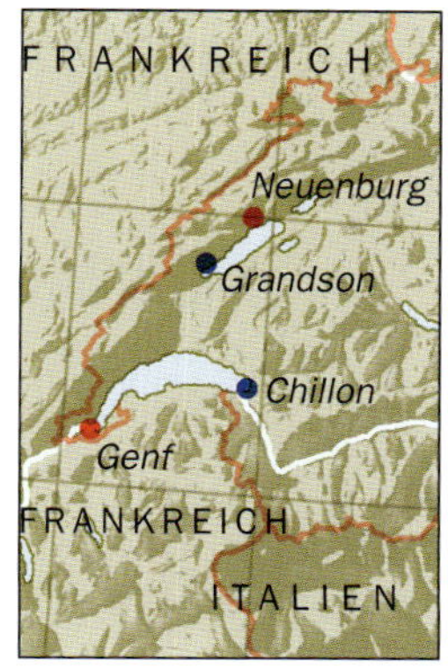

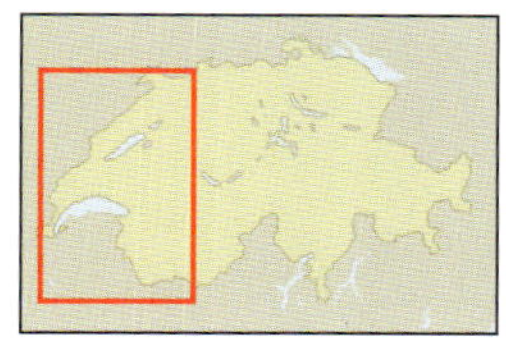

Unten: Die Schießscharten im oberen Wandabschnitt in Grandson markieren den *chemin de ronde* – den gedeckten Mauerumgang.

Spanien unter den Mauren

Bis zum 11. Jahrhundert war ein Großteil Spaniens von den Mauren überrannt. Eine Reihe fachmännisch erbauter Burgen bewachte die Wege und beherbergte Soldaten, während die sich auflösenden Königreiche sich allmählich zurückzogen.

Spanien besitzt eine Reihe eindrucksvoller Monumente aus seiner Vergangenheit, größtenteils als Folge seiner turbulenten Geschichte. In der Mitte des 8. Jahrhundert ließen sich moslemische Völker, die Mauren, in großen Teilen des Westgotischen Königreiches nieder – in Andalusien, Teilen von Spanien und Portugal. 1031 war nur ein Drittel der Halbinsel, hauptsächlich im Nordwesten, unter christlicher Kontrolle, aber das Omajjaden-Kalifat brach zusammen und zerfiel in zahlreiche Kleinstaaten.

Inzwischen prallten die christlichen Königreiche aufeinander. Es herrschte nicht nur ein König, sondern viele, in Kastilien, in Aragon und in Leon. Einer der berühmtesten Krieger war der legendäre Rodrigo de Vivar (11. Jahrhundert), den die Mauren El Cid nannten und der sich im Kampf um die politische Macht abwechselnd mit den Christen und den Moslems verbündete. Die Reconquista, die Rückeroberung Spaniens für das Christentum, trug bis zum 12. Jahrhundert keine Züge eines Kreuzzugs und erfolgte selbst dann noch stärker unter dem Aspekt politischer und wirtschaftlicher Überlegungen als durch religiöse Ideale beflügelt.

Die spanische Landschaft – hohe Berge, trockene Ebenen und tiefe Täler – beeinflusste entscheidend die Lage der Grenzen und die Art der Kriegführung. Die Straßen dienten den Armeen zum raschen Vormarsch, die Burgen sollten Straßen, Furten oder Brücken sichern und bewaffneten Soldaten Unterkunft geben. Die militärische Funktion dominierte über alle Wohnaspekte, und spanische Burgen wirken oft streng und sachlich. Doch das Ziel feindlicher Truppen waren nicht die Burgen, sondern sie zogen es vor, sich der Städte zu bemächtigen.

Die Mauren hatten ihre eigenen Traditionen beim Festungsbau, die zum Teil von den Byzantinern stammten. Die Garnisonsforts oder *alcazabas* waren quadratische oder keilförmige, von Mauern und Türmen beschützte Anlagen. Sie sollten das Grundmodell aller Burgen werden.

Die kontrollierte Gefahr

Zu Beginn erbauten die Christen den für sie typischen Bergfried. Ab dem 12. Jahrhundert wur-

Unten: Die Stadt Toledo mit dem komplett renovierten Alcázar im Hintergrund, dessen erster Inhaber El Cid war.

986	1009	1037	1150	1236	1340	1385	1492
Emir von Córdoba erobert christliche Gebiete im Norden Spaniens	Christliche Königreiche werden wiederhergestellt	Leon und Navarra verbünden sich gegen die Mauren	Das islamische Spanien ist unter der Kontrolle der Almohaden-Dynastie	König Ferdinand von Kastilien erobert den Großteil Süspaniens	Alfonso XI. von Kastilien schlägt die Mauren bei Rio Salado	Durch den Sieg bei Aljubarotta wird Portugal von Spanien unabhängig	Spanier erobern Grenada, Ende der Moslemherrschaft, Columbus entdeckt Amerika

Oben: Die Molina de Aragon aus dem 13. Jahrhundert.

den Rundtürme sehr beliebt. Hier zeigt sich der Einfluss der spanischen Ritterorden, die zusammen mit den Templern und den Johannitern das Ideal kämpfender Mönche nach Spanien trugen und europäische und syrische Einflüsse mit moslemischen verbanden. Die beeindruckenden Mauern von Avila entstanden zwischen 1088 und 1091 als Werk von Christen, Moslems und Juden.

Die Reconquista war ein langsamer Prozess. Allianzen und die Hilfe Europas führten zu sichtbaren Erfolgen wie der Eroberung von Toledo 1085, nach der die Moslems bei den fundamentalistischen islamischen Almoraviden in Nordafrika um Hilfe baten. Harte Kämpfe folgten, doch 1150 übernahm eine andere islamische Gruppe, die Almohaden, Andalusien von den Almoraviden. Allmählich kam es zu weiteren Erfolgen wie der Sieg bei Las Navas de Tolosa in 1212 und der Übernahme von Sevilla 1248.

Bald danach stießen die Christen bis zur Grenze von Granada vor, das ein Vasall von Kastilien wurde. Erst 1492 konnte Granada durch einen Vorstoß der katholischen Könige eingenommen werden.

Die erfolgreiche Abwehr der moslemischen Gefahr im 14. Jahrhundert führte zu einem größeren Interesse an der europäischen Kultur, dem englisch-französischem Baustil im Burgenbau und zu einem Umbau der Garnisonen zu feudalen Palästen. Die katholischen Könige erteilten Mitte des 15. Jahrhunderts den Befehl, die Burgen zu zerstören, doch wurde diese Anordnung nur teilweise befolgt. Einige wurden zu palastartigen Residenzen umgebaut, andere gelangten in königlichen Besitz oder wurden dem Gouverneur und dem Militär übergeben.

1588, als die spanische Armada an der Nordküste Englands unterging, wurden viele Burgen bereits nicht mehr verwendet und verfielen. Nur wenige dienten im spanischen Krieg gegen die napoleonische Besatzung (1808–1813).

Unten: Die ausgedehnten Mauern von Avila stammen aus dem späten 11. Jahrhundert.

Die Alcazaba

Unten: Einige der Mauertürme in der Umfassungsmauer der Alcazaba bei Baños de la Encina, Jaen.

Eine *Alcazaba* war eine von den Moslems benutzte Festung. Eine quadratische oder keilförmige Anlage, die Mauern mit quadratischen Türmen, folgte sie geometrischen Mustern, wie sie die Moslems bevorzugten. Der Innenhof – der *albacar* – konnte bei Gefahr die Bauern und ihren Viehbestand aufnehmen. Dieser Typ beeinflusste den christlichen Burgenbau und eroberte moslemische Burgen wurden oft mit christlichen militärischen Einrichtungen ergänzt.

Baños de la Encina

Das sehr gute Beispiel einer maurischen *alcazaba* zieht sich um eine Hügelkuppe oberhalb des Dorfes Jaen, 12 km nördlich von Bailén. Die Burg wurde 967/68 von Kalif Hakam II. errichtet, um einen Teil des Flusses Guadalquivir zu kontrollieren. Sie besaß 15 quadratische Türme in der Außenmauer und ein doppeltes hufeisenförmiges Eingangstor aus Quadersteinen.

Banos wurde 1212 kurz vor der Schlacht von Las Navas de Tolosa von den Christen eingenommen, die ein weiteres Schanzwerk sowie den *torre de homenaje*, einen Turm, der zugleich Symbol des Sieges war, errichteten *(Seite 104)*.

Alhambra von Granada

Die „Rote Festung" liegt östlich der Stadt Granada am Ende der Sierra Nevada oberhalb des Rio Darro. Sie wurde bereits im 9. Jahrhundert begonnen und 4 Jahrhunderte später von den Nazriten wieder aufgebaut, die nach den Almohaden in Granada herrschten und nach dem Fall von Cordoba 1236 um ihre Sicherheit fürchteten.

Die hauptsächlich von Mohammed I. (1236 bis 1273) erbaute Luftziegelmauer mit quadratischen Türmen umschließt die langgestreckte Anlage. Im Westen steht die hoch aufragende *alcazaba*, der Ostteil ist vom Rest des Komplexes durch einen Graben und starke Mauern mit dem Ehren- und dem Quebrada-Turm getrennt. Im 14. Jahrhundert kam eine weitere Außenmauer hinzu, die mit der ersten eine tödliche Allee für Feinde bildet, die das Waffentor überwanden. Sie wurde später nach Westen erweitert.

Im Osten lag der Palast des Königs. Das „Tor der Gerechtigkeit" ist ein prachtvolles Beispiel maurischer Architektur mit drei rechten Winkeln im gewölbten Durchgang. Der Originaleingang des 1334 bis 1408 errichteten Palastes mit seinem Patio und der Moschee ist zerstört.

Das Innere des Palastes ist von besonderer Schönheit. Der Löwenhof mit seinen schlanken Säulen und Kuppeln wie Stalaktiten zählt zu den berühmtesten Teilen der Anlage. Auch andere Räume wie die *Sala de los Reyes*, die *Sala de los Abencerrajes* und die *Sala de la Hermanas* sind von besonderer Leichtigkeit, Anmut und Harmonie.

Die Alhambra und Alcazaba fielen am 2. Janu-

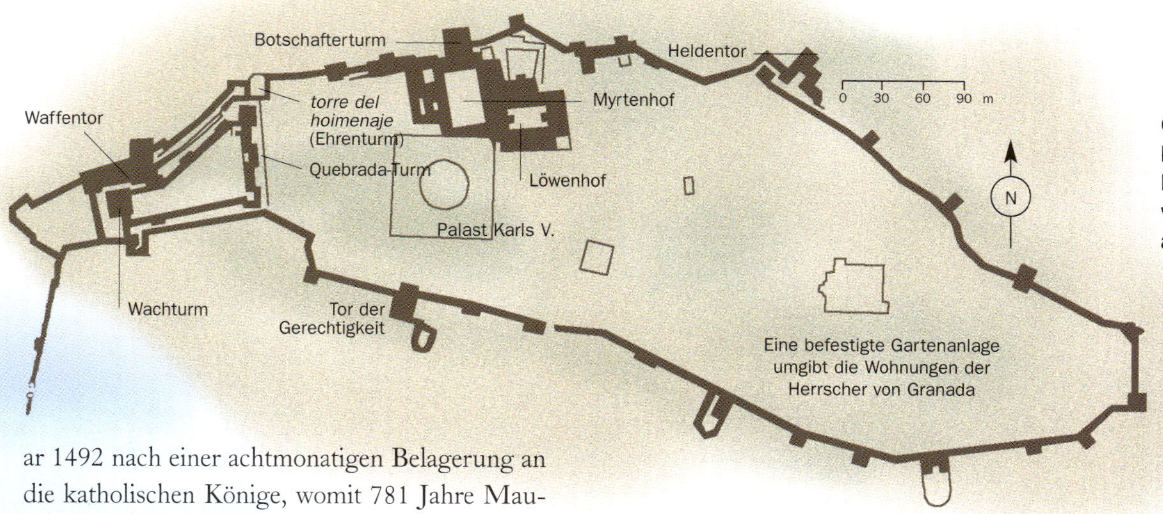

Grundriss der Alhambra von Granada. Die Alcazaba (links) wird von einer Mauer abgeteilt.

ar 1492 nach einer achtmonatigen Belagerung an die katholischen Könige, womit 781 Jahre Maurenherrschaft auf der Iberischen Halbinsel zu Ende gingen. Kaiser Karl V. ließ hier ab 1527 einen rechteckigen Renaissancepalast bauen, dessen Bau 1568 bis 1579 von einem maurischen Aufstand unterbrochen wurde. Die Südfassade hat einen wunderschöne Portikus und rund um den Innenhof führt ein Säulengang.

Die Alcazaba von Almeria

Die im 7. oder 8. Jahrhundert erbaute Festung bewachte die Stadt Almeria. Im 12. Jahrhundert bezwang Alphonso VII. mit Unterstützung italienischer Seeleute die Burg, die jedoch zehn Jahre später von den Mauren zurückerobert und gut befestigt wurde.

Die Burg liegt auf den Ruinen einer phönizischen Zitadelle, deren unregelmäßiger Grundriss im Inneren dreigeteilt ist. Die Anlage erhielt mehrere Brunnen und Bäder. Durch ein Tor gelangt man in den zweiten Innenhof mit den Ruinen der Moschee und sechs Kellerräumen. Der dritte und am höchsten gelegene Innenhof ruht auf einem Felsen. Er ist durch Fallgatter und einen Graben geschützt und wird durch drei Türme und einen Donjon bewacht.

Almeria blieb bis zur Ankunft der katholischen Könige in der Hand der Mauren und auch dann noch diente sie als Unterschlupf für die letzten Morisken, die sich weigerten, den christlichen Glauben anzunehmen.

Mitte: Die Alhambra von Granada, der Botschafterturm (links), der Ehrenturm (rechts) und der Renaissancepalast im Hintergrund.

Unten: Die Mauern von Almeria

Große Türme

Die ersten Steinbauten der Christen in Spanien waren große Türme, die *Torre del homenaje* (Huldigungs- oder Ehrenturm). Diese Bergfriede galizisch-baskischer Herkunft dienten auch aus Symbol des Sieges. Wie bei einem Donjon lag ihr Eingang hoch über dem Boden.

Viele Burgen errichtete der Orden von Calatrava im Campo de Calatrava, der Ebene zwischen Toledo und dem moslemischen Cordoba, das die Moslems 1195 eroberten und nach der Schlacht von Las Navas de Tolosa 1212 wieder verloren.

Albuquerque

Diese 40 km nördlich von Badajoz auf einem Felskamm gelegene Burg ist weithin sichtbar. Sie wurde 1354 auf Befehl von Alfonso Sanches, dem Sohn von König Dinis von Portugal, erbaut.

Die Mauern, die sich im Norden den Hügel hinab und um die zu Füßen der Burg liegende Stadt herum ziehen, sind mit quadratischen Türmen verstärkt, deren spitze Zinnen die maurisch beeinflusste portugiesische Arbeit verraten. Den Zugang zur Burg sichern Flankenmauern, die einen gewundenden Durchgang bilden. An der

höchsten Stelle erhebt sich ein großer *torre del homenaje*. Ein Turm außerhalb der Mauern ist über eine monumentale Brücke mit dem Wachturm verbunden; ihn sichert eine Zugbrücke.

Bereits im Erbauungsjahr wurde die Burg von Pedro dem Grausamen vergeblich belagert. Außerdem war Albuquerque Ziel verschiedenster Angriffe während des Grenzkriegs zwischen Kastilien und Portugal. Sie wurde im 15. Jahrhundert durch Verrat von Alvaro de Luna erobert.

Fuensaldaña

Fuensaldaña liegt 6,4 km nördlich von Valladolid in Kastilien und wurde um 1450 für Alonso Pérez de Vivero, den Schatzmeister König Johanns II., erbaut. Der rechteckige Hof ist von einer Mauer mit runden Ecktürmen umgeben. Kleinere Erker enthielten die Wohnräume. Der dreistöckige, rechteckige Bergfried liegt an einer Schmalseite der Mauer und kann nur über eine Hängebrücke betreten werden. Er hat zusätzlich Ecktürme und Erkertürme in der Mitte der Längsseiten. Zur Verteidigung sind Türme und Erker mit Zinnen und Pechnasen bestückt.

Insgesamt wirkt Fuensaldaña wie eine römische Wüstenfestung, nur der große Turm verrät den adeligen Burgherrn. Unglücklicherweise wurde Alonso drei Jahre nach Baubeginn auf Befehl eines Günstlings des Königs ermordet, sodass Fuensaldaña nicht fertiggestellt oder bewohnt wurde.

Links: Die großen *torre del homenaje*-Türme oberhalb des Mauerkranzes von Fuensaldaña liegen an einer Seite des rechteckigen Wohnturmes, wie der Grundriss **unten** zeigt.

Guadamur

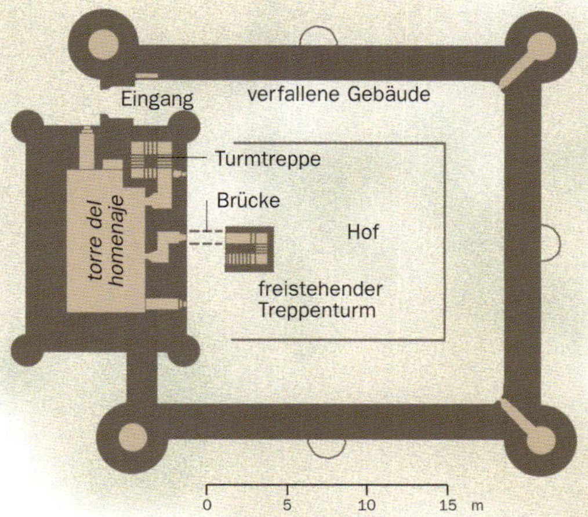

Die im 19. Jahrhundert restaurierte Burg mit quadratischem Grundriss beim Dorf Guadamur, 15 km von Toledo entfernt, stammt aus dem 15. Jahrhundert. Ihr Mauerkranz ist mit runden Ecktürmen gesichert und auf halber Länge abgewinkelt, im oberen Teil trägt sie Pechnasen und kleinere Rundtürme. Der Innenhof ist in drei Höfe unterteilt, Wohnräume und Festsäle sind mit zwei Reihen von Bogengängen verbunden. In die Friese und Gesimse der größeren Räume sind Psalme und lateinische Gebete graviert.

Der beeindruckende *torre del homenaje* mit Erkertürmen an den Ecken und jeweils in der Mitte der Längsseiten sitzt in der Mauer. Die Steine der Mauern und auf beiden Seiten des Haupteinganges tragen Reliefs mit Löwen und Schrägbalken von Wappenschildern.

Calatrava la Nueva

Die Burg wurde 1216 vom Orden von Calatrava auf einem Felsvorsprung 8 km südwestlich von La Calzada de Calatrava erbaut, nachdem sie ihre frühere Burg Calatrava (heute die alte Burg, *La Vieja*) zwischen Toledo und Cordoba, die dem Orden seinen Namen gab, verlassen hatten. Diese hatten die Templer übernommen, verloren sie aber beim Gegenangriff der Almohaden. Der Orden bekam *La Vieja* erst nach seinem Sieg bei Los Navas de Tolosa in 1212 zurück. Sie wurde nicht renoviert und der Orden zog nach *La Nueva*.

Zur Burg gehören eine befestigte, romanische Rundkirche mit einer großen Fensterrosette, außerdem ein doppelter Mauerring, zusätzliche Flankenmauern, ein Donjon und eigene Klausuren für die Mönche. Sie hat maurische Zinnen und ist vielleicht das Werk maurischer Maurer.

Links: Guadamur in der Nähe von Toledo ist ein gutes Beispiel der *torre del homenaje*. Dank der Restaurierungen des 19. Jahrhunderts blieb ein Teil der feinen Wanddekoration aus dem 15. Jahrhundert erhalten.

„Gran Buque“

Viele spanische Burgen wurden auf Felsspitzen errichtet, doch schloss ein solcher Bauplatz die Errichtung großer Anlagen von vornherein aus. Als die Armeen größer wurden und die Kriegführung mobiler, wurden Burgen auf solchen Hügeln oder Bergen erbaut, wo die Möglichkeit zum Bau großer Anlagen vorhanden war. Manche erinnern an ein großes Schiff – die wörtliche Übersetzung von *gran buque*. Sie beeindrucken allein durch ihre Größe und Form. In Verbindung mit ihrer Höhenlage vermitteln sie den Eindruck von Unbezwingbarkeit, Kontrolle und der Macht des Adels.

Alcázar von Segovia

Die Burg Alcázar ist fraglos eine der bekanntesten spanischen Festungen. Sie liegt auf einem schmalen Bergrücken zwischen den Flüssen Eresma und Calmores. Bereits die Römer hatten hier eine Festung errichtet.

Alcázar, das arabische Wort für Palast, wurde im 11. Jahrhundert von König Alfonso VI. gebaut, nachdem die Christen die Kontrolle über Segovia erlangt hatten. Die Burg wurde eine beliebte Residenz der kastilischen und anderen Könige.

Im Laufe der Jahrhunderte fügten viele Herrscher individuelle Anbauten hinzu. Im frühen 15. Jahrhundert setzte Juan II. seinen imposanten und größeren *torre del homenaje* dem alten, runden Donjon entgegen. Der im Inneren ausgeschmückte *torre* hat einen rechteckigen Grundriss und ist mit Pechnasen bestückt. Aus seinen Mauern ragen hoch oben 12 Erkertürme hervor.

Der quadratische Donjon gegenüber besitzt schlanke Rundtürme an den Ecken. Ihre konischen Schieferdächer erhielten sie im 16. Jahrhundert. Chroniken aus dem 15. Jahrhundert zufolge beherbergte der „Saal der Könige“, einer der sechs Festsäle und Räume im ersten Burghof, 34 Goldstatuen der spanischen Könige, die von Philipp II. auf 56 Stück vermehrt wurden. Eine enge Passage führt von der letzten Halle in den zweiten Hof mit dem alten Donjon und einer gewölbten Kapelle. Das Innere wurde 1862 durch ein Feuer schwer beschädigt, doch teilweise restauriert.

Unten: Das große, schiffförmige Alcázar von Segovia wurde nach der Reconquista vergrößert und die konischen Schieferdächer – hinzugefügt im 16. Jahrhundert – verleihen der Burg ein wohnliches Aussehen.

Peñafiel

Peñafiel liegt auf einem Bergrückens oberhalb von Valladolid über dem Duero-Tal. Der Platz war schon in der Antike befestigt, und die Stadt wurde 1014 unter Graf Garcia Fernandez von Kastilien wieder besiedelt. Der Legende nach habe König Sancho, als er die Burg von den Mauren im 11. Jahrhundert erobert hatte, sein Schwert am höchsten Punkt in die Erde getrieben und gerufen: „Von heute an wird dies der treue Felsen (= *peñafiel)* von Kastilien sein.“

Die Burg wurde im 14. Jahrhundert vom Infanten Don Juan Manuel errichtet, der einige der wichtigsten Stücke mittelalterlicher spanischer Literatur schrieb. Auch König Alfonso X. lebte auf der Burg; als Historiker erklärte er, dass die Könige Seide, Gold und wertvolle Steine tragen sollten, damit sie das Volk erkennen könne.

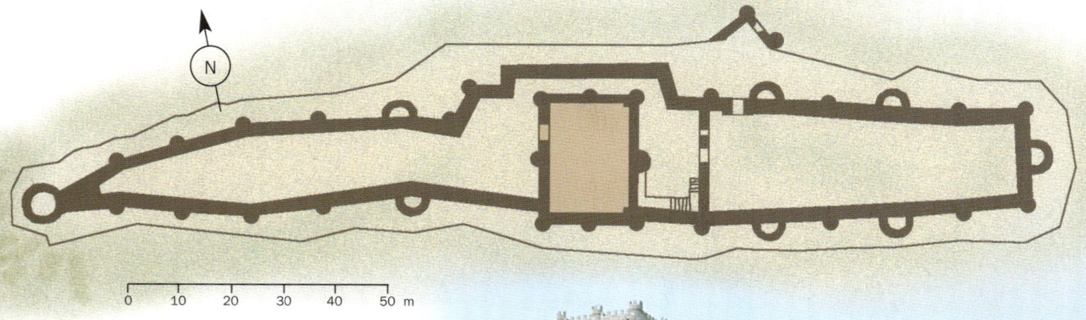

Diese Seite: Peñafiel erinnert mit seinem schmalen Innenhof und dem massiven, herausragenden Donjon stark an ein Schiff und verdient daher voll und ganz den Namen *gran buque*.

Die heutige Burg wurde 1466 von Don Pedro de Girón erbaut. Sie ist eine der bedeutendsten Schiffburgen in Spanien, 23 m breit und 210 m lang. Die Doppelmauern entlang beider Längsseiten laufen an den Enden spitz zu einem runden Turm zusammen und verstärken den Eindruck eines Schiffes noch. Jede Seite besitzt 12 Türme mit Pechnasen, zwei weitere Türme sichern das Haupttor. Der Wehrgang läuft nahezu ununterbrochen um die ganze Anlage.

Wie das Ruderhaus eines Schiffes steht im Zentrum der Anlage ein 34 m hoher Turm mit Erkertürmen an den Ecken und allen vier Seiten. Zusätzlich sichert ein trockener Graben Peñafiel, über den eine Brücke zur Burg führt.

Burgen in Kastilien

Die vielen Burgen gaben dem Land den Namen – Kastilien – und prägen sein Wappen. La Mota, Torrelobatón und Coca sind nur drei der großartigen erhaltenen Burgen Kastiliens.

La Mota

La Mota, eine rechteckige maurische Ziegelburg, bewacht eine Straßenkreuzung bei Medina del Campo. Die Restaurierung begann im 12. Jahrhundert und fand unter den christlichen Architekten Fernando Carreño und Alonso Nieta in der Mitte des 15. Jahrhunderts ihren Höhepunkt. In die alte Umfassung wurde ein großer *torre del homenaje* mit Pechnasen und Erkertürmen gebaut. Zusätzlich erhielt die Burg eine zweite Außenmauer mit Schießscharten, runden Ecktürmen und einem zweistöckigen gewölbten Umgang, der über Treppen in den Ecktürmen zugänglich war. Die *mudejar*- Ziegelarbeiten wurden nur von denen in Coca übertroffen.

1475 kam die Burg von den Fonsecas als Hochzeitsgeschenk an die Katholischen Könige. Ihr Wappen über den Toren ist erhalten. Der Großteil der Innenausstattung ist verloren. Am berühmtesten ist das „Ankleidezimmer der Königin" – gemeint ist Johanna die Wahnsinnige. Ein anderer Raum heißt nach Cesare Borgia, der hier bis zu seiner legendären Flucht über ein Seil zu einem wartenden Pferd gefangen saß.

Torrelobatón

Die am besten erhaltene mächtige Burg in Kastilien steht 14,5 km nördlich von Tordesillas in Valladolid und wurde von König Juan II. auf den Ruinen einer früheren Festung in der ersten Hälfte des 15. Jahrhunderts errichtet. Nach dem Kauf durch die Familie Enriquez wurde sie zum Sitz des Großadmirals von Spanien.

Der Wohnturm mit acht Erkertürmen ist einer der Ecktürme der quadratischen Anlage, die von einer Mauer mit drei weiteren runden Ecktürmen gesichert wird. Der Eingang in den Wohnturm ist durch ein Fallgatter zusätzlich geschützt. Die Pechnasen haben nur dekorative Funktion. Die Brustwehr ist ohne Zinnen, doch abgeschrägt und geglättet, sodass sich die eisernen Greifer von Leitern oder Seilen nicht einhaken können. Die Mauern waren so fest, dass sie

Unten: Der *torre del homenaje* bei La Mota (links) ist von einer äußeren Verteidigungsmauer umgeben, die Schießscharten besitzt.

Kanonenfeuer aushielten. Im frühen 16. Jahrhundert lehnten sich die Bürger von Kastilien unter der Führung von Juan de Padilla gegen König Carlos I. und den Adel auf, die ihnen verliehene Privilegien wieder streichen wollten, und belagerten eine Woche lang die Burg. Doch Torrelobatón widerstand, die Rebellion wurden von den königlichen Streitmächten zerschlagen und Juan wurde hingerichtet.

Coca

Coca liegt am Zusammenfluss der Flüsse Eresma und Voltoya, 48 km nordwestlich von Segovia. Alonso Fonseca, Erzbischof von Sevilla, ließ die eindrucksvolle hispano-arabische Festung Mitte des 15. Jahrhunderts als Palastburg errichten. Sie erhielt einen quadratischen Grundriss und eine Außenmauer mit achteckigen Eckürmen und einer breiten Rampe zum Aufstellen von Kanonen. Überall sind kreuzförmige Schießscharten und Kasematten für die Kanonen zu sehen. Der quadratische Wohnturm in einer Ecke kann nur über eine rechtwinkelige Brücke über den Festungsgraben erreicht werden. Die maurischen Handwerker hinterließen eine Anzahl von typischen Merkmalen ihrer Kunst wie die hufeisenförmigen Bögen im Mauerdurchgang zum Wohnturm.

Alonso war sehr reich, liebte die Intrige und benutzte seinen Reichtum, um im großen Stil zu bauen. Die Dekoration von Coca zeigt seinen Geschmack: Aus den Türmen und dem Wohnturm springen unzählige Erkertürme hervor, die Zinnen sind aus verschieden geformten Ziegeln, und Coca ist berühmt für seine *mudéjar*-Ziegelarbeiten außen und *mudéjar*-Stuckarbeiten im Inneren.

Erzbischof Alonso lebte bis zu seinem Tod auf der Burg Coca. Im frühen 16. Jahrhundert ging die Burg an die Herzöge von Berwick und Alba.

Links: Die *torre del homenaje* und falsche Pechnasen unterhalb der sanften Brüstung von Torrelobatón.

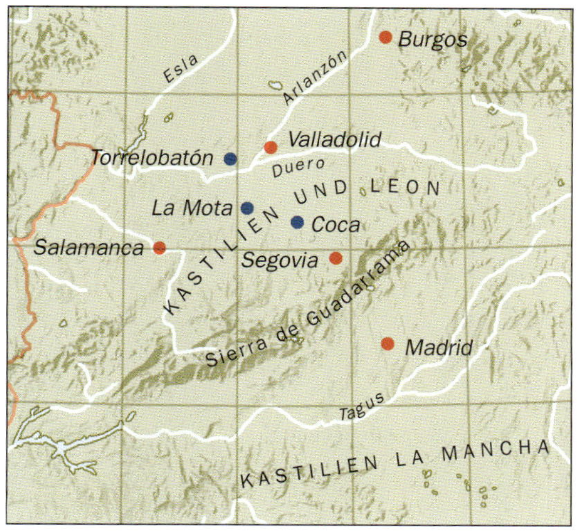

Unten: Schießscharten zieren einen der achteckigen Ecktürmchen der äußeren Verteidigungsmauer von Coca, der innere Ring erstreckt sich dahinter.

Schlösser

Nachdem die unmittelbare Bedrohung durch die Mauren abgewendet war, wurde der Luxus wichtiger als die Sicherheit. Speziell in Kastilien – bedingt durch den Streit zwischen Adel und Krone – nahm die Zahl der befestigten Schlösser zu. Ihr Bau war teilweise durch französische Ideen beeinflusst, zeigte aber gleichzeitig eine äußerst fruchtbare Verbindung von christlichem Baustil und arabischem Dekor. Granada fiel 1492, Amerika war offen für spanische Abenteurer und die Macht des Königs umfasste ganz Spanien. Die Ära der Burgen war zu Ende.

Belmonte

Inmitten der Ebene von La Mancha, 100 km südwestlich von Cuenca, liegt die von Juan de Pacheco, Marquis von Villena, um 1456 erbaute Schlossburg Belmonte. Im Inneren ein gleichseitiges Dreieck, wird die Anlage von einer Mauer in Form eines fünfzackigen Sterns mit dreieckigen Mauerzacken umschlossen. Es gibt runde Ecktürme, teilweise mit *mudéjar*-Zinnen, und einen beeindruckenden *torre del homenaje* an der Außenmauer in der Nähe des Tordurchgangs.

Parallel zur Innenmauer läuft eine etwas niedrigere Außenmauer mit dreieckigen Zinnen und drei Toren. Ein Tor ist nach Prinzessin Juana la Beltrajena benannt, die dieses Tor für ihre nächtliche Flucht vor dem Marquis benutzte, der sie beim Versuch der Thronbesteigung betrogen hatte.

Gewölbte Säle mit *mudéjar*-Decken dienten als Wohnräume, die mit reliefierten Kaminsimsen, Blattverzierungen, Tieren und Hängeschmuck ausgestattet waren. Der Infant Don Juan Manuel lebte in dieser Schlossburg, eine verklärte Renaissancefigur und Verfasser moralischer Traktate, die im Gegensatz zu seinem eigenen Leben standen, das voller Ehrgeiz und Intrigen war.

El Real de Manzanares

Am südlichen Fuß der Guadarrama-Hügel, in einem Gebiet, um das Segovia mit Madrid gekämpft hatte, rund 32 km nördlich von Madrid, liegt die Burg El Real de Manzanares. Eine ältere Anlage wurde bereits im 13. Jahrhundert erbaut. Sie hatte einen rechteckigen Grundriss mit drei runden Ecktürmen und einem Wohnturm. Sie wurde von Juan II. dem berühmten Schriftsteller Don Inego López de Mendoza, Marquis von Santillana, als Lehen überlassen.

1475 erbaute Mendozas Sohn, der erste Herzog von Infantado, eine neue Burg. Dieses letzte Burg-Schloss ist fast quadratisch und von einer Mauer mit drei runden Ecktürmen und einem *torre de homenaje* umschlossen. Aus den westlichen Rundtürmen wachsen weitere Türme mit einem geringeren Durchmesser heraus,

Links: Dreieckige Mauerscharten zieren den Oberrand der Mauern von Belmonte.

die ringsum mit Steinbossen oder Kugeln verziert sind. An die Ostseite wurde eine Kapelle angebaut, die Teile einer Klause aus dem 13./14. Jahrhundert einbezieht. Eine niedrige Mauer mit drei Ecktürmen und runden Bollwerken davor umgibt die komplette Anlage.

1480 ließ der zweite Herzog von Infantado südlich die *isabelino-mudejar*-Galerie („mit reich verzierten Türmchen") anbauen, wahrscheinlich das schönste Beispiel des Flamboyant in Spanien. All dies war das Werk von Juan Güas, der nicht nur die Kirche von San Juan de los Reyes in Toledo, den Palast des Herzogs und die Kunstwerke von El Real de Manzanares, sondern auch den achteckigen Turm entwarf, der auf dem Dach des Donjons aufragt, und die massiven vorgetäuschten Pechnasen.

Der mächtige Bau sollte allein durch seine Gegenwart und seine Optik nicht nur das Auge erfreuen, sondern auch den Feind von Attacken abhalten. Vielleicht sollten die überreichen Dekorationen auch die Vertreter der katholischen Könige täuschen, die neue Burgen missbilligten und ihre Besitzer gefangen nehmen sollten.

Unten: Die verzierten Türme erheben sich über den Außenmauern von El Real de Manzanare; der achteckige Verteidigungsturm ist rechts im Hintergrund zu sehen.

Türme und Burgen in Portugal

Portugal ist reich an Burgen. Sein Freiheitskampf, der auch die Kreuzfahrer aus Mitteleuropa und die allgegenwärtigen Mauren involvierte, führte zum Bau vieler befestigter Anlagen.

Graf Alfonso schwor 1137 seinem Cousin, König Alfonso VII. von Kastilien, im Namen Portugals die Treue und wurde zwei Jahre später dessen König. Nachdem er die Moslems bei Ourique besiegt hatte, belagerte er Lissabon.

Eines der wichtigsten Ereignisse im 12. Jahrhundert war die Eroberung Lissabons im Jahr 1147, bei der deutsche, englische und flämische Kreuzfahrer zu Hilfe kamen, die unterwegs zum Zweiten Kreuzzug waren. Lissabons Stadtmauern waren nahezu unüberwindbar: Der englische Belagerungsturm blieb im Sand stecken und die Deutschen und Flamen konnten ihren unterirdischen Tunnel nicht fertigstellen.

Ein abgefangener Brief verriet, dass die Mauren keine Lebensmittel mehr hatten und auch keine Hilfe erwarten konnten. Nach dem Sieg bei Almada wurden den Verteidigern die Köpfe von 80 Mauren vorgeführt. Ein zweiter Tunnel brachte die Mauer zum Einsturz, doch die Bresche wurde mit Holz gefüllt. Die Mauren gaben aber auf, nachdem ein zweiter Belagerungsturm die Mauern erreichen konnte. Der Hafen an der Mündung des Tejo war in christlichen Händen.

Portugal wollte sich von Kastilien abspalten, was durch den vermehrten Burgenbau von 1170 bis ins frühe 13. Jahrhundert zu erkennen war, als die Alentejo-Ebenen erobert wurden. Der Bedrohung durch die Mauren im Süden begegnete man ebenfalls mit Festungen im Süden der Tejo-Ebene. Oft wurden alte Burgen erneuert oder nach dem Bruch mit Kastilien neue errichtet.

Die Schwäche der Angriffe der Christen veranlasste die Moslems zu einer Gegenattacke, doch auch sie standen unter Druck, als 1189 Silves in der Algarve fiel. Sancho I. (1185 bis 1211) baute Burgen und Städte neu auf, gründete neue und holte neue Siedler ins Land, besonders die Orden der Tempelritter, der Johanniter und der spanischen Ritter von Alcántara (portugiesisch Avis) und Santiago.

Maurische Burgen

1240 erreichte Sancho II. die Küste der Algarve, die 1267 als portugiesich anerkannt wurde. Die Probleme und Kriege mit Kastilien hörten zwar nicht auf, doch unter Alfonso III. und König Dinis (1279–1323) gedieh das Land allmählich.

Rechts: Die Burg von Almourol liegt auf einer Felsinsel im Tejo in der Nähe der portugiesischen Küste.

1097	1128	1321	1324	1382	1385	1411	1432
König Alfonso VI. von Leon gründet Portugal	Alfonso Henriques ringt seiner Mutter Teresa die Herrschaft über Portugal ab	König Pedro I. lässt die Burg Alter do Chão bei Alentejo erbauen	König Dinis fügt zur Burg von Leiria einen Palast hinzu	König Johann I. gründet die Avis-Dynastie	Mit dem Sieg bei Aljubarotta wird Portugal von Spanien unabhängig	Portugal und Aragon schließen nach 20 Jahren Frieden	Portugiesen erkunden die afrikanische Westküste

Links: Die rechteckigen Türme von Silves in der Algarve, verschandelt mit modernen Neonleuchten.

Als der portugiesische König Ferdinand I. Kastilien beanspruchte und von dessen König Heinrich II. geschlagen wurde, brauten sich weitere Probleme zusammen. Heinrichs Sohn heiratete die einzige Tochter Ferdinands. Die verärgerten Portugiesen krönten den Meister von Aviz zum König und besiegten 1385 mit Hilfe englischer Bogenschützen Kastilien bei Aljubarotta. Dieses Ereignis sicherte Portugals Anerkennung als eigene Nation.

In Portugal wurden die verschiedensten Bauformen für Burgen und Türme verwendet. Braganza zum Beispiel, eine der größten Festungen Portugals, deren älteste Teile aus dem Jahr 1187 stammen, der Donjon von Almieira aus der zweiten Hälfte des 14. Jahrhunderts, erbaut vom Prior des Johanniterordens, oder der unregelmäßige Bau von Alter do Chao, den Pedro I. 1321 wieder aufbauen ließ. Besonders die Orden der Tempelritter und der Johanniter halfen, die Grenzen des Landes zu öffnen.

Der von Syrien beeinflusste Stil zeigt sich in Anlagen mit viereckigen Grundrissen und einem rechteckigen Turm in jeder Ecke. Der Hauptturm stand beim Eingang. Dies ist eine Abwandlung eines muslimischen Modells. Einige Burgen wie Trancosa und Selves besitzen diese handwerkliche Form der Anlage. Quadratische Türme und Türmchen waren allgemein üblich, der Einsatz eines runden Turms könnte auf französischen Einfluss hinweisen. Auf alle Fälle blieb der maurische Einfluss in Portugal stärker als in Spanien bestehen.

1434	1444	1471	1494	1505	1515	1516–1517	1521
Portugiesen entdecken die Azoren	Braganza wird Herzogtum	Portugal gründet den Handelsstützpunkt El Mina (heutiges Ghana)	Das Abkommen von Tordesillas teilt die neue Welt zwischen Spanien und Portugal	Portugiesen erbauen ein Fort bei Sofala, Ostafrika	Hormuz im Yemen wird eingenommen und befestigt	Portugiesen gründen Handelsstützpunkte in Ceylon und Südchina	Portugiesen kolonialisieren Brasilien

Kulturelle Vielfalt

Rechts: Blick vom obersten Donjon von Guimarães.

Portugiesische Burgen wurden nachhaltig von den Mauren beeinflusst, ferner durch die Kreuzfahrer von Syrien und später von Frankreich, was an den runden Türmen erkennbar ist.

Guimarães

Die Burg liegt auf einem Felsen südöstlich von Braga (Minho). Als Alfonso VI. von Kastilien 1095 Heinrich von Burgund zum Grafen von Portucale ernannte, errichtete dieser eine Umwallung um einen Steinturm aus dem 10. Jahrhundert, der zu einem Donjon umgebaut wurde. Portugiesischer Tradition gemäß steht der Donjon isoliert innerhalb der Mauern. Die Zinnen sind meist maurisch und laufen oben spitz zu.

1110 wurde Heinrichs Sohn Alfonso Henriques, der erste König Portugals, hier geboren. Im 15. Jahrhundert wurde Guimarães teilweise wieder aufgebaut. Die Burg erhielt einen trapezförmigen Grundriss mit quadratischen Ecktürmen, wobei zwei Türme das Tor flankieren.

Leiria

Von einer Felserhöhung, auf der schon die Römer gebaut hatten, überblickt die Burg die Stadt Leiria in Beira Litoral. Zwei Jahre bevor Afonso Henriques zum König von Portugal gewählt wurde, ließ er die Burg als Grenzfeste im Süden des Landes ausbauen. Nachdem die Reconquista jedoch Lissabon und Santarém von den Moslems 1147 zurückerobert hatte, hatte die Burg ihre Aufgabe verloren.

1324 erbaute König Dinis einen kleinen Palast in der Burganlage und eine oberhalb gelegene große rechtwinkelige Zitadelle. Die Mauern und die eng gesetzten Türme folgen den Linien des Felsplateaus. Im späten 14. und frühen 15. Jahrhundert veränderte João I. den Palast. Nun überblickte eine Arkadenloggia mit Schnitzereien und Kaminsimsen das Land.

Links: Die mit Pechnasen versehenen Eckgalerien des Donjons von Beja.

Beja

Beja steht auf dem Platz einer römischen Festung, die bereits von den Mauren ausgebaut und von Alfonso III. (1248–1279) erobert worden war. Dieser veränderte die quadratische Anlage in eine Burg mit trapezförmigem Grundriss.

1310 wurde unter König Dinis in der Burg ein Donjon errichtet. Die Ecken der Brustwehr sind von in den Stein geschnittenen Schießscharten durchbrochen, und unterhalb des obersten Geschosses, das aus dem 15. Jahrhundert stammt, finden sich vorspringende Eckgalerien mit Pechnasen. Die Säle im ersten Stock waren mit einem Kreuzrippengewölbe und Wabenfries sowie geteilten Bogenfenstern versehen, Anzeichen maurischer Arbeit.

Oben: Die Arkadenloggia von Leira.

Castelo de São Jorge

Die Festung in Lissabon wurde im 14. Jahrhundert nach König Johann I. benannt. Bevor Afonso Henriques die Burg 1147 für die Christen eroberte, stand hier eine rechteckige moslemische *alcazaba*, die teilweise die heutige Form beeinflusste. An die Burgmauer wurde zusätzlich ein Donjon angebaut.

Es sind gewisse Ähnlichkeiten mit italienischen Stadtbefestigungen zu erkennen, doch die Burg in Lissabon mit einer Innen- und Außenmauer ist in ihrem Aussehen wesentlich strenger. Das regelmäßig angelegte Castelo mit seinen quadratischen Ecktürmen kann den syrischen Einfluss nicht verleugnen.

Lissabons Verteidigungsanlagen umfassen 18 Türme, von denen elf zur Burg gehören; das Portao Sul (Südtor) führt in die Rua de Santa Cruz do Castelo und zum Eingang auf den alten Praca-de-Armas-Platz. Sieben der zwölf Tore führen zur Gemeinde von Santa Cruz do Castelo.

Unter König Sebastion wurde die Burg restauriert und bewohnt. Die späteren spanischen Könige jedoch vernachlässigten den königlichen Palast und verwendeten ihn als Heerlager und als Gefängnis. 1755 wurde die Burg durch mehrere Erdbeben schwer beschädigt, doch 1910 wurde mit der Restauration begonnen.

Unten: Castelo de São Jorge oberhalb von Lissabon.

Burgen gegen Kastilien

Nach der Abspaltung von Kastilien war Portugal nach wie vor von Spanien und den Mauren bedroht. Die Burgen wurden weiterhin verbessert oder neu errichtet. Ihre Wichtigkeit und Entwicklung wurde durch die Präsenz der Ritterorden – Templer und Johanniter – wie auch spanischer Orden beeinflusst.

Elvas

Elvas thront stolz auf einem Bergrücken, nicht weit von Badajos in Spanien entfernt. Sie ist die größte Burg Portugals und eine wichtige Grenzfeste gegen Badajos auf der anderen Seite der Grenze. König Sancho II. eroberte die Feste, eine wichtige *alcazaba,* 1226 von den Mauren.

Die Umwallung ist von enormer Größe – 1.000 x 650 m – teilweise mit Doppelmauern, mit quadratischen Türmen, einem Bergfried und einem *torre del homenaje,* den 1448 König João baute. König Dinas restaurierte die Gebäude im 13. und König Manuel im frühen 16. Jahrhundert

Alter do Chão

Die königliche Burg liegt im Süden von Portalegre in Alentejo. Einer Inschrift zufolge habe König Pedro I. die Burg 1359, nach unserem Kalender 1321, erbaut. Die Regelmäßigkeit des Grundrisses ist viel deutlicher erkennbar als in anderen portugiesischen Burgen und dürfte auf starken französischen Einfluss zurückzuführen sein. Die fast quadratische Anlage ist von einer einzigen Mauer mit zwei runden Ecktürmen mit konischen Dächern umgeben, wie sie viele portugiesische Burgen besitzen. Die dritte Ecke besetzt ein 44 m hoher Donjon, die vierte ein quadratischer Torturm, von dem aus die Mauerzinnen rings um die ganze Burg laufen.

Braganza

Braganza liegt in der Region Tras-os-Montes und gehört zu den größten Festungen des Landes. Die Burg wie die Stadtmauern stammen aus dem Jahr 1187, als Sancho I. Braganza übernahm und eine frühere Anlage wieder aufbaute.

Innerhalb der Mauern steht ein großer, 33 m hoher Wohnturm aus Granit mit Erkertürmen an den Ecken. Im 14. oder 15. Jahrhundert wurden in die südliche und östliche Wand maurische Doppelfenster eingebaut, vielleicht wegen der nahen Grenze zu Leon-Kastilien. Der Donjon wird von zwei quadratischen Wachtürmen flankiert,

Links: Der massive Donjon von Braganza.

steht aber nicht frei, was eher unüblich ist.

1444 wurde Braganza zum Herzogtum und die Dynastie, die seit 1640 die Geschicke des Landes lenkt, hatte hier ihren Ursprung.

Amieira

Die Burg liegt in Ribatejo Eoeste und wurde in der zweiten Hälfte des 14. Jahrhunderts von Don Alvaro Concalves Pereia, Prior des Johanniterordens, erbaut. Sie belegt nicht nur die Anwesenheit der Ritterorden, die mithalfen, die Grenzen des Christentums zu erweitern, sondern auch ihre Vorliebe für einen regelmäßigen Grundriss.

Die Ecktürme der hohen Innenmauern sind alle quadratisch. Einer von ihnen ist wesentlich größer und dient zugleich als Donjon und als Torhaus. Eine niedrigere Außenmauer umgibt ganz Amieira. Diese Kombination – rechteckige Burg, ein Eckturm mit doppelter Funktion – kann mit ähnlichen Bauformen in Syrien, Süditalien und den Burgen des Deutschen Ordens verglichen werden.

Unten: Panoramablick bei Elvas in den sanften Hügeln oberhalb Spaniens.

Italienisches Design

Nach dem Zerfall des Römischen Reiches wurde Italien von den Westgoten und anschließend von den Germanen und Normannen überfallen, die nur durch Städtebünde und reiche Häfen zurückgehalten werden konnten. Das zersplitterte Land reduzierte die Ressourcen des Adels, sodass Platz und Stil der kleinen Burgen besonders wichtig waren.

Gegenüber oben: Der Turm von Termoli, erbeut 1247 unter Friedrich II., wurde nach einem Erdbeben im Jahre 1456 restauriert.

Mitte: Grundriss von Sarzanello aus dem 14. Jahrhundert, nördlich von Pisa.

Unten: Das Innrere von Ursino, Catania, 1239 unter Friedrich II. erbaut. Die Burg diente mehr dem Komfort als Verteidigungszwecken.

Italiens Tradition reicht bis in die Tage des Römischen Reiches zurück, als Rom das Zentrum der Zivilisation war. Nach dem Zusammenbruch der Westhälfte des Reiches verschob sich das Gleichgewicht auf das östliche Reich von Konstantin und seine Hauptstadt Konstantinopel (eingeweiht 330 n. Chr.). Italien wurde inzwischen von den Westgoten besiedelt.

Ende des 8. Jahrhunderts führte der vom Papst zum Kaiser gekrönte Karl der Große die Franken nach Deutschland und Frankreich. Nach seinem Tod (814) wandten sich die deutschen Herrscher Italien zu, in der Hoffnung auf eine Krönung durch Rom.

Im 11. Jahrhundert unterwarfen die Normannen Teile Apuliens und Kalabriens, eroberten Sizilien und überließen dem Papst Deutschland im Norden und die Normannen im Süden. Im 12. und 13. Jahrhundert fielen die staufischen Kaiser mehrmals in Italien ein und wurden von Anjou abgelöst. Im 15. Jahrhundert besiegten die „Condottieri", Söldner und reguläre Soldaten, die immer wieder eindringenden europäischen und türkischen Truppen. Die Invasion der Franzosen 1494 legte den Grundstein für den militärischen Untergang.

Außer in einigen südlichen und nördlichen Gebieten konnte der Feudalismus in Italien nicht Fuß fassen, da der Adel vorwiegend in den Städten lebte. Viele unabhängige oder fast unabhängige Staaten entstanden, während im Norden im 12. Jahrhundert der Lombardische Bund geschlossen wurde – ein Städtebund, der sich den Übergriffen deutscher Herrscher widersetzte. In der Zwischenzeit gewannen Venedig, Pisa und Genua durch den Bau unzähliger Schiffe für die Kreuzzüge, den Handel und für Kriege an Ansehen und Bedeutung.

1194	1231	1260	1266	1277	1284	1388	1416
Der Heilige Römische Kaiser Heinrich VI. erobert Sizilien	Süditalien wird unter Friedrich II. mit Truppen verstärkt	Der Stadt-Staat Siena schlägt Florenz in der Schlacht von Montaperti	Karl wird nach dem Einfall Frankreichs in Süditalien König von Sizilien	Mailand steht unter dem Einfluss der Ghibellinen	Stadt-Staat Genua schlägt Pisa in der Schlacht von Meliora	Mailand erobert Padua, Verona, und Vicenca	Türken verlieren Seeschlacht gegen Venedig

Der Einfluss durch Byzanz

Zwischen dem 10. und 13. Jahrhundert wurden aus den offenen Niederlassungen in Italien ummauerte Festungen, *castra*, mit einem freistehenden Turm. Üblicherweise wurden die *castra* auf Hügeln oder anderen Erhebungen errichtet, um den Feind besser sehen zu können. Später wurden diese Türme mit den Mauern verbunden und weitere Flankentürme erbaut. Ab dem späten 12. Jahrhundert beschützte der Adel seine Ländereien mit besonderen Schutzvorkehrungen, die unter dem Namen *rocca* oder *cassaro* bekannt sind, um sie von den *castra* zu unterscheiden. *castello* gehörten zu befestigten Dörfern.

Kaiser Friedrich II. (1220–1250), der von den byzantinischen Festungen, die er anlässlich des fünften Kreuzzuges gesehen hatte, stark beeindruckt war, führte den allgemein verwendeten rechteckigen Bauplan ein. Er ließ Donjons errichten und Burgen mit einem Turm und einem Palas oder mit besonders befestigten Mauern und Türmen. Fast alle Burgen besaßen gespaltene Zinnen.

Es herrschte viel Unfrieden in Italien: Der Adel bekämpfte die Städte, zwischen den Städten herrschte Streit, Einwohner und feindliche Invasoren bekriegten einander. Das führte zum Bau unzähliger Burgen, die jedoch aus Mangel an Geld relativ klein waren. Die Burgherren lebten in der Stadt, die Burg war von einer Stadt abhängig oder wurde auch von der Umgebung versorgt. Anstelle hohe Investitionen für militärische Errungenschaften zu tätigen, nutzten die Bauherren die örtlichen Gegebenheiten. Sie erbauten Bollwerke, um die Feinde auf Distanz zu halten, und richteten dabei besonderes Augenmerk auf den Zugang zur Burg.

Im 14. Jahrhundert wurden die hohen Mauern immer mehr mit Pechnasen bestückt. Nachdem im 15. Jahrhundert die Verwendung von Schießpulver zunahm, wurden Schießscharten eingerichtet und runde Türme sowie die ersten Artilleriestellungen gebaut.

Sarzanello, Grundriss der Burg

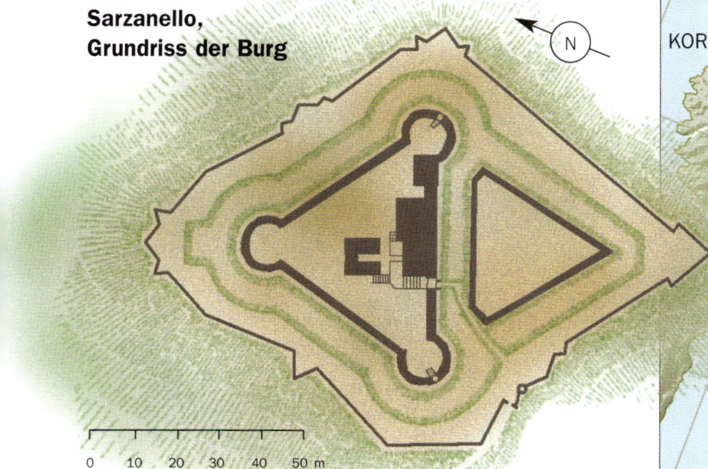

1434	1442–58	1511
Die Familie Medici erlangt Macht und Einfluss in Florenz	König Alfonso I. von Aragon baut das Castello Nuovo in Neapel neu	Heinrich VIII. tritt der „Hl. Liga" gegen die französische Vorherrschaft in Italien bei

Die italienischen Stadtstaaten in der zweiten Hälfte des 15. Jahrhunderts

Burgen Friedrichs II.

Der Stauferkaiser Friedrich II., bekannt als *stupor mundi*, war kultiviert, grausam, intelligent und sah Italien als seinen rechtmäßigen Besitz. Der Papst misstraute ihm und war, als die Linie der Staufer 1268 ausstarb, sehr erfreut, von diesem „Nest von Vipern“ befreit zu sein.

Friedrich hatte Süditalien 1231 zusammengeführt und erfreute sich an der maurischen Kultur, die er in Sizilien vorfand. Trotzdem zeigten seine Burgen mehr Ähnlichkeit mit byzantinischen Festungen, die er anlässlich des fünften Kreuzzuges im Heiligen Land gesehen hatte. Viele Burgen, wie Gioia del Colle in Apulien, waren äußerst komfortabel eingerichtet. Wahrscheinlich hat Friedrich selbst die Wahl des Dekors beeinflusst.

Castello di Lombardia

Die Burg in Enna in der Mitte Siziliens liegt auf einem Berg. Ursprünglich stand eine byzantinische Festung auf diesem Platz, doch die Burg wird Friedrich II. zugesprochen. Die drei Burghöfe sind von Mauern umgeben und werden von quadratischen, heute eingestürzten Türmen bewacht.

Friedrich soll auch den *Torre di Federico* erbaut haben, der auf einem Hügel westlich der Burg steht. Der achteckige Turm ist von den Ruinen einer achteckigen Mauer umgeben.

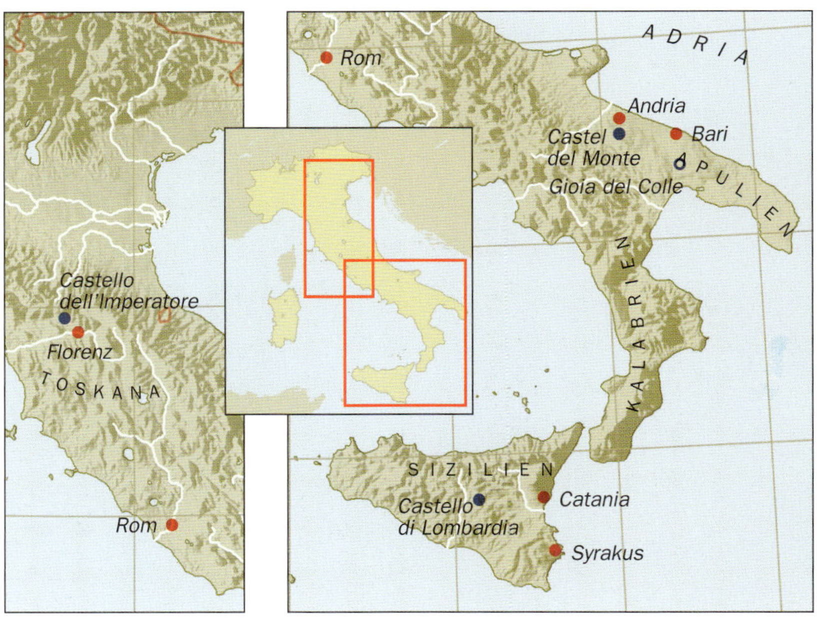

Castello dell’Imperatore

Das Castello steht in Prato in der Toskana, 13 km nordwestlich von Florenz und wurde vom Imperatore (Kaiser Friedrich) errichtet. Sie ist die einzige gut erhaltene Burg in Mittelitalien, deren Bau wahrscheinlich um 1241 fertiggestellt wurde.

Das Castello hat einen rechteckigen Grundriss mit quadratischen Ecktürmen. Die Mauern werden von quadratischen und fünfeckigen Flankentürmen beschützt. Die quadratischen Türme der Ost- und Nordmauer stammen aus einer früheren Zeit und wurden in die Burg integriert.

Castel del Monte

Diese berühmte Burg, die der deutsche Historiker Ferdinand Gregorovius die „Krone Apuliens“ nannte, steht auf einem isolierten Hügel etwa 16 km südlich von Bari in Apulien. Friedrich begann um 1240 mit dem Bau und beauftragte

Rechts unten: Einer der Höfe des Castello di Lombardia.

mit der Durchführung der Arbeit seinen französischen Baumeister Philipp Chinard.

Alles an der Burg ist achteckig: der Grundriss, der Burghof, die acht Ecktürme. Zusätzlich sind in jedem Stockwerk acht Zimmer. Die Räume, deren Decken von Gewölberippen getragen werden, haben die Form eines Trapezes. Zur Dekoration wurden Marmor, Gegenstände im römischen Stil und mehrfarbige Intarsienarbeiten eingesetzt. Das Gewölbe erinnert an jene der Kathedrale von Le Mans.

Der besondere Geschmack Friedrichs und sein Hang zu Komfort zeigt sich im Castel del Monte in der Vermischung von klassischen und gotischen Stilelementen. Wahrscheinlich hat der Kaiser einzelne Elemente der Dekoration selbst entworfen, wie z. B. den Portikus. Der Bauplan der Burg ähnelt dem anderer Kreuzritterburgen und kann mit der Burg Geoffrey de Villehardouins in Chlemoutsi (Peloponnes) verglichen werden. Allerdings zählt das Castel del Monte wegen seiner Regelmäßigkeit und seiner Pracht zu den besten Arbeiten Friedrichs. Ähnlichkeiten bestehen auch mit der Kapelle von Karl dem Großen in Aachen, wo Friedrich gekrönt wurde, und mit dem Felsendom in Jerusalem.

Zu den Bequemlichkeiten der Burg gehörten Badezimmer, Wasserleitungen und Abflüsse. Wahrscheinlich waren auf einem der Türme auch Käfige für Falken untergebracht (Friedrich hatte ein Buch über Falknerei geschrieben). Das Castel del Monte diente wohl als Jagdpalast.

Unten: Die achteckigen Türme und die eindrucksvolle Pforte sind charakteristisch für das Castel del Monte.

Kulturelle Vielfalt

Gegenüber oben:: Einer der beiden Rundtürme von Lucera.

Unten: La Zisa (Ansicht und Grundriss).

Rechts: Castello Caetani.

Gegenüber rechts: Das Eingangstor verbirgt das Löwentor sowie das Fundament des Turmes des Castello dei Conti Guidi.

Die folgenden Burgen wurden von Deutschen, Normannen oder Angevinern erbaut.

La Zisa

Die Burg steht in Palermo, Sizilien. Die Normannen, die die Insel in der zweiten Hälfte des 11. Jahrhunderts eingenommen hatten, erbauten üblicherweise Donjons. Auf den ersten Blick erinnert La Zisa – arabisch für „Schönheit" – an einen rechteckigen Donjon, doch der arabische Einfluss ist deutlich zu erkennen.

La Zisa wurde von Wilhelm I. im 12. Jahrhundert erbaut. Die Mauern sind mit vorstehenden Bogeneinfassungen, die Fassade mit normannisch-gotischen Elementen verziert. Der Eingang besteht aus hohen arabischen Bögen und führt direkt in eine lange Halle. Dahinter liegt ein zweistöckiger Raum mit einer Stalaktitenkuppel und einem Springbrunnen. Die Wohnräume sind rund um diesen zentralen Punkt angeordnet. Der dritte Stock bestand ursprünglich aus einem Raum mit einer Öffnung in der Mitte der Decke.

Cuba, eine Burg mit einem größeren zentralen Raum, wurde wahrscheinlich von Willhelm I. im 12. Jahrhundert für große Feste erbaut.

Lucera

Die Burg von Lucera liegt auf einem Gebirgsvorsprung etwa 19,3 km westlich von Foggia in Apulien. Bereits Friedrich II. hatte hier eine Burg errichtet, doch der einzige Rest von diesem Bau dürfte der Sockel des großen Turms (50 m Durchmesser) sein. Die steilen Außenmauern des Turms sind mit Schießscharten durchsetzt und dürften zwei konzentrische rechtwinkelige Mauern umschlossen haben. Die oberen Stockwerke waren achteckig. Der Turm war reich dekoriert und möbliert. Nur ein Gemälde von 1778 hält den Turm in seiner ganzen Pracht fest, bevor er 12 Jahre später als Baumaterial verwendet wurde.

Karl I. von Anjou plante mit Hilfe von Pierre d'Angicourt die Festung, die zwischen 1269 und 1283 erbaut wurde. Eine Seite des Grabens vor dem Felsplateau war mit Steinen verkleidet, in die Stufen eingearbeitet waren, die zu einem kleinen Tor in der Mauer führten.

Das Innere der Burg ist groß genug, um eine ganze Armee für einen Feldzug zusammenzuziehen. An beiden Enden des Grabens stehen an künstlichen Abhängen zwei runde Türme, die Löwe und Löwin heißen. Sieben fünfeckige Türme liegen dazwischen; der Rest der Mauer ist mit quadratischen Türmen verstärkt.

Kaiser Friedrich II. führte eine ganze maurische Armee mit Frauen und Kindern von Sizi-

lien nach Lucera und siedelte sie in der Nähe der Burg an.

Castello Caetani

Die Stadt Sermoneta, 12 km von Latina in Latium entfernt gelegen, ist durch einen in den Fels geschnittenen Graben von der Burg getrennt. Die unregelmäßig vierseitige Burg war im 13. Jahrhundert im Besitz der Familie Anibaldi, die im Süden einen rechteckigen Donjon erichten ließ.

An der Innenseite der Mauer stehen mehrere Gebäude. Die Halle im Osten des Donjons wurde wahrscheinlich von der Familie Caetani errichtet, die die Burg 1297 übernahm und sie im 16. Jahrhundert modernisierte. Obwohl auch die Familie Borgia für kurze Zeit einige Veränderungen an der Burg vornahm, ist sie noch heute im Besitz der Familie Caetani.

Castello dei Conti Guidi

Die Burg liegt bei Poppo, 40 km nördlich von Arezzo, in der Toskana. Graf Simone da Battifolle begann 1274 mit dem Bau der heute noch bestehenden Burg, die 1291 vom Grafen Guido di Simone durch einen befestigten Palas und einen Turm vergrößert wurde. Im 15. Jahrhundert wurde der kleine Burghof teilweise wieder aufgebaut. Aus der gleichen Zeit stammen die Einrichtung und Dekorationen.

Grundriss der Burg der Grafen Guidi

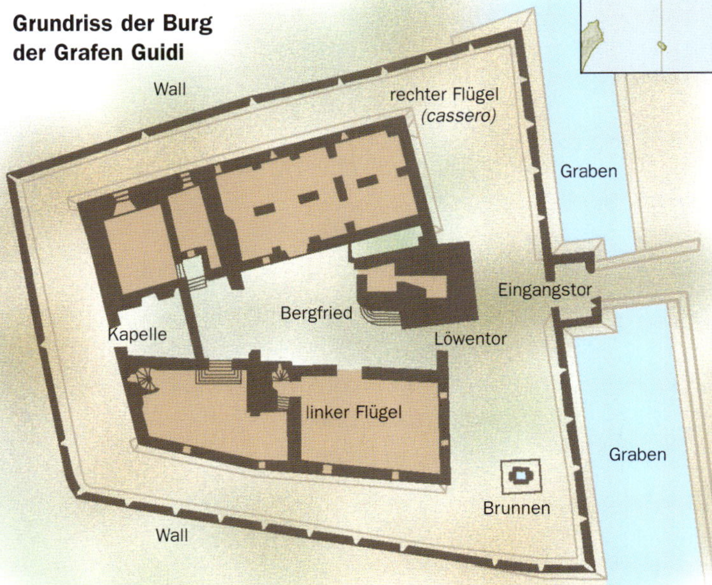

Stadtburgen und Türme

Oben: Einige der noch unversehrten Türme von San Gimignano.

Rechts: Palazzo Vecchio, Florenz.

Unten: Palazzo Municipale, Gubbio.

Die meisten italienischen Aristokraten zogen ihre Stadtpaläste dem ländlichen Leben auf ihren Burgen vor. Auch die oft sehr reichen Bürger genossen hohes Ansehen in der italienischen Gesellschaft. Die andauernden Zwistigkeiten zwischen den Familien veranlassten viele, Türme zu ihrer Sicherheit zu errichten – aber auch als Zeichen ihrer sozialen Stellung. Diese Türme waren hoch, schlank und rechteckig. Allein in Bologna standen einst 180 Türme, von denen jedoch nur noch zwei existieren. Die Familie Frangipani in Rom errichtete ihre Burg innerhalb der Mauern des Colosseums, von wo aus sie dem Papst trotzte.

Die Städte errichteten Festungen, befestigte Mauern und öffentliche Gebäude, wie der berühmte Palazzo Vecchio in Florenz aus dem 14. Jahrhundert. Sein trapezförmiger Grundriss soll verstärkt worden sein, um sich von den Häusern der im Exil lebenden Ghibellinen abzugrenzen. Die hohe Bevölkerungszahl führte zum Bau von 15 Toren und 72 Türmen, die Teil der dritten Stadtmauer waren.

Gubbio ist voller Paläste, wie der von den Konsuln erbaute Palazzo Municipale. Eine der von den Päpsten erbauten Burgen, die teilweise sogar vor ihrer Rückkehr aus Avignon errichtet worden waren, ist Rocca Pia, deren runde Türme finster auf Tivoli blicken. Die Familie Scaligeri, eine von vielen Familien, die sich im 14. Jahrhundert gegen die päpstliche Macht erhob, erbauten das Castelvecchio in Verona.

Links: Die mit Pechnasen versehenen Mauern und Türme von Rocca Pia, 1460 unter Papst Pius II. erbaut.

Im 15. Jahrhundert griff man wieder auf Söldner zurück, die als Fußvolk kämpften, während die einheimischen Soldaten in der Kavallerie dienten oder Burgen und Städte belagerten. Manchmal wurden die mit Artillerie bestückten Festungen auch als Residenzen verwendet, wie die Burg Sforza in Mailand, 1450 wieder aufgebaut.

San Gimignano

Die Stadt in der Toskana ist ein einzigartiges Zeugnis mittelalterlichen städtischen Reichtums. Hier standen einst 48 Türme reicher Familien, die wie spitze Kirchtürme in den Himmel ragten. Nur 13 dieser Türme sind noch vorhanden.

Castel Sant'Angelo

Das imposante Castel Sant'Angelo, die Engelsburg, liegt östlich vom Vatikan in Rom und überblickt den Tiber. Die Burg wurde um das Grab des römischen Kaisers Hadrian errichtet und diente ab dem 6. Jahrhundert als Festung. Als Papst Leo IV. von den Sarazenen 846 belagert wurde, verbesserte er die Verteidigungsanlagen. 1081 setzte Papst Gregor VII. Heinrich IV. ab. Der Investiturstreit zwischen Kaiser und Papst wurde zum Auslöser des Burgenbaus in Italien, Deutschland, Österreich und der Schweiz. Heinrich fiel von Deutschland aus in Italien ein und eroberte 1064 Rom, während Gregor in der Engelsburg ausharrte. Doch die Normannen aus Süditalien verbündeten sich mit den Deutschen und Gregor wurde nach Salerno gebracht. Während der Renaissance ließen die Päpste reich geschmückte Wohnräume anbauen.

Ursprünglich wurde die Burg von der reichsten Familie Roms erhalten, doch im 14. Jahrhundert war das Papsttum dafür zuständig. Nikolaus V. (1447–1455) fügte den Ecken des Mausoleums runde Türme an. Alexander VI. (1492–1503) ließ die Ecktürme modernisieren und polygonale Bastionen anfügen, die tote Winkel verhinderten. Paul IV. (1555–1559) und sein Nachfolger Pius IV. (1559–1569) errichteten die Außenbastionen.

Befestigungsanlagen in Rom

Die Befestigungsanlagen der Familie Savelli aus dem 13. Jahrhundert liegen auf dem Hügel Aventin. Das Schloss der Familie ist von einer Mauer mit quadratischen Türmen umgeben. Auf diesem Areal ist heute ein Park angelegt.

Die Burg Capadibove liegt 3,2 km außerhalb der Stadt auf der Via Appia. Nahe dem befestigten Palast der Familie Caetani aus dem Jahr 1300, dessen südliche Mauern aus einer früheren Zeit stammen, steht das Grabmal der Cecilia Metella.

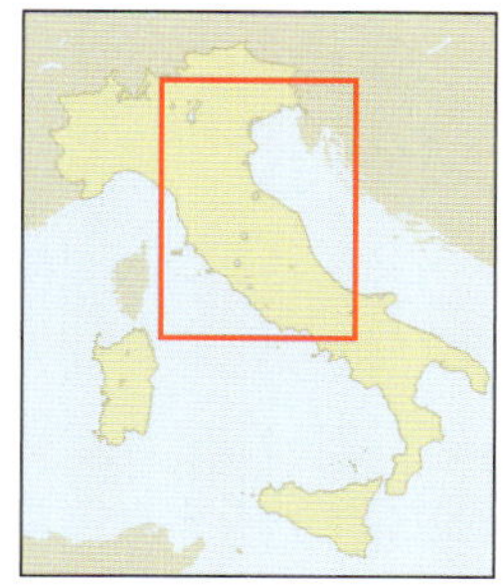

Unten: Auf der Rom gegenüberliegenden Seite des Tiber liegt das Castel Sant'Angelo, die Engelsburg.

Spätere Burgen

Im 14. Jahrhundert wurden vermehrt mit Pechnasen bestückte Brüstungen gebaut, die sowohl dekorativ als auch nützlich waren. Die Erfindung des Schießpulvers im 15. Jahrhundert führte zum Ausbau von Schießscharten und später zu ersten Artilleriestellungen. Die großen „Condottieri"-Familien erkannten die Bedeutung starker Festungen im unruhigen Norden Italiens, obwohl diese Bauten eher Komfort und private Macht repräsentierten als militärische Macht.

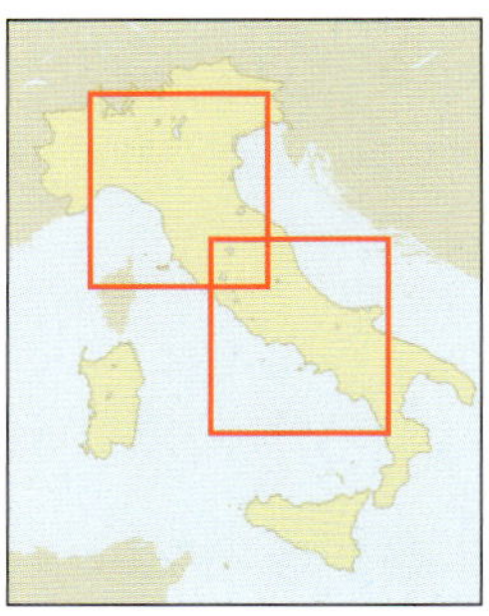

Castel Nuovo

Die Burg liegt nahe des Hafens von Neapel und wurde zwischen 1279 und 1284 für Karl von Anjou errichtet. Nichts erinnert mehr an diese ehemalige Festung. Zwischen 1442 und 1458 wurde die Festung von spanischen und italienischen Baumeistern für Alfonso I. von Aragon wieder aufgebaut.

Der Grundriss erinnert an ein Trapez. Die Mauern und runden Türme entsprechen der damals üblichen Bauweise wie der Burg Rocca Pia (*siehe Seite 125*). Zwei Türme der Westmauer sind mit einem Triumphbogen verbunden.

Vor der Hauptmauer ließ Alfonso eine niedrigere Außenmauer errichten, deren Oberfläche breit genug ist, um als Artilleriestellung zu dienen. Als jedoch Gonsalvo von Cordoba Neapel 1495 belagerte, konnte sein Ingenieur Peter von Navarra das Außenwerk mit Schießpulver sprengen und so zerstören.

Das Castel Nuovo blieb durch seine Beziehungen zum Königshaus bis weit nach dem 16. Jahrhundert in Verwendung.

Rocca Maggiore

Die Burg, die 24 km südöstlich von Perugia in Umbrien liegt, blickt von ihrer Felsenspitze stolz über die Stadt Assisi. Schon Kaiser Friedrich II. wohnte als Knabe in der hier ursprünglich errichteten Burg. Die heutige Anlage wurde von Kardinal Albornoz als Vorbereitung für die Rückkehr des Papstes aus seinem Exil in Avignon erbaut. Erste Erwähnungen stammen von 1365.

Wahrscheinlich wurde die Burg von Ugolino de Montemarte entworfen, der aber 1394, noch vor ihrer Fertigstellung, verstarb. Die Mauern mit Ecktürmen und der große Donjon dürften noch sein Werk gewesen sein. Im ersten Stock des Palas befindet sich eine Festhalle. Der Innenhof ist überraschend klein.

Unten: Die *Mastio*-Türme oberhalb der Mauern von Rocca Maggiore, Assisi.

Castello Visconteo

Die Festung bei Pavia in der Lombardei, ca. 30 km südlich von Mailand, wurde von Visconte Galeazzo II., Mitglied einer der reichen Familien Norditaliens, in den Jahren 1360 bis 1363 errichtet und von Gian Galeazzo fertig gestellt.

Diese Familien aus dem Norden waren sich der Bedeutung von Burgen als Prestigeobjekt bewusst, und das Castello Visconteo ist ein perfektes Beispiel für die Bemühungen, Burgen des reichen Adels zu Palästen umzubauen. Galeazzo wollte unterschiedliche private und öffentliche Funktionen in einem Bauwerk zusammenlegen: Stadtpalast, Kloster und Burg.

Die innere Fassade besteht aus zweistöckigen, gotischen Bogengängen. Der Ziegelbau hat einen quadratischen Grundriss und ist von beeindruckender Größe. Terracottaziegel umrahmen die Spitzbogenfenster, die zwar sehr dekorativ wirken, jedoch ob ihrer Größe zur Verteidigung vollkommen ungeeignet sind. Der Burggraben ist mehr als 20 m breit, sodass die Burg nur über eine Brücke und Zugbrücken erreicht werden kann.

Die Arbeiten an der Burg wurden fortgesetzt und die westlichen und südlichen Mauern aufgestellt. Mitte des 15. Jahrhunderts errichtete Giacomo Piccinino einen zwölfseitigen Turm im Westen der Burg, der an eine Mauer mit einem Wehrgang anschloss. 1538 wurde in der Nähe des Eingangs eine runde Bastion erbaut.

Links: Ein Teil der Außenmauern von Castel Nuovo wird durch eine niedrige Artillerieplattform gebildet.

Unten: Der elegante Hof des Castello Visconteo.

Kapitel 13: Skandinavien

Der skandinavische Burgentyp

Isoliert von Zentraleuropa entwickelten sich die Burgen in Dänemark, Schweden und Norwegen auf unterschiedliche Weise: Die Wikinger verwendeten erst spät Erd- und Holzfestungen, anstelle von Feudalherren waren Bischöfe die lokalen Herrscher. Erweiterte Anlagen wurden nur gebaut, wenn die Gegebenheiten und Materialien es ermöglichten.

Die Wikinger bauten keine Burgen, sondern errichteten Schutzwälle und Palisaden. Vier große runde Festungswerke sind in Dänemark gefunden worden, die durch einen Graben und einen Schutzwall mit einer Holzfassade verteidigt werden konnten. Das größte Festungswerk Aggersborg hat einen Durchmesser von 240 m. Im Inneren teilten holzgepflasterte Straßen das Areal in vier Teile, jedes mit vier hölzernen Langhäusern. Vermutlich wurden sie von Harald Blauzahn um 980 während des Kampfes um die Vereinigung von Dänemark erbaut.

Unten:

Hamletsburg in Kronborg.

Der Feudalismus war in Skandinavien kaum ausgeprägt. Mit dem späten Aufkommen des Christentums erhielten die Bischöfe beachtliche Macht und ließen Mitte des 12. Jahrhunderts die ersten steinernen Verteidigungsanlagen bauen, während der Adel meist hölzerne Anlagen errichten ließ.

Viele dänische Verteidigungseinrichtungen waren Erdhügelburgen mit Vorhof, mit einem, dem norddeutschen Vorbild ähnlichen Holzturm. Solche Anlagen wurden auch im Süden Schwedens erbaut (Sölvesborg).

In der Mitte des 12. Jahrhunderts wurden die ersten Steintürme errichtet. Eines der ersten und besten Beispiele ist Bastrup in Nord Zeeland (Dänemark), der vermutlich in der Zeit von Waldemar I. (1157–1582), der die Slawen überwältigte, erbaut wurde. Damals kamen in Dänemark auch erste Ziegelbauten auf. Die Danevirke – ein großer Verteidigungserdwall – bildete die südliche Grenze und wurde durch Waldemar teilweise mit Stein- oder Ziegelwänden verstärkt.

Im späteren 12. Jahrhundert errichtete Knut Eriksson durch ihre Grundmauern berühmte befestigte Türme entlang der Ostküste von Schweden, um sich gegen Piraten aus Kurland und Ösel zu schützen. Auf Gotland wurden ab 1200 kleine rechteckige und runde Türme als Wohnanlagen, Leuchttürme oder Warenlager

ca. 900	ca. 980	1013	1028	1066	1211	1319	1371
Harald Fairhair eint norwegische Fürstentümer und wird zum ersten König des Landes	Wikinger erbauen das Fort Aggersborg in Dänemark	Svend Gabelbart von Dänemark erobert England	Angeführt von König Knut erobert Dänemark Norwegen	Tod des letzten Wikingerkönigs, Harald Hardradi, bei Stamford Bridge	Der dänische Erzbischof Absalom errichtet das Fort, das später Kopenhagen wird	Norwegen und Schweden sind unter der Führung von Magnus VII.	Magnus VII. geht nach Norwegen, Albert v. Mecklenburg wird schwedischer König

erbaut.

Mit Ende des 12. Jahrhunderts wurden die Anlagen komplexer, wie in Nyborg, Dänemark. Im 13. Jahrhundert übernahmen Mauern die Verteidigungsfunktion der Türme, aber Skandinavien war arm an Baumaterial. Die weltlichen und kirchlichen Mächte trugen die Hauptverantwortung für den Burgenbau, während sich der Adel mit befestigten Häusern zufrieden gab. Skandinavische Burgen waren bis in das späte Mittelalter die Arbeit von Handwerkern.

Einfluss des Deutschen Ordens

Die Stadtmauer von Visby auf der Insel Gotland (Schweden) ist eines der frühesten Beispiele einer Mauer mit Flankentürmen. Die Form mit runden Türmen, die über Kalmar nach ganz Dänemark kam, wurde von Norddeutschland und – über das Rheinland und Westfalen – dem Baltikum beeinflusst.

In Schweden sorgte der kaiserliche Administrator Birger Jarl, verantwortlich für die Burgen Nykoeping und Oerebro in Stockholm, für große Veränderungen: Türme und Gebäude wurden durch eine Mauer zu einer Einheit verbunden. Trotzdem erreichten die Burgen nicht die Größe südeuropäischer Anlagen.

Die Situation war ähnlich der in Dänemark, z. B. in Hammershus. Erst in der zweiten Hälfte des 14. Jahrhunderts wurde das Konzept runder Flankentürme, vor allem unter Waldemar IV. (1340–1375) übernommen. Kalundborg zeigt ähnliche Merkmale. Beeinflusst durch die Festungen des Deutschen Ordens sind bei Tavastehus in Finnland und bei Vaestervik in Schweden rechteckige Mauern mit rechteckigen Ecktürmen, allerdings ohne Flankentürme, zu sehen.

Der Turm verschwand im späten Mittelalter nicht vollständig. Er entwickelte sich zwar zu einem Wohnturm, behielt jedoch speziell bei alten Burgen seine Verteidigungsmöglichkeiten, wie Gurre in Dänemark. Hier hat der zentrale Turm wahrscheinlich römische Fundamente und steht mitten in einer fast viereckigen Umwallung mit viereckigen Türmen, die etwas vorspringen. Die Mauern nehmen einen wichtigen Platz in der dänischen Militärarchitektur ein, und sind wahrscheinlich durch den Deutschen Orden oder durch den mediterranen Stil beeinflusst worden. Gjorslev, Sitz des Bischofs von Roskilde, hat einen Turm, der wie ein Kreuz gestaltet ist, ähnlich wie Trim in Irland.

Gegen Ende des Mittelalters gab es in Dänemark und Schweden vorwiegend geschlossene Burganlagen. Es gibt kaum Nachweise über die Verwendung von Schießpulver – die dicken Verteidigungsmauern und sicheren Kammern von Glimmingehus, Schweden, sind eine Rarität. Später wurden viele skandinavischen Burgen zerstört oder neu aufgebaut, um Artilleriestellungen zu ermöglichen.

Gurre, Grundriss der dänischen Burg

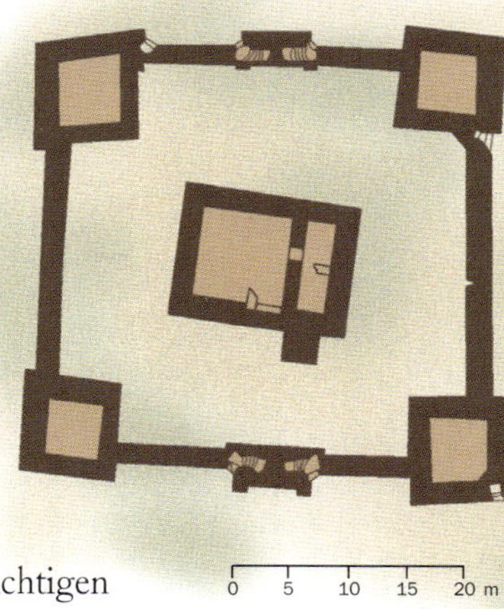

Unten: Rekonstruktion von Krogen. Die Deutschordensritter bevorzugten einen rechteckigen Grundriss.

1397	1423	1435	1450	1457	1497	1523	1532
Kalmar eint Norwegen, Dänemark und Schweden	König Erik von Schweden verbündet sich mit dem Deutschen Orden	Erich von Skandinavien schlichtet den Hanse-Disput um Schleswig	Dänischer König Christian I. eint Norwegen und Dänemark	Christian wird schwedischer König	Norwegen, Dänemark und Schweden werden von König Johann von Dänemark regiert	Schweden wird unabhängig unter König Gustav. Ende der Union von Kalmar.	Christian II. wird entthront und als Gefangener nach Norwegen deportiert

Norwegen und Schweden

Die Feudalherrschaft Europas war den Norwegern fremd – königliche wie kirchliche Burgen waren eher selten. Die Festungen wurden in der Nähe der Küsten oder Flüsse gebaut, da die Krieger Seeschlachten vorzogen und die Landschaft Norwegens keine großen Burgen erlaubte. Sverresborg, nahe Trondheim, ist eine der ältesten Burgen und mit ihrem Torturm Hammershus ähnlich. Die im 13. Jahrhundert erbaute Grenzfestung Ragnhildsholm (heute in Schweden) besteht aus einem rechteckigen Gebäude und einem quadratischen Turm. Die Flankentürme von Tunsbershus entsprechen dem norwegischen Burgenbau.

Ende des 12. Jahrhunderts errichtete Schweden entlang seiner Ostküste mehrere Burgen zum Schutz gegen die Piraten. König Erik wollte den Norden Estlands für Skandinavien gewinnen und schloss 1423 einen Pakt mit den Deutschordensrittern. Bald danach wurde die Brug Krogen am Oeresund errichtet (Hamlets Burg Kronberg bei Helsingør, das Modell für Elsinore im Stück von Shakespeare). Ein charakteristisches Merkmal von Hälsingborg in Schweden ist der starke Turm, wahrscheinlich von Waldemar Atterdag im 14. Jahrhundert erbaut.

Unten: Schwankungen des Wasserspiegels sowie bauliche Veränderungen in späteren Jahren verleihen der Burg von Akershaus ein komfortableres Aussehen als wohl ursprünglich der Fall war.

Akershus

Akershus liegt in Oslo, dem ehemaligem Christiania in Norwegen. Die königliche Burg wurde von Haakon V. Magnusson in der neuen Hauptstadt Oslo begonnen. Die Burg wurde 1308, noch vor ihrer Fertigstellung, angegriffen, aber nicht eingenommen. Die Arbeiten an der Burg wurden Ende des 14. Jahrhundert beendet.

Akershus, mit einem gewaltigen Hauptturm, steht auf einem Felsen, umgeben vom Meer und einem Moor. Die mittelalterlichen Teile des Komplexes sind noch vorhanden. Die Burg wurde in den verschiedensten Stilrichtungen vergrößert und verändert. Die königliche Residenz sowie die Hallen sind noch immer für offizielle Anlässe in Verwendung.

Kalmar

Der „Schlüssel zu Schweden" wurde an der südöstlichen Küste errichtet und war nach den Mauern von Visby, Gotland, einer der größten Bauten. In ihrer langen Geschichte wurde die Burg 20mal belagert.

Die erste Burg wurde im späten 12. Jahrhundert erbaut, um die Attacken der heidnischen Piraten abzufangen und später durch Magnus Ladalus (1275–1290) umgebaut. Kalmar war ursprünglich von einer unregelmäßigen Rundmauer umgeben und enthielt einen Donjon, runde Ecktürme und zwei quadratische Tortürme. Die runden Türme, die über das Rheinland von Frankreich her importiert wurden, waren die ersten und für mehrere Jahre die einzigen Skandinaviens.

Kalmar verändert sich gravierend im 16. Jahrhundert. Gustav Vasa veränderte die Burg radikal, indem er einen Außenwall und breite, runde Stellungen für die Artillerie erbaute. Die Burg wurde als Waffenkammer, Gefängnis, Geldspeicher und Museum verwendet.

Visby und Visborg

Visby liegt auf der Insel Gotland, abseits der Ostküste von Schweden. Die 4 km langen Stadtmauern aus der zweiten Hälfte des 13. Jahrhunderts zeigen die ersten Flankentürme in Skandinavien – 42 rechteckige 5 bis 10 m hohe Türme. Die Steinmetze von Visby errichteten später ähnliche Mauern, vor allem die Burg Reval, die halbkreisförmige Türme besitzt, und wahrscheinlich auch Abo in Finnland.

1411, während der Regentschaft Eriks, erbauten die Deutschordensritter Visborg, indem sie den südwestlichen Teil der Stadtmauer aus dem 13. Jahrhundert abschnitten. Visborg ist von einer quadratischen Mauer mit quadratischen Ecktürmen, die etwas vorspringen, umgeben. Diese Bauform entspricht nicht den konventionellen Burgen des 14. Jahrhunderts. Erik wurde letztendlich von seinen eigenen Leuten verjagt und kam nach Visborg, wo er zehn Jahre lang blieb. Teile der Burg Visborg wurden 1679 zerstört.

Oben: Rekonstruktion der mittelalterlichen Burg von Kalmar und (**links**) die Burg, wie sie heute aussieht. Der äußere Schutzwall und die Bastion wurden unter Gustav Vasa im 17. Jahrhundert hinzugefügt.

Unten: Die Mauern von Visby.

Burgen in Dänemark

Søborg in Zeeland ist eine der ältesten dänischen Festungen und wurde von Erzbischof Eskil in Lund gegründet. Ursprünglich stand ein hölzerner achteckiger Turm auf zwei viereckigen Rahmen aus Eiche an diesem Platz. Eskil vergrößerte die Anlage und errichtete eine fast viereckige Mauer mit einem rechteckigen Palas mit einem zentralen Treppenaufgang an der östlichen Seite der Mauer. Im Norden befand sich ein rundes Gebäude, wahrscheinlich eine Kapelle, und im Süden ein Bau mit zwei Zimmern.

Libborg bei Bornholm wurde in der zweiten Hälfte des 12. Jahrhunderts begonnen und 1259 fast zerstört. Sie ist den sächsischen Burgen am ähnlichsten. 1200 wurde Søborg wieder vergrößert. 1211 baute Erzbischof Absalom eine Festung, die den Kern der Stadt Kopenhagen bildete, heute aber vollkommen zerstört ist. Als die dänische Monarchie im früheren 13. Jahrhundert stärker wurde, nahm die Anzahl der unter der Herrschaft des Königs stehenden Burgen zu.

Nyborg

Nyborg, 29 km südöstlich von Odense auf der Insel Feyn, soll die erste königliche Burg in Skandinavien gewesen sein, die von Valdemar dem Großen erbaut wurde, um die Angriffe slawischer Piraten abzuhalten. Als König Erik nach Kopenhagen übersiedelte, wurde die Burg bis 1416 zum Zentrum der königlichen Herrschaft in Dänemark. Die Halbtürme und das Torhaus auf der Ostseite stammen wahrscheinlich aus der Zeit Eriks. Der Königspalast wurde an die westliche Mauer angebaut, ähnlich der Festung von Dragsholm. Die Fundamente des Gebäudes stehen noch.

Nachdem die Regierung übersiedelt war, blieb Nyborg die Residenz des Königs und wurde später als Waffenkammer und Getreidespeicher verwendet. Während des Krieges 1658–1660 wurden drei Viertel der Burg und des Palastes von den Schweden zerstört.

Vordingborg

Vordingborg liegt an der südlichen Spitze von Sjaelland (Zeeland). Valdemar der Große errichtete auch diese Burg gegen die Angriffe der Piraten. Das ursprünglich rechteckige Palastgebäude dürfte Soborg und Goslar ähnlich gewesen sein. Diese frühe Burg – heute eine Ruine – wurde von Valdemar IV. (1340–1375) wieder aufgebaut und erstreckt sich über 4 Hektar. Die eindrucksvolle 700 m lange Mauer, mit halbkreisförmigen Flankentürmen aus Ziegeln verstärkt, umgibt zwei Burghöfe und einen kleinen Hügel.

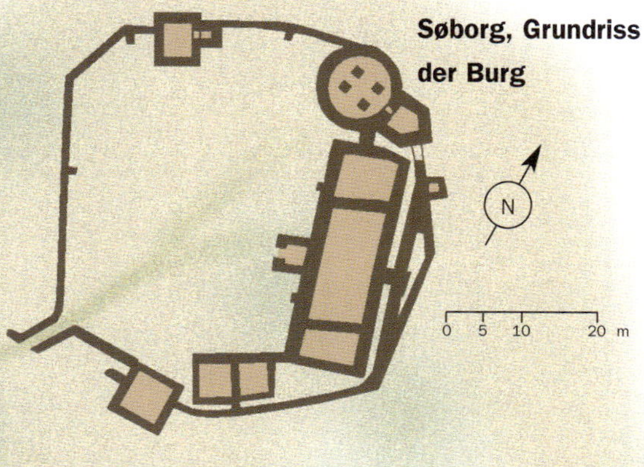

Søborg, Grundriss der Burg

Der „Gänseturm“ ist das besterhaltene Beispiel eines gemauerten Turmes in Dänemark.

Hammershus

Die massive Festung auf der Insel Bornholm, 3,2 km westlich von Sandvig, liegt auf einem Granitplateau. Sie ist Schweden und Deutschland näher als Dänemark und wurde 1258 vom Erzbischof von Lund während seines Streits mit dem König erbaut. Die vier Kirchen auf Bornholm wurden gegen die baltische Piraten zusätzlich befestigt.

Die Anlage besteht aus zwei Außenhöfen und einem quadratischen Innenhof, der durch einen Torturm erreicht werden kann, und durch eine 9 m hohe Mauer mit Flankentürmen ge schützt wird. Einzelne Gebäude lehnen sich an die Innenmauer, die mit dem großen quadratischen Turm, dessen unterer Teil wahrscheinlich aus der Mitte des 13. Jahrhunderts stammt und der Haupteingang war, verbunden ist. Ein Wachturm und eine davor liegende Schlucht verhindern ein Näherkommen. Die Ziegelbrücke über den Außengraben ist noch zu sehen.

Die Burg kam unter königliche Herrschaft und wurde 1525 von einer Streitmacht aus Lübeck eingenommen. Trotzdem blieb sie bis ins 17. Jahrhundert in Verwendung. Die teilweise zerstörte Burg wurde 1822 wieder hergestellt.

Gegenüber unten: Die Burg von Nyborg, wie sie heute aussieht. Elemente der ursprünglichen Burg aus dem Jahre 1200 wurden bei verschiedensten Restaurierungsarbeiten zwischen dem 15. und dem 18. Jahrhundert übernommen.

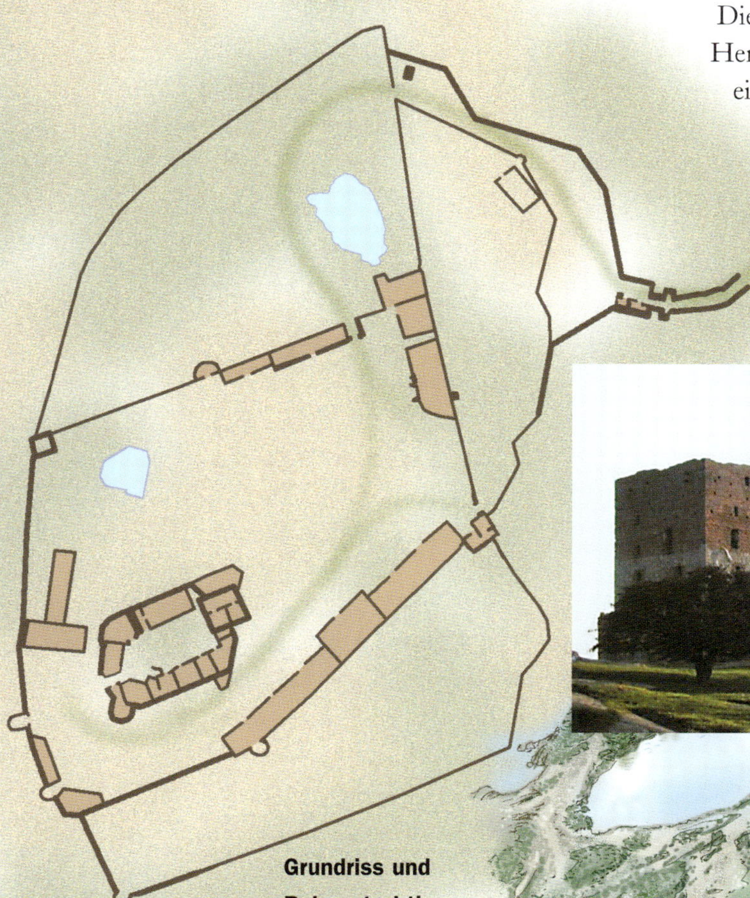

Links: Hammershus wird von einem großen, quadratischen Turm dominiert.

Grundriss und Rekonstruktion von Hammershus

Die Eroberung Osteuropas

Osteuropa, ein viel umkämpftes Gebiet, besitzt sehenswerte Burgen, die gegen Angriffe fremder Armeen – Mongolen, osmanische Türken und die Deutschordensritter – errichtet wurden.

Unten: In einem einstmals heiß umstrittenen Land liegt die Burg von Hunedoara im heutigen Rumänien; sie lag ehemals in Ungarn und war als Vajdahunyad bekannt (*Seiten 142–143*).

Die mongolischen Horden aus Asien betraten 1237 Russland und eroberten mächtige Städte, wie Wladimir und Kiew (1240). Anschließend wendeten sie sich Ungarn und Polen zu und schlugen eine christliche Armee bei Liegnitz und eine ungarische Armee bei Mohl in die Flucht. Im Frühling 1242 richteten sie sich gegen Wien und wurden nur durch Nachricht vom Tod ihres Khans aufgehalten, da sie zur Wahl eines Nachfolgers umkehren mussten.

Im Südwesten griffen die osmanischen Türken Bulgarien an und drängten in das Landesinnere vor. 1683 erreichten sie die Tore Wiens, das drei Monate die Stellung halten konnte, bis Hilfe kam und die Türken aus dem Land vertrieben wurden. Erst 1697 konnten die Türken entscheidend bei Senta geschlagen werden. Viele Festungen Jugoslawiens, die gegen die Türken errichtet worden waren, liegen am Donauufer, mit Verteidigungsanlagen wie Golubac aus dem 14. Jahrhundert, deren Türme mit den Felsen im Fluss verbunden sind. Smederewo (1428) hat eine große Mauer mit quadratischen gemauerten Türmen, die an byzantinische Formen erinnern. Die meisten Anlagen haben einen rechteckigen Grundriss mit runden oder quadratischen Türmen.

Von Westen kam der Deutsche Orden, der dritte der großen Ritterorden, der 1291 seine Besitztümer im Heiligen Land verloren hatte. Ab 1230 kämpfte er in Osteuropa, um die Heiden in Preußen, Livland und Litauen zum Christentum zu bekehren. Zuerst landeten die Deutschordensritter im Kulmerland und in den benachbarten Gebieten. Als sie Preußen und Livland im 13. Jahrhundert erobert hatten, errichteten sie Burgen, um sich und ihren Besitz vor Angriffen zu schützen. Diese Burgen waren eine Kombination von Heerlagern und Konventen.

Die Deutschordensburgen

Die frühen preußischen Burgen mussten rasch errichten werden und wurden später um- und angebaut. Erst die neu errichteten Burgen nutzten die Vorteile des Terrains und hatten daher nicht nur quadratische oder rechteckige Grundrisse. Die Burg Balga, Mitte des 13. Jahr-

1241	1261	1344	1386	1410	1419	1420	1438
Mongolen schlagen Ungarn bei Sajo, Polen und Deutsche bei Liegnitz	König Ottokar II. von Böhmen übernimmt Österreich von Ungarn	König Ludwig der Große von Ungarn vertreibt die Mongolen aus Transsylvanien	Polen wird an das Fürstentum von Litauen annektiert	Christen schlagen Deutschordensritter in der Schlacht von Tannenburg	Aufstand des tschechischen Religionsführers Hus gegen die Deutschen	Hussiten schlagen König Sigismund von Ungarn in Böhmen	Albrecht II. wird ungarischer König

hunderts in Ostpreußen erbaut, hatte einen unregelmäßigen Grundriss, der der Küstenlinie folgte. Ein rechteckiger Grundriss könnte von den Kreuzfahrern oder den Karolingern stammen.

Die frühen Festungen des Deutschen Ordens bestanden meist aus Holzbauten, bis die Revolte von 1260 niedergeschlagen wurde und der Bau von Steinburgen vorgezogen wurde. Zwischen 1260 und 1290 bestanden die Burgen des Ordens aus einem *domus conventuales* im Zentrum und vier Flügeln um den Burghof, die Kapelle, Domkapitel, Refektorium und Schlafsaal beinhalteten. Die Kapelle und das Domkapitel waren miteinander verbunden. Für die zwölf Ordensbrüder, die eine Gemeinschaft bildeten, waren große Räume notwendig.

Da diese baltischen Burgen aus Ziegeln errichtet wurden, bildeten sie gotische Festungen von imposantem Aussehen. Das Bollwerk von Marienburg ist ein solcher Ziegelbau und durch die Stufengiebel und großen Ziegelflächen, unterstützt durch Holzteile oder farbige Ziegel, hat es Ähnlichkeiten mit den Kirchen und Kathedralen in den Hansestädten und in Polen.

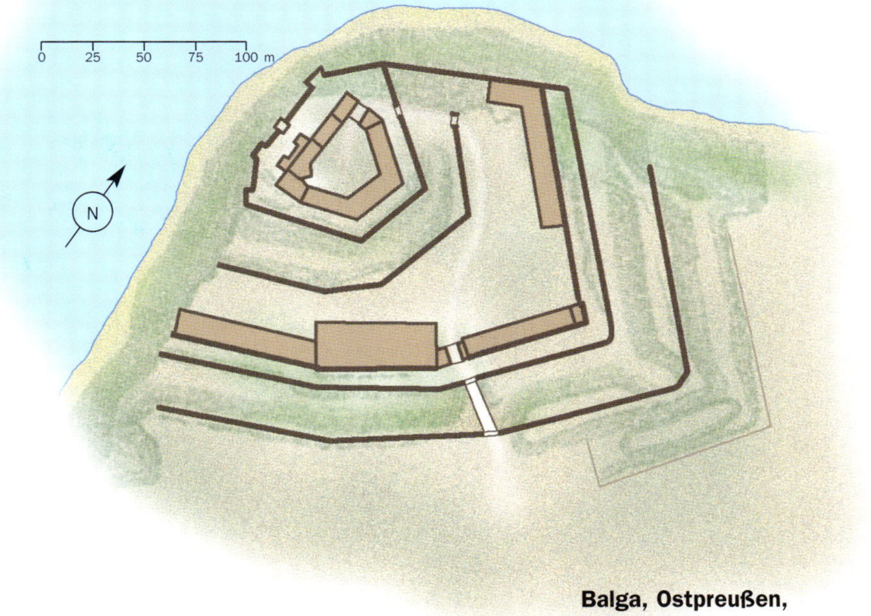

Balga, Ostpreußen, Grundriss der Burg

Die hohen Giebeldächer ermöglichten auch die Anbringung der charakteristischen norddeutschen Ziegelornamente; die Innenhöfe besaßen Laubengänge und manchmal wurden die früheren Wachtürme, die obligate Bestandteile der Burgen waren, mit den quadratischen Gebäuden verbunden.

Im Hinblick auf die traurige Geschichte dieses Teils Europas darf nicht vergessen werden, dass viele Burgen während des Zweiten Weltkriegs schwer beschädigt, aber danach wieder restauriert wurden.

Unten: Die Verteidigungstürme von Golubac überblicken die Donau.

1454–66

Deutschordensritter akzeptieren ihre Niederlage und die ungarische Vorherrschaft

Frühe tschechische Burgen

Oben: Hukvaldy.

Unten: Karlstein – die fünf kleineren Hochburgen werden von einem großen Donjon beherrscht.

In der Tschechischen Republik stehen im Vergleich zu anderen osteuropäischen Ländern die meisten Burgen, was die Wichtigkeit des Landes in Erinnerung ruft. Die Deutschen wurden, als sie sich in Böhmen niederließen und blühende Niederlassungen gründeten, freundlich empfangen. Einige Festungen entstanden nahe der Städte, wie der Hradschin in Prag. Die Herrscher erkannten die Möglichkeiten des Handels und unterstützten die deutschen Ritter dabei, sich als Gegengewicht zum übermächtigen slawischen Adel im Land anzusiedeln.

Karl IV., ein gebildeter, frommer Mann, Sohn des blinden Königs von Böhmen, war am französischen Hof erzogen worden und konzentrierte seine Macht auf Böhmen, um so eine Balance in Mitteleuropa in Richtung Osten zu erreichen.

Hukvaldy

Die Burg aus dem 13. Jahrhundert liegt auf einem Hügel, 40 km südlich von Ostrau im nördlichen Mähren. Anders als andere tschechische Burgen ist sie großteils im Originalzustand erhalten. Der berühmte Komponist Leos Janacek wurde 1854 in der Stadt Hukvaldy geboren.

Karlstein

Die Burg Karlstein herrscht von der Spitze eines Hügels über ein Areal von 28 km südwestlich von Prag. Der Bau wurde 1348 von Karl I. aus Ungarn (1346–1378) als Machtzentrum in Böhmen begonnen und 1357 vollendet. In der Burg befinden sich auch seine Kronjuwelen und eine riesige Kollektion an heiligen Reliquien.

Karl regierte als Kaiser Karl IV. auch das Heilige Römische Reich und unter ihm erfuhr Böhmen ein goldenes Zeitalter. Dies zeigt sich in Karlstein: Es hat die Pracht und Größe der

Burgen in Frankreich, doch Lage, Grundriss und das Fehlen von gemauerten Flankentürmen, außer an den Eingängen, deutet auf einen deutschen Einfluss. Hölzerne Zäune verhindern den Einsatz von Pechnasen, wie sie teilweise in französischen Burgen vorhanden waren.

Karlstein hat fünf einzelne Türme, deren Stärke dem im Inneren liegenden Wert angepasst ist. Der erste Turm ist mit einem unterirdischen Gang zum Fluss versehen. Der zweite beherbergt die Wohnräume des Burggrafen, der dritte den kaiserlichen Palas und die Kapellen und der vierte ist der Turm der Jungfrau mit einer Stiftskirche.

Die letzte Festung ist der 37 m hohe Donjon. Im Inneren befindet sich die Halle und oberhalb die Kapelle des Heiligen Kreuzes, genannt nach dem Teil des Kreuzes Christi, das Karl scheinbar besaß. Die Kapelle hat ein goldenes Schließfach, Bilder des Leidensweges und ein Triptychon von Tomaso di Modena. Bewundernswert sind die schönen Wandmalereien und ein Fries mit 3000 Halbedelsteinen. Auch die anderen Räume wurden mit mittelalterlichen Wandmalereien ausgestattet. Die Inneneinrichtung stammt wahrscheinlich aus Karls Zeiten als Regent im Namen seines Vaters in Italien.

Während der Kriege gegen böhmische hussitische Ketzer im 15. Jahrhundert wurde Karlstein für Kaiser Sigismund, nachdem alle Festungen eingenommen worden waren, gehalten. Im 19. Jahrhundert wurde die Außenansicht restauriert, das Innere blieb erhalten.

Zvikov

Zvikov oder Klingenberg, „die Königin der böhmischen Burgen", liegt 24 km nördlich von Pisek, Südböhmen, auf einem Bergvorsprung über dem Zusammenfluss der Otava und Vltava, die heute, verbunden durch einen Damm, einen großen See bilden.

Im 13. Jahrhundert war die Burg der Hauptsitz der Premysl-Herrscher von Böhmen. Der Bau wurde durch Wladislaw I. begonnen und durch Ottokar II. vollendet. Nur der 9 m hohe runde Wachturm und der kürzere Markomannenturm (der germanische Stamm beherrschte einst dieses Gebiet) sind noch zu sehen.

Der erhaltene gotische Bau ist dem Stil germanischer Burgen nachempfunden. Die Kapelle hat wundervolle französische Wandmalereien aus dem 15. Jahrhundert. Ein Innenhof mit Arkaden und ein prismatischer Turm, einzigartig in Europa, vervollständigen das Bild.

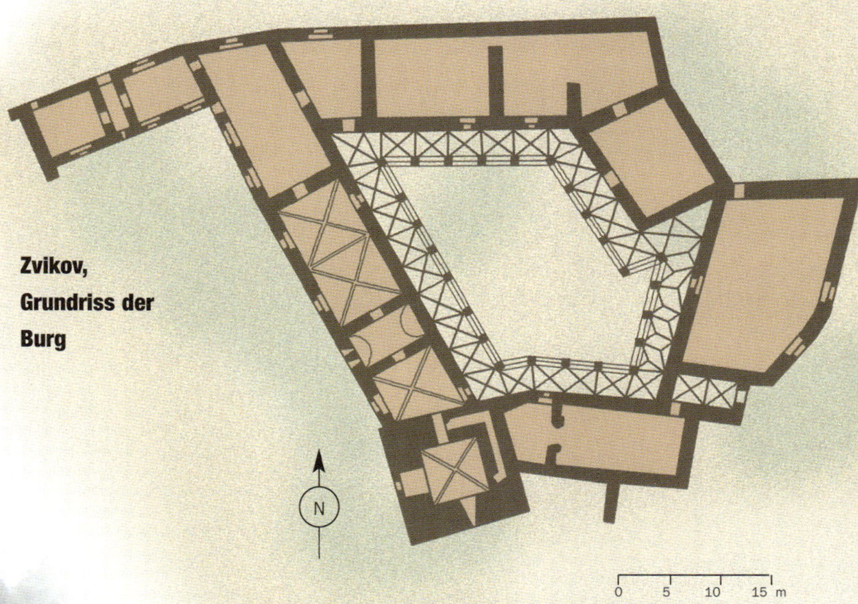

Zvikov, Grundriss der Burg

Späte tschechische Burgen

Gegenüber oben: Ein Wohnturm von Pernstein.

Anfang des 15. Jahrhunderts verbreiteten die Hussiten, die Nachfolger von Jan Hus, der 1415 als Ketzer verbrannt wurde, große Unruhe im Land. Die meisten waren nicht von adeliger Herkunft und verwendeten Wagenzüge, um sich zu schützen. Unter dem Befehl von Jan Zizka besiegten sie mit Gewehren und Dreschflegeln die Armeen der Kreuzfahrer, die der deutsche Kaiser geschickt hatte.

Krivoklat

Ungefähr 58 km westlich von Prag liegt die Stadt und Festung von Krivoklat. Sie wurde auf einem Hügel mitten im Wald, auf drei Seiten geschützt durch das Rokovnickytal, errichtet. Die erste Burg aus Stein wurde Ende des 13. Jahrhunderts, während der Regentschaft von Premysl Ottokar II. und Wladislaw II. erbaut und zwischen 1492 und 1522 wieder hergestellt.

Das Innere der Burg ist eines der besten Beispiele mittelalterlicher tschechischer Architektur. Die teilweise restaurierte Burg Krivoklat beherbergt heute ein Museum und die Bibliothek Fürstenburg.

Gegenüber: Die geschickte Nutzung und Anpassung an natürliche Gegebenheiten macht Krivoklat zu einer gewaltigen Festung.

Kalich und Tabor

Im Labetal östlich von Litomerice in Zentralböhmen steht die Ruine der Burg Kalich, die die Hussiten für ihren Führer Jan Zizka erbauten. Da die Hussiten Burgen als ein Symbol der Unterdrückung durch die Germanen und das Heilige Römische Reich sahen, die sich wiederum durch die Ketzer bedroht fühlten, war der Bau dieser Burg ein außergewöhnliches Ereignis. Kalich wurde erbaut und Zizka konnte seinen Namen auf Jan von Kalich (Chalice) ändern.

Zizka war ein militärischer Führer von besonderer Qualität. 1420 verlegte er sein Quartier in die Stadt Tabor – benannt nach einem biblischen Berg – die von den Hussiten 88 km südlich von Prag gegründet worden war und auf einer steilen Hügelspitze lag, da sie nach ihren religiösen Regeln an hochgelegenen Orten die Ankunft des Herrn erwarten sollten.

Trotz der sicheren Lage auf einer Halbinsel zwischen den Flüssen Luznice und Tismenice, befestigte Zizka die Stadt mit Doppelmauern und Flankentürmen an jeder Ecke.

Pernstein

Hoch auf einem Gipfel 22 km nordwestlich von Tisnov gelegen, überblickt die Burg Pernstein den Fluß Svratka. Die erste Anlage wurde gegen Ende des 13. Jahrhunderts erbaut, doch nach den hussitischen Kriegen des 15. Jahrhunderts verlor das Heilige Römische Reich seinen Einfluss und große Ländereien der Kirche wurden unter dem tschechischen Adel aufgeteilt.

Wilhelm und Johannes von Pernstein erwarben die Burg, nachdem sie 1457 durch ein Feuer zerstört worden war, und bauten sie in einem moderneren und herrschaftlicheren Stil, größer und mächtiger wieder auf. Weitere hundert Jahre wurde an der Burg gebaut, vor allem im spätgotischen Stil, bis im 17. Jahrhundert zusätzliche Anbauten durchgeführt wurden. Heute ist sie die wahrscheinlich schönste Burg Mährens.

Pernstein liegt auf mehreren Ebenen und besitzt fünf Türme, vier Eingänge und zwei Burggräben. Weißer Marmor, eine Seltenheit in Mähren, wurde verwendet, um dem Betrachter eine strahlende Erscheinung zu bieten. Der Residenzturm kann über eine Brücke von einem mächtigen vieleckigen Turm aus erreicht werden. Seine Spitze ist von Türmchen umgeben, die nach unten in Pechnasen enden. Die gewölbte Decke mit kunstvollen Schnitzereien (um 1520) ist von hoher Qualität.

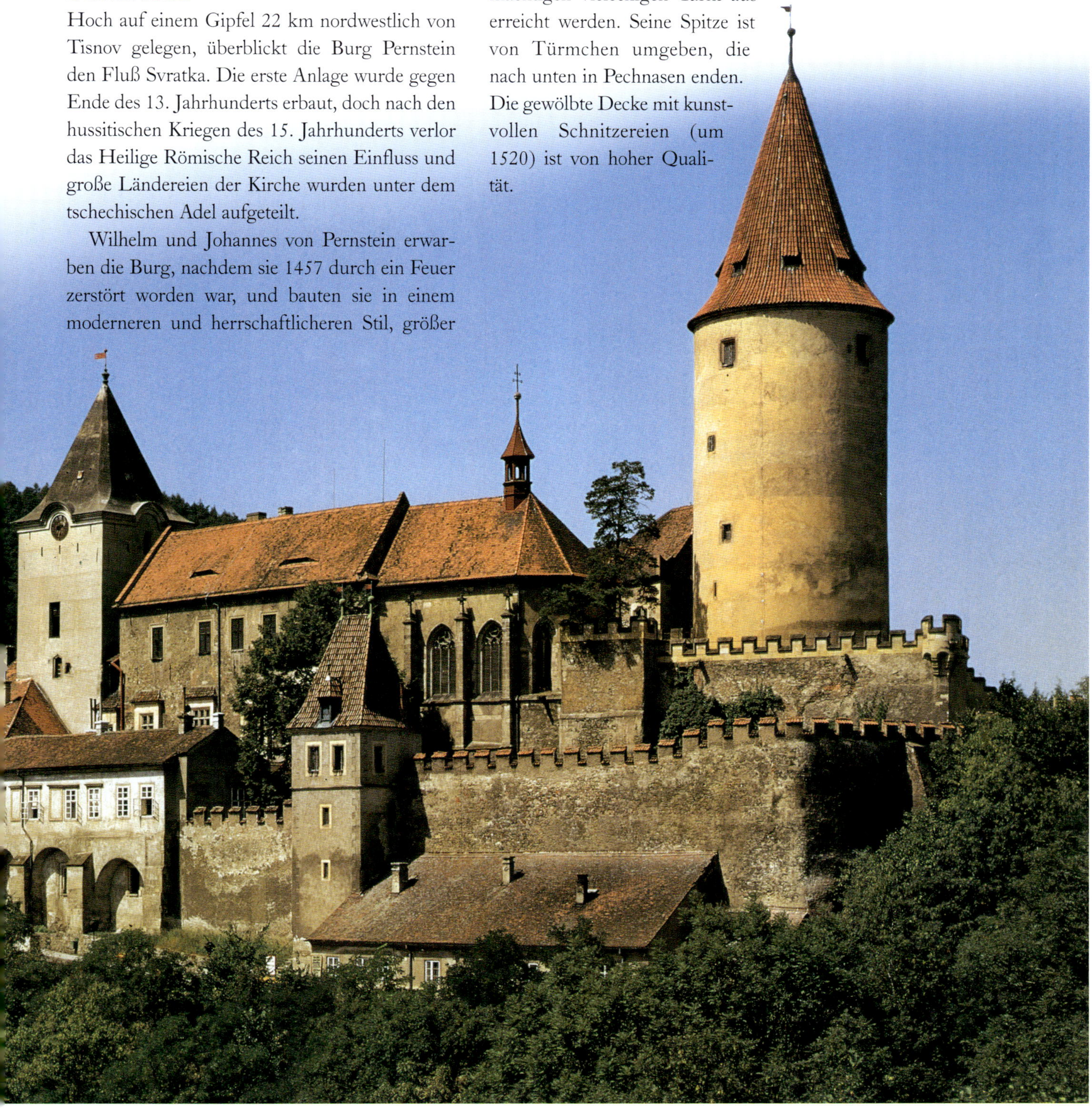

Burgen in Polen

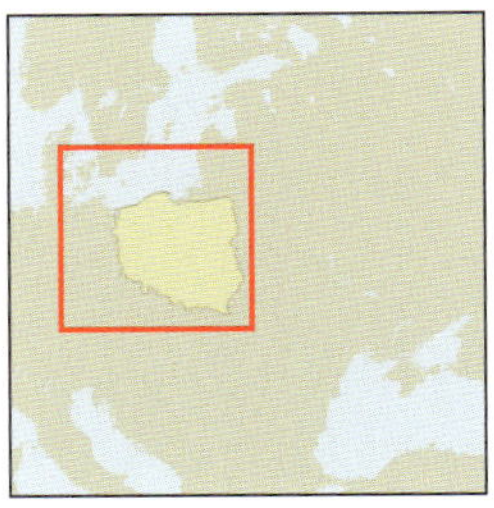

Die polnischen Burgen wurden teils von heimischen Herrschern erbaut. Auch die Deutschordensritter errichteten einige ihrer größten Werke in diesem Land. 1450 kämpfte König Wladislaw wieder gegen den Orden; dieser Krieg endete damit, dass der Großmeister ein Vasall des polnischen Königs wurde.

Wawel

Die Burg Wawel liegt auf einem Hügel und überblickt den Fluß Vistula bei Krakau im südlichen Polen. Bereits im 8. Jahrhundert hatten die Slawen hier eine Festung erbaut. Im 11. Jahrhundert, als Krakau zur Hauptstadt Polens wurde, wurde die Burg errichtet und im 14. Jahrhundert vergrößert, da die Kathedrale, die die Sarkophage der frühen Monarchen beherbergte, wieder aufgebaut wurde (1320–1364).

Die Burg war nicht nur Sitz der polnischen Könige im Mittelalter, sondern auch ein religiöses Machtzentrum. Im 16. Jahrhundert verlegten die Könige die Hauptstadt nach Warschau, aber Krakau blieb weiterhin das religiöse und akademische Zentrum. Im Zweiten Weltkrieg wurde sie die Residenz des deutschen Gouverneurs General Hans Frank.

Unten: Wawel war einstmals militärischer Stützpunkt der polnischen Könige.

Marienburg

Marienburg, die „Königin aller Burgen" des Ritterordens der Heiligen Jungfrau Maria, liegt bei Malbork, 56 km südöstlich von Gdansk. Die Deutschordensritter wurden 1225 vom Grafen Konrad von Mozovia auf die Burg eingeladen, der den heidnischen littauischen Stamm, die Pruzzi, bekehren wollte. Großmeister Hermann von Salza war dieser Herausforderung mit Leichtigkeit gewachsen.

Das einstige Marienburg wurde in feindlichem Gebiet als Holzburg errichtet. Die neue Burg war nach Vorbild des Deutschen Ordens gebaut: rechteckig, aus Ziegeln, mit Unterkünften für Soldaten und Mönche. 1280 bestand Marienburg aus zwei Teilen: Im Hochschloss das Domkapitel, eine Kapelle und der Wehrgang – eine überdachte Galerie mit Pechnasen –, im Mittelschloss der herrschaftliche Teil. Rund um den Innenhof lief eine Art Kreuzgang, der die Flügel miteinander verband.

1309 wurde die Burg zum Zentrum des Ordens. Zwischen 1335 und 1341 wurden ein Turm und eine Brücke über den Nogat hinzugefügt, während das Mittelschloss, das das Refektorium mit seinem schlanken Ziegelgewölbe auf Granitpfeilern beherbergte, neu gebaut wurde. Zusätzlich wurde ein Unterschloss mit Außenwällen angebaut, in dem die Ziegelei und eine Schmelzhütte untergebracht waren.

Unter Winrich von Kniprode (1352–1383), dem größten der Großmeister, erbaute Nikolaus Fellenstein eine neue Residenz als Teil des Mittelschlosses. Eine einzelne Säule stützt das Deckengewölbe des Sommerrefektoriums, das Winterrefektorium verfügt über eine Bodenheizung. Die Kapelle besitzt ein Sterngewölbe und wurde vergrößert, um von dort aus die Ostmauer zu überblicken. Eine hohe Figur der Jungfrau mit Kind stand über den Gräbern der Ritter.

In der Schlacht von Tannenburg (1410) wurden die Deutschordensritter von einer christlichen Armee vernichtend geschlagen, was ihre Position als Bekehrer der Heiden wesentlich erschwerte. Die Marienburg wurde in diesem Jahr von den Polen belagert, bis die Ruhr sie zum Rückzug zwang. Später (1457) wurde die Burg von den Polen eingenommen.

Im Zweiten Weltkrieg wurde die Marienburg von den Deutschen als Gefangenenlager verwendet. Sie wurde im Laufe der Jahrhunderte mehrfach restauriert und blieb ein mächtiges Denkmal des Deutschen Ordens.

Marienwerder

39 km südlich von Marlbork, nahe Kwidzyn, liegt eine weitere Burg des Deutschen Ordens: Marienwerder ist an die Kathedrale aus dem 14. Jahrhundert angeschlossen und überblickt den Fluss Liva. Dem beeindruckenden Bischofspalast war ein vorherrschender Klosterbau angeschlossen. Wahrscheinlich lag früher eine hölzerne Festung an dem steilen Ufer, bevor sie durch die großteils in der ersten Hälfte des 14. Jahrhunderts erbaute Burg ersetzt wurde.

Der hohe, quadratische Abwasserturm mit gestuftem Giebeldach ist einzigartig. Der Turm lag getrennt von der Hauptanlage und konnte über eine überdachte und auf fünf Spitzbögen ruhende Galerie erreicht werden. Dies war sicher eines der teuersten Abwassersysteme dieser Zeit.

Die Burg wurde während des Zweiten Weltkriegs stark zerstört, aber danach wieder restauriert.

Unten: Das Hochschloss bei Marienburg hinter zwei Mauerreihen, ganz rechts das spitze Fenster des Stiftshauses.

Ungarn, Rumänien und Slowenien

Nach der Invasion der Mongolen 1241 beauftragte König Bela IV. von Ungarn deutsche und italienische Baumeister mit dem Bau neuer Burgen. Zwischen 1304 und 1382 wurde Ungarn von zwei neapolitanischen angevinischen Königen regiert und französische Einflüsse wurden spürbar.

Unter Ludwig dem Großen (1342–1382) wuchs Ungarns Bedeutung und damit die Zahl seiner Burgen. Trotz der Bemühungen seitens Johannes Hunyadi und dessen Sohn, Mattias Corvinus, nahm die Bedrohung durch die Türken zu. Die deutschen Siedler in Transsylvanien umgaben ihre Kirchen mit Mauern und Wehrgängen, ähnlich wie Burg Kelling, die von zwei Bergfrieden und einem Graben gesichert war. Im 15. und 16. Jahrhundert wurden runde Türme angebaut, wie bei Sebes oder Trencsén, die einen Angriff der Mongolen abhielten.

Der imposante Palast von Johann Hunyadi im heutigen Rumänien ist mit einem überdachten Gang mit Erkerfenstern versehen. Der Hauptteil der Burg stammt aus 1430, die runden Türme und Bastionen wurden später angefügt. Im Bollwerk aus dem 16. Jahrhundert ist ein italienischer Einfluss zu erkennen.

Unten: Hundeoara, auch als Vajdahunyad bekannt, mit Grundriss, wurde im 19. Jahrhundert in Budapest kopiert.

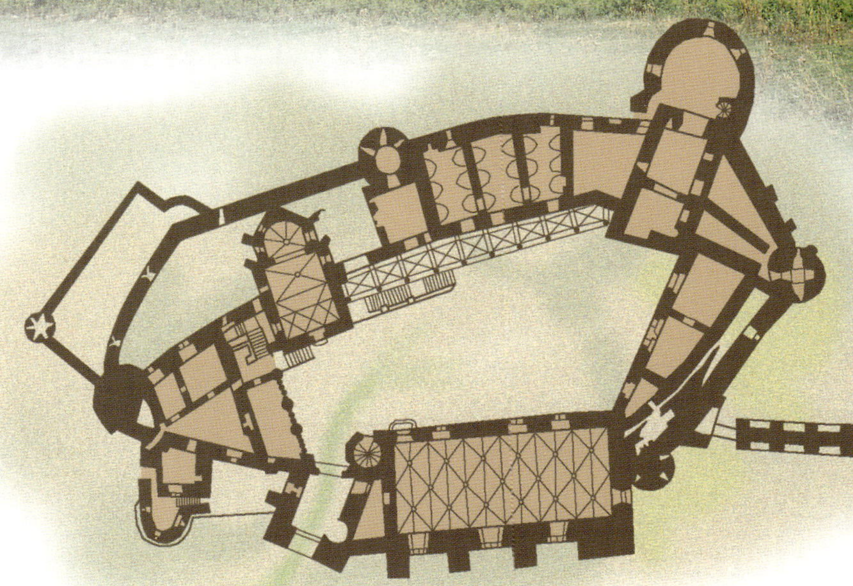

Links: Bran wirkt trotz der Geschichte von Dracula freundlich. Die Burg weist tatsächlich eine blutige Vergangenheit auf.

Salgo

Salgo liegt 120 km nordöstlich von Budapest in Ungarn auf einem Granitfelsen außerhalb von Salgotarjan in Nograd und wurde wahrscheinlich in der zweiten Hälfte des 13. Jahrhunderts als Reaktion auf die mongolische Bedrohung gebaut. Die Burg besteht aus einem fünfeckigen Turm mit sehr dicken Mauern auf der Südseite und wurde auf Grund ihrer Sicherheit zum Wohnsitz der Freiherren.

Im 15. Jahrhundert wurde die Burg Salgo von den Hussiten bewohnt, bis sie Matthias Corvinus eroberte. Später wurde sie zum Wohnsitz der Familie Szapolyais und von Istvan Werboczy, der die ungarischen Gesetze verfasste. Die Burg wurde von den Türken und später von den Habsburgern zerstört.

Bran

Bran, 25 km südwestlich von Brasov in Transsylvanien, ist die ungewöhnlichste Festung Rumäniens. Sie liegt auf einer steilen Felsklippe und kontrolliert den Eingang zu zwei Tälern, die nach Sibiu führen.

Die erste Burg wurde im frühen 13. Jahrhundert aus Holz gebaut, während die heutige Anlage 1377 zum Schutz der Bevölkerung von Brasov errichtet wurde. Große Teile der Burg sind erhalten. Ihren Bekanntheitsgrad verdankt sie der Legende um Graf Dracula.

In der Mitte des 15. Jahrhunderts wurde die Burg von Vlad Tepes, dem Herrscher der Wallachei, bewohnt, der in seinem Kampf gegen die Türken mit großer Grausamkeit vorging: Er bevorzugte die langsame Exekution durch Pfählung. Vlad wurde auch Dracula – Sohn des Drachens – genannt. Im 19. Jahrhundert beschrieb Bram Stoker die Burg und Teile ihrer Geschichte in seinem berühmten Vampirroman.

Bled

Die Burg Bled steht auf einer Klippe und blickt über den Fluss Bled, 53 km nordwestlich von Laibach, Slowenien. Die erste Festung wurde 1004 gebaut, um sowohl den Fluß als auch die Stadt zu kontrollieren, eine Gründung aus der Zeit Karls des Großen. Heute erinnern nur mehr die Ringmauern an den ursprünglichen Bau.

Im 12. Jahrhundert wurde die Burg von Kaiser Heinrich II. den Bischöfen von Bixen übergeben, die bis ins 19. Jahrhundert Burgherren blieben. Die diversen Umbauten der Bischöfe sind heute noch erkennbar. Im Innenhof steht eine gut erhaltene eindrucksvolle gotische Kapelle. Prinzregent Paul machte vor dem Zweiten Weltkrieg diese Burg zu seiner Residenz. Später wurde Bled oft von Präsident Tito besucht.

Unten: Wehrgang und Rundturm von Bled.

Russische Grenzfestungen

Die frühen Festungen lagen meistens im Südosten entlang des Dnjepr. Im 10. Jahrhundert wurden viele einfache, mittlerweile zerstörte. Erd- und Holzbefestigungen an Waldrändern oder Flussufern errichtet, aus deren Schutz die Truppen zum Angriff gegen die Steppennomaden reiten konnten, die die Russen nicht kontrollieren konnten. Diese Burgen fielen jedoch diesen Nomaden zum Opfer.

Unten: Der Kreml von Pskov als Zeuge gegenwärtiger Kriege: Russen versammeln sich im Innenhof, um in Tschetschenien gefallenen Fallschirmjägern die letzte Ehre zu erweisen.

Als sich die Bewaffnung und Organisation der Truppen im 11. und 12. Jahrhundert verbesserte, entstanden in Russland größere Festungen, deren Mauern für den Fall einer Belagerung auch Felder umschlossen. Auf Erdwällen errichtete man Holzzäune mit Wehrgängen und überhängenden Dächern. In Zentralrussland wurden runde Festungen des slawischen Typs, wie er seit dem 10. Jahrhundert bekannt war, aus Erde, Schutt und Holz errichtet. Viele dieser Festungen waren sehr groß, aber bis ins 13. Jahrhundert wurden kaum Steine oder Ziegel verwendet. Solche hölzernen Bollwerke entstanden zum Beispiel im finnischen Grenzgebiet.

In Nordrussland waren Verteidigungsanlagen ähnlich. Nowgorod hatte im 11. Jahrhundert eine Mauer aus Stein, Erde und Holz, während Pskov schon im 10. Jahrhundert steinerne Mauern erhielt. Stein- wie Holzmauern erhielten ein geschwungenes Dach, das den Wehrgang bedeckte. Alexander Newski baute kleine Festungen, um die Nordwestgrenze gegen Litauen zu sichern.

Gegen den Deutschen Orden

Im späten 13. und 14. Jahrhundert wurden Steintürme eher wie Donjons gebaut und an der schwächsten Ställe eines Mauerrings platziert, wie in Ungarn und Polen üblich. Obgleich Moskau Nowgorod als Hauptstadt ablöste, erhielt der Kreml („Festung") erst 1367/68 Steinmauern.

Die Auswirkung von Feuerwaffen auf Militärbauten zeigt sich im Baltikum deutlicher als in Preußen, sowohl bei den Eingeborenen als auch beim Deutschen Orden. Russische Baumeister hielten mit ihren Rivalen Schritt; ein griechischer Baumeister namens Markus war hier führend.

Ivanograd war eine große Grenzfestung gegen die jenseits der Narwa gelegenen Deutschordensburg Hermannsburg. Es hat eine andere

1198	1237	1240
Die Deutschordensritter schließen sich zusammen	Mongolen fallen in Russland ein. Gründung Khanats der Goldenen Horde	Prinz Alexander Newski verhindert schwedische Invasion

Links: Rekonstruktion einer hölzernen Wallanlage für eine Siedlung.

Form als die Burg der Ritter. Sie bildet ein langes Rechteck mit runden Ecktürmen und quadratischen Tortürmen. Eine Mauer trennte das hintere Ende ab, das durch einen weiteren quadratischen Turm betreten wurde, und auf einer Seite ist ein weiterer ummauerter Raum entlang der halben Umfassungsmauer angefügt. Ivanograd geht auf Heerlager und Grenzfestungen des Balkans zurück, die auch die Türken aufgreifen sollten. Burgen griechischen Typs wie in Olofborg verbreiteten sich von Russland bis nach Finnland.

Als die Türkengefahr wuchs, die 1480 fast Rhodos vom Johanniterorden erobert hätten, berief der Zar wie andere Herrscher Italiener als Helfer beim Befestigen seiner Stellungen. Schon 1475 sollte der italienische Architekt Fioravanti die Kremlmauern verbessern.

Ganz unten: Mauer des Kreml von Nowgorod.

Unten: Tor in der Stadtmauer von Reval (Tallin).

1242	1325	1330	1339	1380	1395	1453	1557
Prinz Alexander besiegt die Deutschordensritter beim Peipus-See	Iwan wird unter dem Kommando der Goldenen Horde Herrscher von Moskau	Baubeginn von Riga, der ersten Teutonenburg	Bau des Kreml	Russen besiegen Mongolenarmee vor Moskau	Feindlicher Mongolenführer Tamerlan erobert Teile Russlands	Krieg zwischen Wassili II. und Dimitri Schemjiaka; dieser stirbt	Russland fällt in Livonien,einem ehemaligen Deutschordensgebiet, ein

Burgen des Deutschen Ordens und seiner Gegner

Die Deutschordensritter strömten von Preußen durch Livland und Litauen und bis nach Russland. Die Russen beendeten diesen Vormarsch 1242, als Prinz Alexander Newsky die Ritter in der „Schlacht auf dem Eis" schlug. Die späte Bekehrung der Litauer und ihr Bündnis mit Polen schwächten die Macht des Deutschen Ordens weiter, die mit der Niederlage bei Tannenberg 1410 ihren Tiefpunkt erreicht hatte.

Riga

Riga in Lettland war eine der ersten Burgen des Deutschen Ordens in Russland; sie wurde zum Sitz der Herrscher über Riga. 1330 begann der Deutsche Orden den Bau, als er nach Osten vordrang. Später wurde er von dem livonischen Orden der Ritter des Schwertes weitergeführt, die

Rechts: Die Burg in Riga, umgeben von der modernen Stadt. **Unten**: Im Rundturm befindet sich heute das Stadtmuseum.

sich im Osten niedergelassen hatten, als der Friede von Thorn 1466 den Krieg zwischen den Deutschordensrittern und ihren Untertanen beendet hatte.

Die im herkömmlichen Stil errichtete Festung war rechteckig mit vier starken Ecktürmen. Der „Pulverturm" wurde erstmals 1330 erwähnt, doch der heutige Turm wurde 1650 errichtet und steht auf Eichenfundamenten.

Unter Walter von Plettenberg (1494–1535) wurden Riga und einige weitere Burgen modernisiert. An das Gebäude aus dem 14. Jahrhundert wurden diagonal gesetzte Kanonentürme angefügt. 1515 war der Bau vollendet und die Burg wurde zum Vorbild für andere Burgen im Osten.

Riga wurde im Zweiten Weltkrieg schwer beschädigt, wurde aber tiefgreifend restauriert und wieder aufgebaut.

Sigulda

Sigulda, die zweite aus einer ganzen Reihe von Burgen des Deutschen Ordens aus dem 14. Jahrhundert in Lettland, liegt 54 km nordöstlich von Riga. Im Laufe des 16. Jahrhunderts wurde Sigulda einige Male durch Polen, Schweden und Russen belagert und daraufhin später in zwei durch einen Wassergraben getrennten Teilen wieder aufgebaut.

Nicht weit entfernt liegt die Burg Turaida, die auch dem Deutschen Orden gehörte und einen großartigen Blick in die Landschaft vermittelt. Hier spielt die Geschichte von Maja, der „Rose von Turaida", die jung starb, aber deren Liebe weiterlebt.

Trakai

Trakai, 27 km westlich von Vilnius in Litauen gelegen, war wegen ihrer Lage zwischen einigen Seen als „Stadt am Wasser" bekannt. Die Burg steht auf einer der Inseln im Galvasee, vielleicht an einer Stelle, die schon Witold, Herzog von Litauen (1398–1430), befestigt hatte, als die Kämpfe der Litauer und Polen gegen die eindringenden Deutschordensritter zunahmen.

Die heutige Burg mit einem beeindruckenden Donjon stammt aus dem 14. und 15. Jahrhundert. Die Mauern sind durch drei große Rundtürme gesichert.

Oben: Die Burg von Trakai liegt auf einer Insel im Galvasee.

Kleines Bild: Sigulda.

Religionskrieg im Nahen Osten

Als Jerusalem in die Hände der seldschukischen Türken fiel, eilte den Byzantinern eine Armee zu Hilfe, die das Heilige Land von den ungläubigen Muslims befreien wollte. Später errichteten hier die Templer, der Johanniterorden, der Deutsche Orden und andere Ritterorden ihre Burgen.

In der Schlacht von Manzikert 1071 wurde Byzanz durch die nach Anatolien eindringenden Seldschuken geschlagen. Als Jerusalem in deren Hände fiel, bat der byzantinische Kaiser den Westen um Hilfe. Er erhoffte Unterstützung durch westliche Truppen und erhielt eine Armee aus Rittern, Soldaten und Pilgern (die meisten aus Frankreich), die dem Aufruf Papst Urbans II. gefolgt waren, die heiligen Plätze der Christenheit aus den Händen der Ungläubigen zu retten.

Im ersten Kreuzzug von 1096 wurde Jerusalem 1099 mit drei Belagerungstürmen belagert und nach schweren Kämpfen eingenommen. Das furchtbare Gemetzel, das die Franken, wie die Ritter von den Muslims genannt wurden, in der Stadt anrichteten, ist durch Quellen gut belegt.

Die Franken errichteten Feudalstaaten im Heiligen Land, die nach dem gleichen Prinzip wie in ihrer Heimat geführt wurden. Als Saladin im 12. Jahrhundert an die Macht kam, vereinigte er die Muslims und nahm Jerusalem wieder ein. Im dritten Kreuzzug von 1189 kämpfte König Richard I. Löwenherz. Er war Saladin zwar ebenbürtig, zog sich aber zurück, da er sich der Nach-

974	1071	1078	1096	1099	1183	1191	1229
Byzantinisches Reich kontrolliert Palästina und Syrien	Seldschuken besiegen die Byzantiner in der Schlacht von Manzikert	Palästina und Syrien sind in türkischer Hand	Der erste Kreuzzug will das Heil ge Land von den Moslems zurückerobern	Kreuzritter verteidigen Konstantinopel gegen die Moslems	Saladin erobert Syrien und wird Sultan	Kreuzritter erobern Zypern	Kreuzritter nehmen Bethlehem, Jerusalem und Nazareth ein

Links: Zwischen 1250 und 1254 befestigte Ludwig IX. von Frankreich das israelische Caesarea, das über dem Caesarea Maritima aus der Zeit des Herodes errichtet wurde.

schubschwierigkeiten und der Probleme der Siedler in Jerusalem nach dem Abzug der Truppen bewusst war. Erst beim fünften Kreuzzug unter Kaiser Friedrich II. wurde Jerusalem durch Verhandlungen kurzfristig wieder zugänglich.

Weitere Kreuzzüge folgten im 13. Jahrhundert, zwei unter Ludwig IX. von Frankreich, der über Nordafrika angriff. Als im späten 13. Jahrhundert die Mameluken, eine effiziente Armee befreiter Sklaven, eingriffen, waren die Tage der Kreuzritter gezählt. Ihre Burgen wurden eingenommen, bis 1291 auch Akko fiel, die letzte christliche Festung im Heiligen Land.

Die Glaubensritter

Wichtiger Faktor in all diesen Kriegen waren die Ritter der kriegerischen Mönchsorden: der Orden der Tempelritter, gegründet 1119, hatte seinen Sitz auf dem Tempelberg in Jerusalem. Die Johanniter hatten sich vor allem der Krankenpflege verschrieben. 1198 kamen zu diesen großen Orden der Deutsche Orden und einige kleinere Orden hinzu. Die großen Orden häuften so großen Reichtum an, dass sie speziell entlang der Grenzen Burgen errichten und halten konnten und über ihre Konvente in Europa Männer rekrutieren konnten. Die gut ausgebildeten Mönchskrieger bildeten das Rückgrat der „fränkischen" Armee.

Bei ihrer Ankunft fanden die Kreuzritter römische Verteidigungsanlagen, byzantinische Festungen und moslemische Stellungen von beeindruckender Größe vor: Die Mauern von Antiochia, das sie 1097/98 belagerten, waren 10 m hoch und mit 400 Türmen verstärkt. Von Anfang an errichteten die Kreuzritter ihre eigenen Burgen, die den östlichen Einfluss nicht verleugnen konnten.

Die Burgen sollten Land- und Wasserstraßen schützen, waren aber nicht systematisch genug angeordnet, um alle Wege in die Gebiete der Kreuzritter abzuriegeln. Obwohl sie scheinbar in einer Linie lagen und oft Blickkontakt miteinander hatten und so kommunizieren konnten, dürften sie nicht bewusst als zusammenhängende Verteidigungsanlage geplant worden sein. Die Burgen wurden zu verschiedenen Zeiten von verschiedenen Bauherren errichtet und dienten zu Privatzwecken und als Verwaltungszentren. Doch konnten Truppen in den Burgen stationiert werden, die gegen die Muslims kämpften. Keine wichtige Burg der Kreuzritter im späten 13. Jahrhundert hielt einer Belagerung länger als sechs Wochen stand.

Unten: Die Ruinen von Krak des Chevaliers, Syrien.

1244	1268	1271	1272	1291	1307	1326	1387
Moslems erobern Jerusalem	Mamelucken nehmen Antiochia und Jaffa ein	Mamelucken erobern Chastel Blanc, Krak des Chevaliers und Montfort-Burgen	Friedensvertrag zwischen Kreuzrittern und Mamelucken	Akko, die letzte Kreuzritterburg im Heiligen Land, fällt an die Moslems	König Philipp von Frankreich verfolgt die Templer wegen ihres Reichtums	Türken beginnen, das Byzantinische Reich zu erobern	Der Mongolenführer Tamerlan erobert Persien

Donjons der Kreuzritter

Der Donjon kam mit den Kreuzfahrern vom Westen und wurde in den verschiedensten Baustilen errichtet. Die Türme des Nahen Ostens waren niedriger und von einer *chemise*, einer Mauer umgeben, die dichter am Turm lag als in England und Frankreich. Das Fehlen von Holz führte zum Bau von gewölbten Decken, während Wendeltreppen nahezu unbekannt waren.

Edessa

Burg und Stadt Edessa liegen nahe Urfa in der östlichen Türkei. Die Burg war die erste moslemische Festung, die die Kreuzfahrer 1098 einnahmen. Hier hatten erst die Byzantiner und dann die Armenier eine alte Akropolis übernommen und sie mit einem Mauerkranz mit Türmen in der Mauer befestigt. Als die Kreuzfahrer die Burg erobert hatten, sicherten sie sie durch einen 12 m tiefen Graben, starke Bollwerke und einen quadratischen Donjon, um sie vor der Stadtbevölkerung zu schützen. 1122 wurde ein Rundturm erbaut.

Unten und gegenüber: Der Donjon von Gibelet wird von Verteidigungsmauern eng umschlossen.

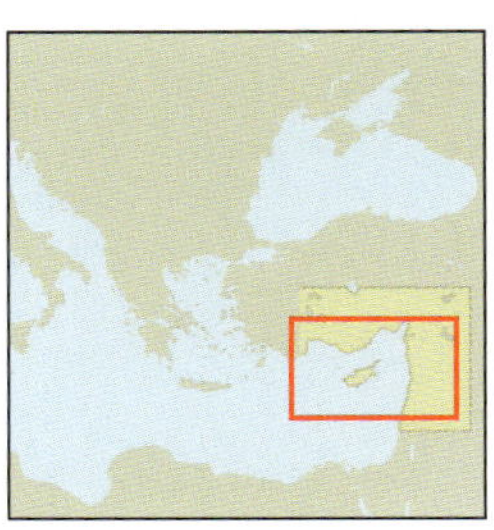

Gibelet

Bei Jubayl, dem antiken Byblos an der libanesischen Küste, steht Gibelet. Die Burg wurde 1103, kurz nach der Eroberung der Stadt durch die Kreuzritter, erbaut. An der südlichen Ecke der Stadtmauer steht der 17,6 x 21,3 m große rechteckige Donjon mit zwei gewölbten Stockwerken und einer Zisterne im Boden. Der Eingang zum ersten Stock erfolgte über eine Leiter, von der aus in die Mauern gehauene Stufen weiter hinaufführten.

Der Donjon war einst von einer quadratischen Mauer und quadratischen Ecktürmen (drei sind das Werk der Kreuzfahrer) umgeben; an der Nordseite schützten ein Eckturm und ein quadratischer Fatimidenturm, der mit Schießscharten förmlich durchlöchert war, die Seite zur Stadt.

Das Baumaterial der Burg stammt aus dem antiken Byblos, dessen Tempelsäulen horizontal verlegt wurden, um die Mauern zu stärken und ein Untergraben zu verhindern. Die grob behauenen, großen Steinblöcke sind typisch für das Mauerwerk der Kreuzfahrerburgen. 1188 eroberte Saladin Gibelet und versuchte vergeblich, den Donjon zum Einsturz zu bringen.

Chastel Rouge

Nur wenig südlich von Beit Challouf in Syrien liegt in Qal'at Yahmour die „Rote Burg", die die Familie Montolieu 1112 in der Grafschaft Tripolis errichtete. Der niedrige, fast quaderförmige Turm von 16 x 14 m ist von einer Mauer umgeben, an deren Innenseite auf drei Seiten Steinbauten anschließen. Eine Treppe führt zum Eingang des ersten Stockwerks; das gewölbte zweistöckige Innere ist im Obergeschoss durch eine Holzdecke in zwei Etagen geteilt. Der Zugang erfolgte über gerade Innen- und Außentreppen.

Die rote Burg ähnelt den Burgen im Königreich Jerusalem bei Caesarea, die bei der ersten Besiedlung durch Kreuzfahrer errichtet worden waren. 1177/78 übergab Raymond III. sie dem Johanniterorden, 1289 fiel sie an die Mamelucken.

1188 stellte Saladin seine Angriffe auf die Burg ein. 1271 brachte Baybars seine Mamelucken nach Safita, und dieses Mal erließ der Großmeister des Ordens den Befehl, jeden Widerstand aufzugeben.

Safita

Safita, die „Weiße Burg", liegt auf einem Hügel 19,3 km südlich von Tartus in Syrien. Die frühere Burg wurde geplündert und durch ein Erdbeben zerstört.

Der eindrucksvolle und mit seinen 20 m Höhe der größte Donjon der Kreuzfahrer wurde von den Templern 1170 oder nach 1202 erbaut. Die Kapelle nimmt das gesamte Erdgeschoss in Anspruch. Die darüber liegende Halle wird durch eine Reihe von Säulen geteilt und könnte das Schlafgemach der Mönche gewesen sein. Der Donjon ist von den Überresten eines wahrscheinlich rechteckigen inneren und eines ovalen äußeren Walls mit zwei rechteckigen Türmen umgeben.

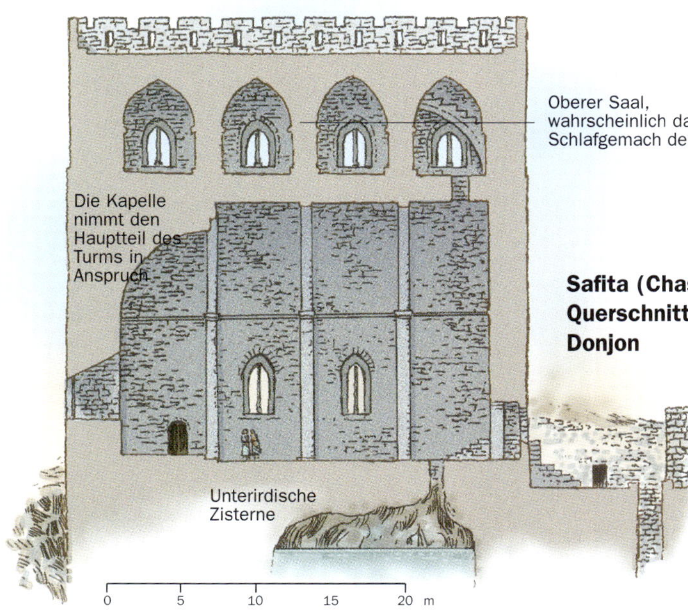

Safita (Chastel Blanc) Querschnitt durch den Donjon

Natürliche Burganlagen

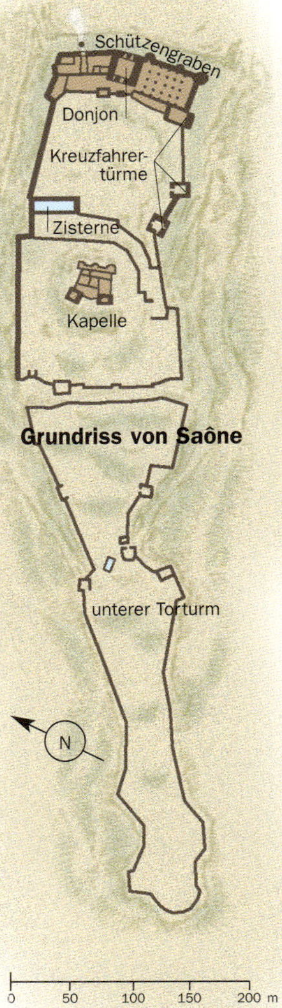

Die Kreuzfahrer versuchten ihre Burgen auf vom Gelände her günstigen Plätzen zu errichten. Dies galt besonders für Syrien. Weder isolierte Bergfriede noch ummauerte Burgen waren in den nördlichen Staaten üblich, stattdessen wurden natürliche Vorteile genützt wie der Zusammenfluss zweier Flüsse oder eine felsige Halbinsel. Drei Seiten sollten durch das Gelände gesichert sein, sodass nur der vierten Seite besondere Aufmerksamkeit geschenkt werden musste.

Saône

Saône ist eine dieser Burgen, die bereits durch ihre Lage gesichert war. Sie steht auf einem dreieckigen Felsen zwischen zwei Schluchten bei Qual'at Salah ad Din in Syrien, 30 km von Latakia entfernt. Einst eine byzantinische Festung aus dem 10. Jahrhundert mit einer großen Zitadelle, wurde sie von den Kreuzfahrern um 1100 weiter verstärkt.

Nur im Osten war die Felsnase mit dem Berg verbunden; hier schnitten die Kreuzfahrer einen 27 m tiefen Graben in den Felsen. Eine Steinsäule, die wie eine Felsnadel mitten im Graben stehen blieb, diente der Brücke als Stütze.

Am Rand des Wassergrabens errichteten sie einen großen quadratischen Bergfried, dessen Außenmauer mit dem Felsen verschmolz. Die zwei gewölbten Stockwerke im Inneren des Bergfrieds wurden von einer Säule gestützt. Zusätzlich bewachten runde Türme den Wassergraben.

Die Kreuzfahrer verlängerten die Mauern entlang des Vorsprungs und bauten große, quadratische Türme an der Südseite. Die Nordseite fiel steil ab und benötigte weniger Befestigung. Die niedere Umzäunung der Byzantiner im Westen wurde durch quadratische Türme und einen zweiten, kleineren und nicht fertiggestellten Graben geschützt. Innerhalb der Burg befanden sich außerdem zwei Zisternen.

1188 fiel Saône an Saladin. Seine Belagerungsmaschinen standen an der Ostseite, während sein Sohn in das Tal an der Nordseite zog. Einige Steine der Katapulte, mit einem Gewicht von 45 bis 295 kg, sind noch zu sehen. Nach einem tagelangen Bombardement stürmten die Männer von Saladin Saône und zwangen die Bewohner zu fliehen. Die unterbemannte Besatzung der Burg suchte im Bergfried Schutz, gab sich aber am nächsten Tag geschlagen.

Unten: Südwestansicht des Donjons (links) und eines Mauerturms von Saône, verziert mit feiner byzantinischer Steinmetzarbeit.

Links: Südansicht von Karak mit dem großen, moslemischen Donjon, der vielleicht einen ehemaligen Kreuzritterturm ersetzt.

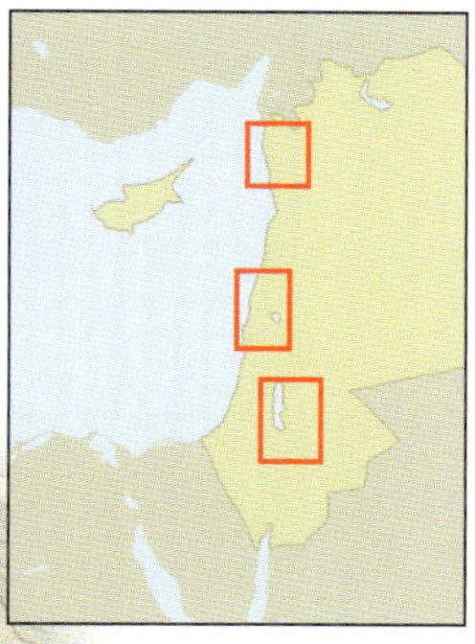

Karak

Karak, 1142 jenseits des Jordan erbaut, liegt 124 km südlich von Amman in Jordanien auf einem dreieckigen Plateau, das von der Stadt durch einen in den Felsen gehauenen Graben getrennt ist. Auf drei Seiten ist die Burg von Schluchten umgeben.

Ein weiterer in den Felsen gehauener Graben schützt den Bergansatz im Süden, der breit genug war, um die Belagerungsmaschinen in sicherer Entfernung zu halten. Ein langer Zwinger läuft entlang der Westseite. Größtenteils sind nur mehr Ruinen vorhanden.

Die Lage der Burg war gut gewählt, wie zwei erfolglose Belagerungen durch Saladin zeigten. Bei der ersten Belagerung 1183 ließ er den Turm nicht bombardieren, da darin eine Hochzeit gefeiert wurde. Die Garnison wurde schließlich bei einer dritten Belagerung 1188 ausgehungert.

Grundriss von Karak

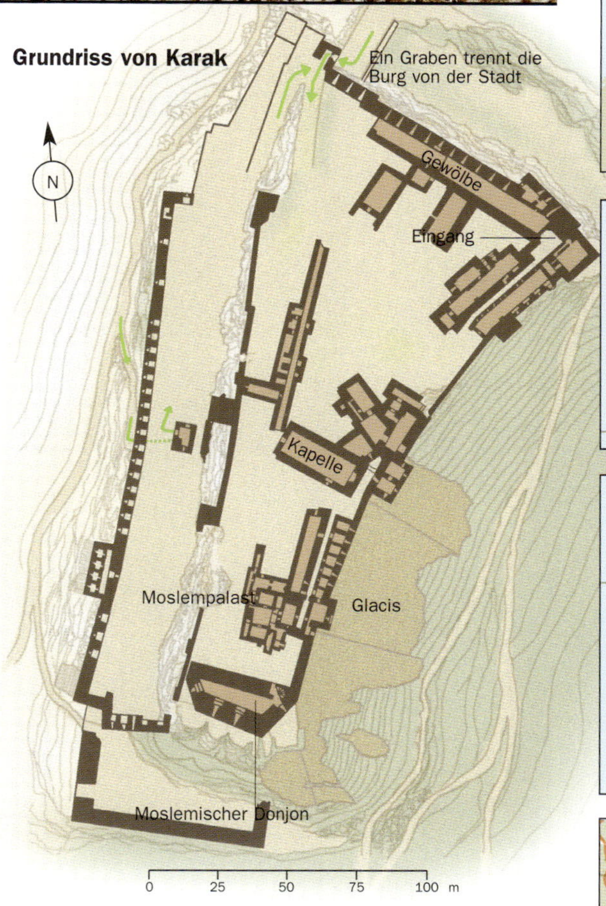

Chastel Pèlerin

Die „Pilgerburg“ wiederum vertraute auf das Meer – sie steht an der Küste bei Athlit, 25 km südlich von Haifa in Israel und wurde 1218 von den Templern und einer Gruppe Pilger auf einem Landvorsprung, der an drei Seiten vom Meer umgeben ist, erbaut. Landeinwärts war die Burg durch einen in den Felsen gehauenen Graben, eine Außenmauer mit einem Wehrgang, drei Türmen und einer Innenmauer mit zwei hohen Türmen gesichert (ein großer Turm steht noch). Hinter den Mauern lagen groß angelegte Krypten, Hallen und eine eindrucksvolle Kapelle.
Die Burg Pèlerin wurde zwar belagert, aber nie durch die Moslems eingenommen, bis die Kreuzfahrer 1291 das Heilige Land verloren.

Burgen des Johanniterordens

Gegenüber: Margat mit seinem großen, runden Donjon. Der Turm links vor diesem wurde von den Muslimen 1285 unterminiert und später wieder aufgebaut.

Unten: Der konzentrische Grundriss von Belvoir hat mehr symbolischen Charakter, als dass er zur Verteidigung dient. Im Inneren befanden sich die Privaträume der Ritter.

Rechts: Rekonstruktion von Belvoir.

Die Johanniter bauten die wohl eindrucksvollsten Burgen im Nahen Osten, bis sie 1291 nach dem Zerfall der Kreuzfahrerstaaten vertrieben wurden. Als religiöser Orden berücksichtigten sie in ihren Wohnbauten stets auch die Erfordernisse ihres Glaubens.

Belvoir

Die Burg Belvoir in Galiläa liegt in der Nähe von Tiberius auf einem Hügel über dem Jordantal. Kurz nach 1168 errichteten die Johanniter die erste datierbare Rundburg. Die erhaltene Burg hat einen fast quadratischen Grundriss. Belvoir war sicherlich eine der größten ummauerten Burgen (130 x 100 m).

Der innere Mauerring mit quadratischen Ecktürmen und einem Turm in der Mitte der Ostseite umgibt einen Hof mit gewölbten Nebengebäuden entlang der Mauern. Die massiven Außenmauern sind niedriger und mit Ecktürmen und Türmen in der Mitte der Mauerseiten versehen, sodass sie, unterstützt durch einen Graben, den Angriff eines Feindes abfangen können.

Wahrscheinlich lebten 500 Männer hier: Im Außenhof befand sich ein Bad im arabischen Stil,

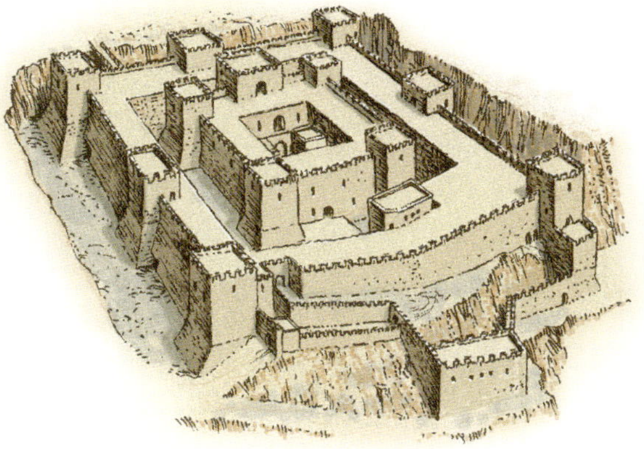

der Innenhof war den Mönchen vorbehalten. Regenwasser wurde in Zisternen gesammelt.

Nach der Zerstörung der Kreuzfahrerarmee bei Hattin 1187 versuchte Saladin Belvoir auszuhungern und zur Aufgabe zu zwingen, doch die Burg war gut versorgt und die Belagerer wurden durch einen Nachtangriff überrascht. Saladin kehrte im März 1188 zurück, doch Regen und Schlamm erschwerten die Situation. Schließlich wurden die Wände unterminiert und die Garnison gab sich geschlagen. Belvoir wurde zerstört, nur die Ruinen sind noch zu sehen.

Rechts: Krak des Chevaliers. Die Südwestseite wurde 1271 von Baybaren angegriffen. Der große Eckturm und der quadratische Turm in der Außenmauer wurden später von den Moslems wiederhergestellt.

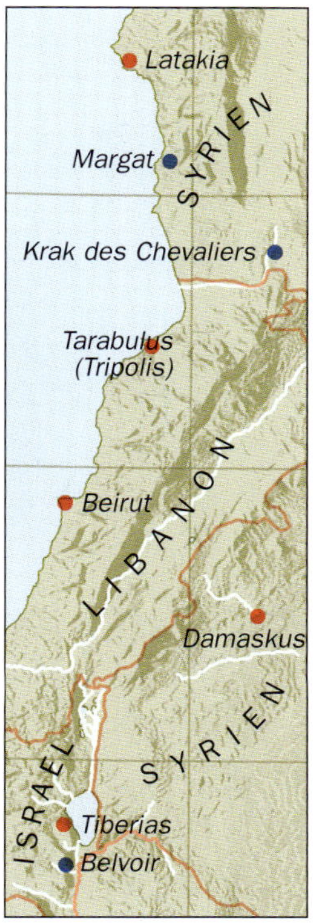

Krak des Chevaliers

Krak steht bei Qual'at al Hosn nahe Haret Toukman in Syrien und gilt als eine der schönsten Kreuzfahrerburgen überhaupt. Die erste Festung war eine kleine, rechteckige arabische Anlage aus dem 11. Jahrhundert mit quadratischen Türmen und aus grob behauenen Steinblöcken. Die Johanniter erwarben 1142 die Festung und veränderten sie erheblich.

Sie errichteten eine Festung mit quadratischen Flankentürmen, die nach dem Erdbeben von 1170 repariert wurden, und bauten eine neue Kapelle an. Nach einem weiteren Erdbeben 1202 wurden neue, größere Innenmauern vor die alten gestellt, wodurch ein schmaler Gang für die Schützen entstand. Die Außenmauer war durch runde Türme mit Pechnasen verstärkt. Ein bedeckter und befestigter Gang führte zu den Hallen und der Kapelle im Inneren der Anlage, die reich mit Skulpturen dekoriert waren.

Für die Moslems war die Burg ein „Knochen, der im Hals steckt“. Saladin entschied jedoch, dass es zu schwierig war, die Burg zu belagern. Das „Fürstentum“ von Krak blieb als einziges nennenswertes Gebiet im Landesinneren bis in die erste Hälfte des 13. Jahrhunderts in den Händen der Kreuzfahrer. Krak fiel schließlich 1271, als keine Aussicht auf Hilfe von außen bestand.

Margot

Margot liegt bei Qal'at Marghab 4 km südlich der Stadt Baniyas an der syrischen Küste. Die ursprünglich arabische Festung aus dem 11. Jahrhundert wurde von den Kreuzfahrern 1118 übernommen. Schwere Erdbeben stellten den Burgherrn vor gravierende Probleme, worauf er die Burg 1186 den Johannitern verkaufte, die sie schrittweise umbauten.

Die Außenmauern folgten dem Bergkamm und schufen einen unregelmäßigen Grundriss mit einem Burghof, in dem sich gewölbte Hallen, eine Kapelle und ein zweistöckiger großer runder Donjon mit 30,5 m Durchmesser befanden. Dieser Turm war ein so wichtiger Teil der Verteidigung, dass die Johanniter, als die Mamelucken 1285 die Burg belagerten und den Turm unterminiert hatten, aufgeben mussten.

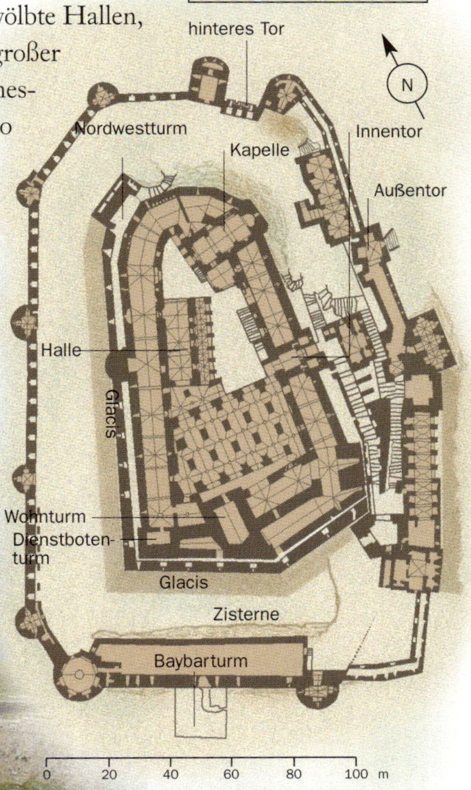

Krak des Chevaliers, Grundriss der Burg

Burgen von Ritterorden aus dem 13. Jahrhundert

Die Templer, der Deutsche Orden und kleinere Ritterorden kontrollierten Burgen, die oft in Grenzgebieten lagen, doch selbst die Templer waren nicht so reich wie die Johanniter. Die meisten Burgen sind heute Ruinen, wie z. B. Saphet, eine der eindrucksvollsten Burgen der Templer in Nordisrael, über die wir viel aus Quellen wissen, deren Ruinen aber kläglich sind.

Unten: Südostansicht der Wasserburg von Sidon.

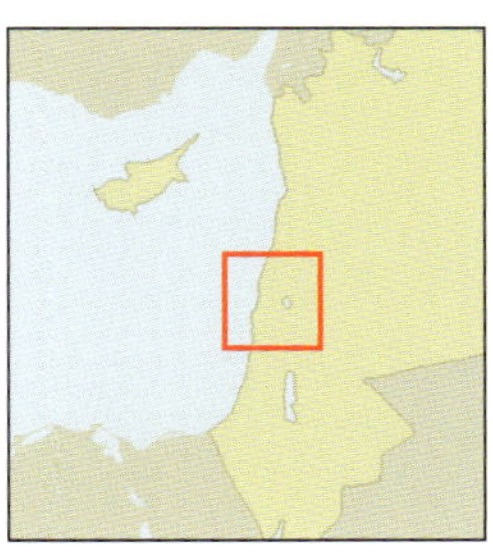

Sidon

Sidon bei Saida an der Küste des Libanon war eines der wichtigsten Herrschaftsgebiete im Königreich Jerusalem. Heute besteht es aus einer verfallenen Landburg und einer kleineren Burg am Meer. Die landeinwärts gelegene Burg auf dem Berg Sidon wurde ab 1110 von den Franken gehalten, doch die Stadt und die Zitadelle gingen 1187 an Saladin verloren, der die Wälle schleifen ließ. Die vordem fast ausgerottete Bevölkerung wurde um 1253 in einem Überraschungsangriff endgültig vernichtet. Ludwig IX. von Frankreich, der Heilige, baute die Festung wieder auf; das meiste ging bei den Umbauten von Amir Fakhr ad Din im 17. Jahrhundert verloren.

1227/28 bauten französische, englische und spanische Pilger, während sie auf die Ankunft von Kaiser Friedrich II. vom fünften Kreuzzug warteten, eine Burg auf einem Riff ca. 100 m vor der Küste mit einer verstärkten Seite in Richtung Land. Drei quadratische Türme wurden wahrscheinlich während der ersten Bauphase errichtet und später von Simon de Montceliart, dem Anführer der Bogenschützen Ludwigs des Heiligen, der 1253 in der Burg Zuflucht suchte, verstärkt.

Sieben Jahre später suchte wiederum eine Garnison in der Burg Schutz, als die Mongolen nach einem Überfall unter Julien de Sidon auf ihr Lager die Stadt angriffen. Die Templer übernahmen die Burg im gleichen Jahr und wahrscheinlich waren die gewölbten Schützengalerien und die Gewölbedecke des Festsaals ihr Werk. Sidon wurde 1253 aufgegeben, als das Heilige Land verloren ging.

Beaufort

Beaufort oder Belfort liegt hoch über dem Fluss Litani im Südlibanon. Die alte Festung wurde 1139 von König Fulk erobert, der danach eine Burg errichten ließ. Die Ostseite ist durch einen senkrechten Felssturz zum Fluss geschützt, die Nordseite durch einen in den Felsen gehauenen Graben und ein zweistöckiger Donjon aus dem 12. Jahrhundert in der Mitte der verwundbaren Westseite schützt diese Seite des Innenhofes.

Die Herren von Sidon hielten Beaufort bis 1190, als sie an die Muslims verloren ging. Zuvor jedoch legte Reynald von Sidon noch Saladin herein, indem er die Übergabe versprach, die Burg jedoch heimlich reparierte. 1240 wurde sie zurückerobert und 1260 den Tempelrittern übergeben, die eine Halle mit gewölbter Decke und ein Außenwerk auf einem Plateau auf der Südseite errichteten. Als jedoch Baibars I. und seine Mamelucken 1268 die Burg angriffen, stellten sie hier ihre eigenen Katapulte auf.

Oben: Die auf einem Hügel gelegene Festung von Montfort.

Montfort

Eine der letzten im Heiligen Land errichteten Burgen ist Montfort; seine Ruinen liegen auf einem Bergkamm 4 km nordwestlich von Mi'ilya in Israel. Die Burg wurde 1229 von den Deutschordensrittern vom Eigentümer übernommen. Sie verließen ihre Burg Chastiau dou Rei in einem fruchtbaren Tal und machten Montfort zu ihrem Hauptquartier.

Wo der Bergkamm ins Hügelland übergeht, wird Montfort von einem in den Fels geschnittenen Graben und einem D-förmigen Bergfried über der Zisterne geschützt. Eine lange Krypta im Westen trug den Saal und die Kapelle. Dahinter lag eine zweite Krypta, wahrscheinlich mit einer Kammer darüber, und eine Mauer, die 30 m den Hügel hinablief. Die Mühle des Flusses an der Nordseite des Bergkamms wurde im 13. Jahrhundert in ein Gästehaus umgebaut.

Montfort war stark genug, um 1266 dem Angriff von Baibars I. standzuhalten, doch das Umland wurde verwüstet. Die Johanniter liehen den Rittern etwas von ihrem Land zum Bebauen. 1271 eroberte Baibars die Burg, drängte die Ritter bis in den Bergfried zurück, wo sie sich ergaben.

Beaufort, Grundriss der Burg

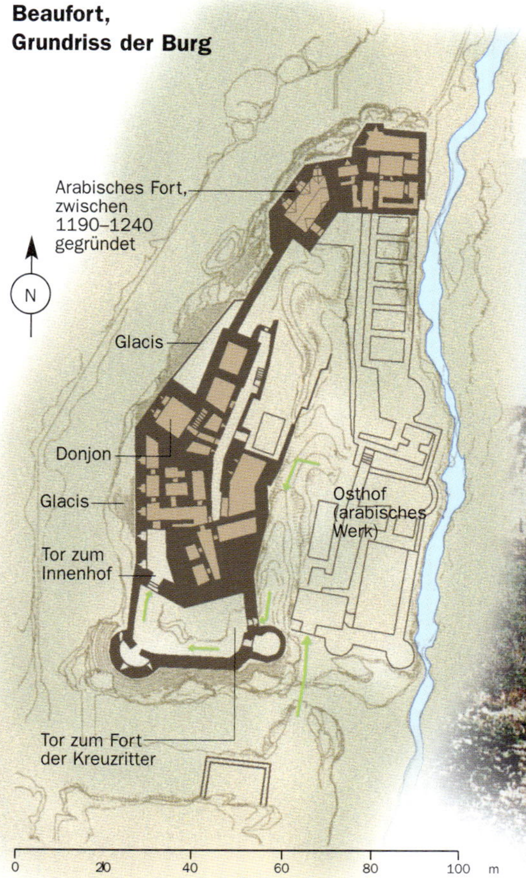

Unten: Die Ruinen von Beaufort.

Spätere Verteidigungsanlagen

Gegenüber oben: Der Frankreichturm und der Italienturm erheben sich über der Burg von Bodrum.

Gegenüber Mitte: Das Artilleriebollwerk vor dem Hauptteil der Burg von Bodrum.

Gegenüber unten: Die mächtigen, runden Bastionen von Kyrenia wurden 1544 von den Venezianern hinzugefügt.

Die späteren Festungen der Kreuzfahrer im Heiligen Land gingen 1291 verloren. Viele dieser Burgen wurden von den Johannitern errichtet, die ihr Hauptquartier mehrmals verlegten – Zypern, Rhodos und letztendlich Malta, wo der Orden bis ins 19. Jahrhundert verblieb. Die Templer wiederum wurden 1312 der Hexerei und Ketzerei beschuldigt – König Philipp IV. von Frankreich brauchte Geld. Die Deutschordensritter verlegten ihr Hauptquartier nach Osteuropa.

Korykos

26 km östlich von Silifke an der türkischen Küste steht die Burg Korykos, die bereits 1111 vom byzantinischen Admiral Eustathios als Grenzfeste gegen die von den Franken und Armeniern besetzten Gebiete befestigt wurde. Sie ist ein wichtiges Beispiel byzantinischer Militärarchitektur aus der Zeit der Kreuzzüge.

Korykos hat einen typisch regelmäßigen Grundriss: konzentrische Mauern, die innere höher als die äußere Mauer; mehrere Flankentürme an der Innenmauer, von denen die östlichen zur besseren Verteidigung eng aneinander gebaut waren. Korykos fiel später an Armenien.

Etwa 1216 erbaute König Leon II. die Inselburg vor der Küste zur Bewachung des Hafens. Die Landburg wird im Süden und Westen vom Meer, im Norden durch ein Sumpfland und im Osten durch einen in den Felsen gehauenen Graben geschützt. Die Innenmauer stammt aus dem 13. Jahrhundert. 1360 wurden weitere Anbauten durch König Peter von Zypern vorgenommen. Für den Bau wurden antike Steine und ein komplettes römisches Tor verwendet.

Unten: Die Landburg von Korykos.

Bodrum

Bodrum liegt gegenüber der Insel Kos an der türkischen Westküste. Der Johanniterorden begann 1415 mit dem Bau der Burg St. Peter auf einer Halbinsel, die er als Ersatz für Smyrna (Izmir) erhalten hatte. Mit Kos und St. Peter kontrollierten die Ritter somit einen der wichtigsten Kanäle der Küstenschifffahrt.

Das Kastell wurde 1450 fertiggestellt und besitzt eine Mauer und zwei große Türme, die mit unzähligen Wappenschildern dekoriert sind. Zwischen 1501 und 1522 wurden beeindruckende Artilleriestellungen errichtet. Unglücklicherweise verwendeten die Johanniter zum Bau Steine des Mausoleums von Halikarnass, einem der antiken sieben Weltwunder. Als sie das Grabmal und die dekorierten Säulen fanden, bewunderten sie seine hohe Qualität, ehe sie es zerstörten.

Kyrenia

Kyrenia liegt auf einem Vorgebirge bei Girne an der Nordküste des türkischen Teils von Zypern und war zunächst eine byzantinische Festung. Auf seinem Weg ins Heilige Land erreichte Richard Löwenherz 1191 Zypern und eroberte die Stadt. Das Geschlecht der Lusignan baute das Fort wieder auf.

1369 wurde König Peter ermordet und Königin Eleanor von Aragon wandte sich an Genua, dessen Armee das zum Anlass nahm, Zypern 1373 zu überrennen. Eleanor floh auf die Burg Kyrene, deren Besatzung standhielt. Die Genueser konnten sie trotz einer monatelangen Belagerung zu Land und zur See nicht erobern.

Im 15. Jahrhundert kam es zu einer weiteren längeren Belagerung, als der illegitime Jakob mit seiner Halbschwester Carlotta, die Kyrenia besetzt hielt, um die Krone der Lusignan in Zypern stritt. Venedig übernahm 1473 die Kontrolle über

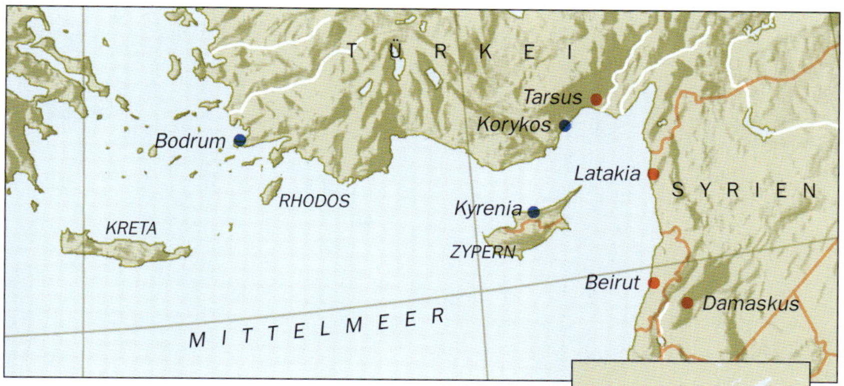

Zypern; die drei runden Bastionen und die breiten Mauern im Westen und Süden sind venezianischen Ursprungs (1544). Als die Türken 1570 angriffen, konnten sie die Verteidigungsanlagen nicht überwinden. Ihr Erfolg ging auf Verrat zurück.

Kapitel 16:

Sonstige Befestigungen

Moslemische Festungen

Unten: Zitadelle in Kairo aus dem späten 12. Jahrhundert.

Islamische Festungen wurden bereits im Kapitel Spanien behandelt, doch auch vorislamische Völker bauten ummauerte Städte und Türme. Die Türken erbauten Festungen mit gemauerten Türmen; im Westen auch isoliert stehende befestigte Türme in den Bergen. Chinesische Erfahrungen wurden bei der Errichtung befestigter Städte verwertet, die im 11. Jahrhundert bereits hoch entwickelt waren – die Hauptstadt des Tarimbeckens, Semiran, besaß drei Mauerreihen. Die Wolga-Bulgaren errichteten die wahrscheinlich größte Erd- und Holzfestung im Norden des türkischen Zentralasien. Wasit im Irak besaß eine Doppelmauer, einen Burggraben und weiter außerhalb eine niedrige dritte Mauer.

In der moslemischen Welt wurden ländliche Festungen fast nur im Grenzbereich errichtet, wo *ribats* als Wachtürme dienten, und in schlecht verwalteten Gebieten wie der Arabischen Halbinsel. Doch auch hier führte viel Einfallsreichtum etwa zu Doppeltoren mit Fallgatter. Einige byzantinische Anlagen wurden als Grenzfestungen wieder verwendet. In Palästina waren die *ribats* befestigte Küstenstädte, die byzantinische Angriffe vom Meer aus abwehren sollten.

Nach den Abbasiden wurden neue Verteidigungsmethoden erdacht. Aleppo war zu schwach gewesen, um einem Angriff der Byzantiner standzuhalten, worauf im 11. Jahrhundert eine 15 m hohe Mauer um die Stadt errichtet wurde.

Die Fatimiden in Ägypten und Syrien bauten eindrucksvolle Anlagen. Ein befestigter Palast in Kairo ähnelte dem in Bagdad, nur war er etwas kleiner. Der rechteckige Grundriss der Stadt war mit einer Ziegelmauer mit acht Toren umgeben.

In Nordafrika waren viele Städte, besonders Küstenstädte, befestigt. In Marokko und Andalusien entwickelte sich eine neue Form mit breiteren Flächen, auf die Katapulte gestellt werden konnten. Andalusische Stadtmauern griffen vorerst auf römische Arbeiten zurück und die expandierenden Städte übernahmen den rechtwinkeligen Grundriss, während die nördlichen Städte um Hügeln gebaut wurden.

Im 10. Jahrhundert wurden in den gebirgigen Grenzprovinzen gegen den Druck der Christen große Festungen errichtet, wie auch kleine isolierte Bollwerke und runde Türme. Kalkzement, eine Mischung aus Kies, Erde, Kalk, Stroh und Knochen, kam auf. Den gekrümmten Eingang, der den Eintretenden zwingt, hinter dem Tor eine scharfe Wendung zu machen, weist erstmals Al-Andalus im 12. Jahrhundert auf.

Im 12. bis 14. Jahrhundert vereinigten sich die islamischen Gebiete. Unter den Ajjubiden des späten 12. Jahrhunderts erhielt Kairo eine mächtige Zitadelle und die Vororte wurden zusammengezogen. Größere Mauern und enger zusammen stehende Türme waren die Kennzeichen dieser Periode, das beste Beispiel ist Damaskus.

Im 13. Jahrhundert wurden in Syrien und Jordanien kleine Burgen und Wachttürme gegen weitere Überfälle der Kreuzfahrer erbaut. Al-Andalus erhielt einen externen *albarrana*, den eine Brücke mit der Mauer verband. Grenzbereiche erhielten *atalaya* oder Wachttürme.

Die Mamelucken erbauten im 15. Jahrhundert befestigte Karawansereien mit Ecktürmen an den wichtigsten Handelsrouten. Die 1479 gebaute, eindrucksvolle Burg von Sultan Qait-bay in Alexandrien besteht aus einem quadratischen Turm mit runden Ecktürmchen inmitten einer niedrigen Mauer mit Pechnasen und Schießscharten.

Die runde Stadt von Bagdad wurde 762 bis 765 unter den frühen Abbasidenkalifen erbaut. Sie schließt an frühere Vorbilder in Khurasan und Transoxanien an und war größer als alles, was man bis dahin kannte. Der Palast inmitten von Gärten, Verwaltungsgebäuden und Kasernen zeigt durch die Absonderung des Herrschers persischen und nicht islamischen Einfluss. Bald baute der Kalif eine neue Residenz außerhalb, beim Paradeplatz. Zwischen den Außen- und Innenmauern lebten und arbeiteten seine hochrangigen Offiziere und Beamten. Die *bashura*, der Mauerknick hinter den Toren von Bagdad als Schutz gegen Reiter, war hier neu.

Tarsus erhielt im späten 8. Jahrhundert 87 Türme, sechs Tore, zwei Mauern und einen Graben. Im 10. Jahrhundert hatte die Stadt zwei Mauern und fünf Tore (die Tore der Außenmauer waren mit Eisen verstärkt, vielleicht mit Fallgittern). Die Innenmauer trug 18.000 Zinnen und 100 Türme, die teils mit Stein- und Holzschleudern bestückt waren.

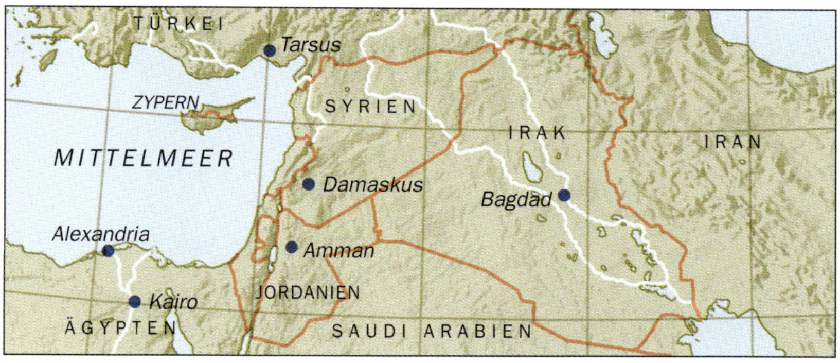

Oben: Festung von Sultan Quait-Bay in Alexandria. Deutlich sichtbar sind die blockförmigen Pechnasen.

Unten: Der befestigte Wüstenpalast von Qasr al-Kharanah in Jordanien wurde gegen 700 erbaut. Er ist einer der frühesten islamischen Bauten und war wahrscheinlich ein Militärstützpunkt der Omajjaden.

Indische Festungen

Oben: Die Mauern von Golconda.

Das vorislamische Indien war reich an Festungen, die meist aus einer Mauer mit nur wenig vorspringenden Türmen bestanden, die an der Basis verstärkt waren, die Hauptmauer besaß lange Wehrgänge. Nach Hiuen Tsang (630–645) hatten alle Ortschaften innere Tore, breite Mauern, wahrscheinlich aus gebrannten oder ungebrannten Ziegeln, und Türme und Brustwehren aus Holz oder Bambus. Wer Geld hatte, baute Steinmauern mit Schuttkern, in Kaschmir bestanden die Verteidigungsanlagen aus Holz.

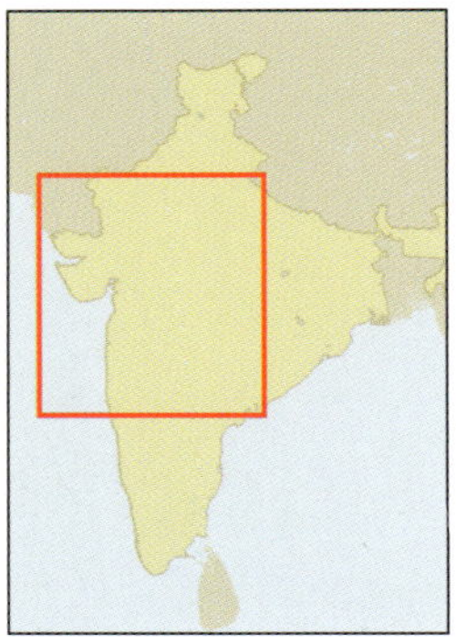

Im 11. Jahrhundert wurden die Unterschiede zwischen islamischen und hinduistischen Festungen deutlich, doch im späten 14. Jahrhundert führten beide den *chatris* ein, einen zeremoniellen Kiosk für den Herrscher über dem Haupttor.

Die Mogulen des 16. Jahrhunderts erbauten viele Festungen als Symbole der Macht. Viele lagen auf Hügeln, um ihre Macht zu unterstreichen, doch im Unterschied zu europäischen Burgen waren diese reich verziert. Spitz zulaufende Zinnen hatten oft eine Schießscharte im Zentrum. Die Tore konnten Reihen eiserner Stacheln tragen, die Kriegselefanten daran hindern sollten, sie einzureißen. Feuer und Rauch dienten zur Abschreckung, die noch durch glühende Eisengitter erhöht wurde. Zusätzlich rollte man mit Stacheln bewehrte Objekte auf Angreifer.

Delhi

Delhi wurde mehrere Male wieder aufgebaut. Tughlakabad, die dritte Stadt, deren Mauern aus grob gehauenen Steinblöcken mit einer Füllung aus Bauschutt bestanden, wurde 1321–1323 errichtet. Die Anlage war zusätzlich mit vorspringenden Bastionen ausgerüstet.

Verteidigungsanlagen in Indien standen unter

dem Einfluss des Islam und des Hinduismus wie das 1325 erbaute befestigte Grabmal von Ghiyath al-Din Tughluq, Sultan von Delhi. Es lag inmitten eines künstlichen Sees und war Teil des Außenwerks der Stadtbefestigung. Lal Qilah, eines der wichtigsten Bauwerke der Stadt, wurde von Mughal Shah Jahan in der Mitte des 17. Jahrhunderts aus rotem Sandstein errichtet. Innerhalb der 23 m hohen Mauern liegen die Paläste, Gärten und Kasernen.

Daulatabad

In dieser alten Stadt in Zentralindien stand eine große Burg aus dem späten 12. Jahrhundert, die von König Bhillam aus der Hindu-Yadava-Dynastie erbaut wurde. Die heutige Burg stammt aus dem 14. Jahrhundert und liegt auf einem Felsvorsprung. Die an der Basis verstärkten Mauern und Rundtürme tragen quadratische Pechnasen, die typisch für indische Militärbauten sind. Das Tor ist seitlich mit je einem geschnitzten Elefanten dekoriert. Daulatabad wurde nie erobert und nur durch Verrat eingenommen.

Golconda

Die Festung und die Ruinen der Stadt Golconda liegen 8 km westlich von Hyderabad in Andhra Pradesh. Der Ruhm der Stadt im Mittelalter geht auf die nahe gelegenen Diamantminen zurück, die es den Herrschern ermöglichten, die Festung verschwenderisch auszuschmücken. Ab 1512 war Golconda die Hauptstadt des Qutb-Shahi-Reiches.

Oben: Eingang zur Roten Burg von Delhi.

Die Steinkonstruktion besteht aus drei Mauern. Die Stadt wird durch einen Außenwall mit Graben und Bastionen geschützt. Die Torgänge, die zusätzlich mit Wachtürmen und Pechnasen gesichert sind, sind groß genug, um Elefanten in die Stadt zu lassen. Mauern flankieren den kurvigen Zugang zur Burg auf dem Hügel, die von einer doppelten Mauer mit je 5 km Länge umgeben ist. Das letzte Hindernis ist eine 10 m breite Mauer, die sich mit dem Felsen verbindet. Paläste, Moscheen und Königsgräber sind erhalten.

1687 wurde Golconda vom Großmogul Aurangzeb angegriffen. Nach einer viermonatigen Belagerung erkletterten die Soldaten in der Nacht die Mauer, doch ein Hund begann zu bellen und weckte die Garnison, die die Leitern umstießen und Handgranaten nach den Angreifern warfen. Der Hund erhielt vom Sultan zum Dank ein Halsband aus Gold.

Unten: Die rote Festung bei Agra.

Festungen in China

Das berühmteste chinesische Bauwerk ist fraglos die Chinesische Mauer, die in der Han- und Chin-Zeit erbaut wurde. Sie wurde 214 n. Chr. unter der Herrschaft von Shih Huang-di errichtet und sollte Steppennomaden davon abhalten, in chinesisches Territorium einzufallen. Millionen Sklaven errichteten die längste Mauer der Erde – insgesamt 6.300 km.

Teile der Mauer sind älteren Ursprungs, einige bestanden aus Erd- oder Torferhöhungen, doch die meisten Abschnitte waren aus Stein, dessen Außenhaut mit Schutt hinterfüllt wurde. Sie ist 10 m hoch, mit Wachtürmen besetzt und so breit, dass sechs Pferde, Schulter an Schulter, auf ihr traben können. In den Wüstenregionen hielt eine Außenmauer den wandernden Sand fern.

Wegen ihrer Länge war die Mauer schwer zu bewachen, sodass einige Teile im Mittelalter verfielen, während die Grenze weiter im Norden lag. Durch ein offenes Tor führte Dschingis Khan im 13. Jahrhundert seine Reiter. Die Mauer wurde im 15. Jahrhundert weitgehend wieder aufgebaut.

Im Norden und Westen Chinas wurde zur Bewachung der Grenze eine Kette von Festungen und Wachtürmen errichtet; die meisten bestanden aus Erde und Gestrüpp oder aus Schilfrohr und Ton. Befestigte Städte mit regelmäßigem Grundriss änderten sich beim Aufkommen von Feuerwaffen im 14. Jahrhundert nur geringfügig.

Die T'ang-Festungen bestanden meist aus 2 m hohen Erdwällen, hinter denen die Soldaten vor dem Einsatz aufmarschieren konnten. Hatte der Feind die Mauer erobert, so diente die Zitadelle als Zufluchtsort. In der Sung-Periode lebten auch

Unten: Die Chinesische Mauer ist so lang, dass sie vom Mond aus erkennbar ist.

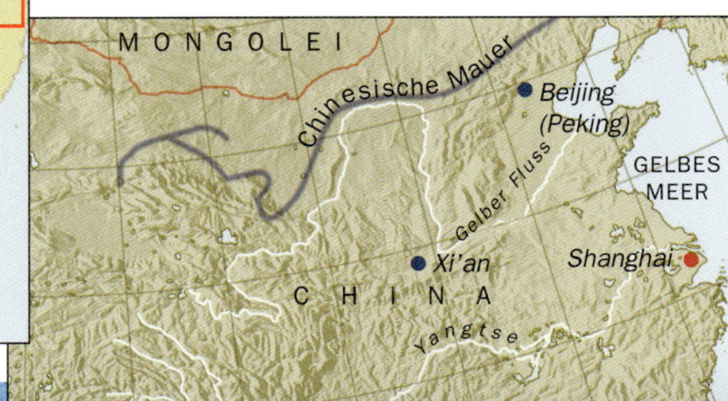

Herden im Schutz der Mauern. Gegen neue Katapulte wurde die Mauerhöhe im 12. Jahrhundert verdoppelt. Korea versuchte seine Nordgrenze mit einer Mauer, die vom Fluss Yalu bis zur Ostküste reichte, zu verteidigen.

Chinesische Belagerungen

Gekämpft wurde außerhalb der Mauern, und so entwickelten sich die Verteidigungsanlagen nicht in dem gleichen Ausmaß wie in anderen Ländern. Die T'ang- und die Sung-Zeit brachten neue Methoden zur Abwehr von Belagerungen hervor: Bogenschützen auf den Mauern schossen auf den Feind, dann wurden Ätzkalk, Urin und Exkremente auf ihn geschüttet. Nur die Männer in den Türmen durften jetzt noch mit Bogen und Armbrust vor allem die Offiziere bekämpfen.

Während der T'ang-Zeit wurden gegen nächtliche Attacken Fackeln über die Mauer gehängt, doch kaum war der Angriff im Gange, warfen die Soldaten brennende Strohballen auf die Feinde. Katapulte standen eher innerhalb als auf der Mauer. Die kleineren Katapulte sollten die Soldaten niederstrecken, während sich die größeren gegen die Katapulte der Gegenseite außerhalb der Mauer richteten – wie in Europa.

Bereits im 12. Jahrhundert schützten Sandsäcke die Katapulte, und Wassereimer standen bereit, um brennende Pfeile sofort löschen zu können. Die großen Katapulte hatten zwar eine enorme Reichweite, doch die Wurfmaschinen der Muslims hatten den Vorteil, dass sie ein regulierbares Gegengewicht verwendeten. Reisstroh wurde zu Netzen geflochten und in einiger Entfernung höhenverstellbar vor die Mauer gehängt, sodass sie die Wucht der Geschosse abfingen.

Die „Donnerstöcke" der T'ang-Zeit waren mit Stacheln besetzte Holzstämme, die über die Mauer auf die Angreifer gerollt wurden. In der Sung-Zeit bestanden sie bereits aus Ton, waren an eine Winde gebunden und konnten immer wieder verwendet werden. Die chinesischen Armeen verteidigten ihre Stellungen häufig mit Palisaden aus Holz, Bambus und Dornenhecken. Außer Katapulten gehörten ausziehbare Leitern, Belagerungstürme und Boote mit Scharfschützen zur Kriegsmaschinerie, die gegen chinesische Festungen eingesetzt wurde.

Oben: Die Stadtmauern von Changan (heute Xi'An) in der Provinz Shaanxi.

Unten: Das Eingangstor von Quian Men, das ehemalige Südtor der Stadtmauern von Peking, liegt heute am Südrand des Tianamen-Platzes.

Festungen in Japan

Festungen gibt es in Japan seit der Yamoto-Periode (300–710), manche als vorübergehende Verteidigungen. Samurais könnten in einer Ringanlagen mit Gräben und Palisaden gelebt haben. Im frühen 14. Jahrhundert erschienen die ersten Holztürme und Bollwerke.

Um 1500 hatte Japan noch eine Feudalgesellschaft. Als portugiesische Händler 1543 das Schießpulver mitbrachten, löste das einen wahren Burgenbauboom aus. 1576 errichtete der Kriegsherr Oda Nobunaga eine neue Burg bei Azuchi, die ihm auch als Palast diente und von einem siebenstöckigen Turm, einem *tenshu,* gekrönt wurde. Die Burgen waren ein hervorragender Schutz gegen Musketen und Artillerie, denn der Gebrauch von Kanonen war nicht üblich. So wurde das 16. und 17. Jahrhundert eine Zeit des Burgenbaus.

Die Burgen lagen auf Hügeln oder künstlichen Plattformen aus gestampfter Erde, die mit behauenen Steinblöcken bedeckt waren. Darauf wurden die Wände des *tenshu* in Fachwerkbauweise errichtet und zum Schutz gegen Feuer verputzt. Die Fenster erhielten Schließklappen und dienten auch als Schießscharten. Korridore verbanden den *tenshu* mit den kleineren Flankentürmen. In den Innenhöfen standen verschiedene Holzhäuser. Die vielen großen Burghöfe, Tore und Korridore verwirrten und zerstreuten die Feinde und hinderten sie daran, den *tenshu* zu

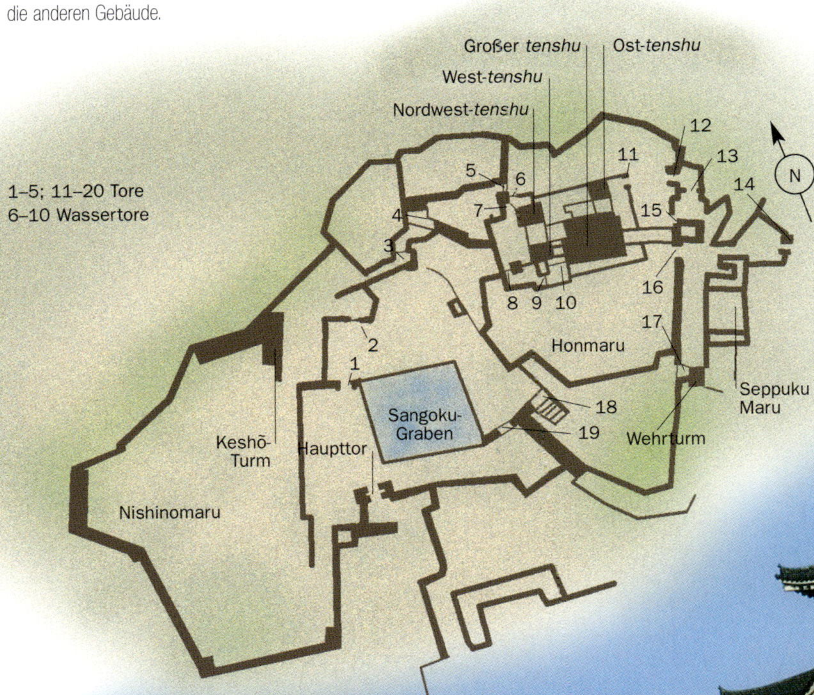

Unten: Der elegante *Tenshu* bei Himeji wurde erst kürzlich wieder aufgebaut und erhebt sich über die anderen Gebäude.

beschießen. Die gegen die Brandgefahr mit Eisenplatten belegten Holztore trugen manchmal einen eingeschossigen Turm.

Meer, Flüsse und Seen wurden als natürliche Burggräben gegen die Gefahr des Untergrabens der Burg ausgenützt, eine Technik, die erstmals Hideyoshi anwendete, um 1583 Kameyama einzunehmen; die übliche Form eines Angriffs war der Sturm auf Mauern oder ein Tor.

Himeji

Die Burg liegt auf der Ebene von Harima, 100 km westlich von Kobe. Sie wurde 1346 von Akamatsu Sadanori befestigt; 1577 erklärte Toyotomi Hedeyoshi sie zu seinem Hauptquartier und vergrößerte die Burg um einen dreistöckigen *teshu*. Ikeda Terumasa übernahm die Burg und baute sie von 1600 bis zu seinem Tod 1614 wieder auf und vergrößerte sie nochmals.

Die 200.000 m² große Anlage erstreckt sich über zwei Hügel und besitzt 11 Tore und sieben miteinander verbundene Türme. Kleine *tenshus* gibt es im Osten, Nordwesten und Westen des *tenshu*-Komplexes. Daneben steht der *Große tenshu* auf einem hohen Granitfundament. Die oberen Stockwerke dieses siebenstöckigen Turms liegen auf dem Mauerwerk auf, sodass sie sich bei einem Erdbeben bewegen können. Oberhalb des Fundaments sind eine Reihe von Schießscharten in die Mauern eingelassen. Mit geschnitzten Tieren verzierte Regenrinnen schließen das überhängende Ziegeldach ab.

Die komfortablen Quartiere des Burgherrn lagen in den oberen Stockwerken, während sich die Schlafsäle der Soldaten und die Küchen im unteren Bereich befanden.

Osaka

Die wahrscheinlich im 16. Jahrhundert von Oda Hobunaga befestigte Burg Osaka liegt auf einem kleinen Hügel östlich der Stadt und wird im Norden vom Hirano-Fluss und im Westen vom Zusammenfluss von Yodo und Tojima geschützt. 1583 wurde mit den Bauarbeiten begonnen, die – wie es heißt – 60.000 Menschen in nur einem Jahr fertigstellen konnten.

Der Burggraben war 12 km lang, goldene Blätter schmückten die Ziegel des *tenshu*-Dachs. Rund um die Anlage wurde eine befestigte Stadt errichtet. Doch nach Belagerungen 1614 und 1615 fiel die Festung an Ieyasu und wurde niedergebrannt.

Oben: Die Nachbildung des zerstörten *tenshu* bei Osaka.

Die Tokugawa liebten grandiose Bauten und machten Osaka neben Edo zur größten Burg Japans mit 25 m hohen und 2,5 km langen Mauern und einem über 70 m breiten Burggraben. Die Steine für das besonders wichtige Torhaus wogen über 100 Tonnen. Ein Blitz zerstörte 1665 den fünfstöckigen *tenshu* und die meisten Holzhäuser brannten in der Schlacht zwischen der kaiserlichen Armee und den Truppen Tokugawas 1868 ab. 1931 wurde eine Kopie des *tenshu* errichtet.

Oben: Der *tenshu* bei Matsumoto in den zentraljapanischen Alpen ist eine typische Flachlandburg aus dem Jahr 1593.

Links: Matsuyama an der Nordwestküste von Shikoku ist eine Hügelburg von 1602. Der heutige *Große tenshu* wurde 1854 renoviert, die kleineren Türme 1969.

Festungen in Mittel- und Südamerika

Die Azteken und Mixteken Mittelamerikas gründeten während der klassischen Zeit (200–1000 n. Chr.) mächtige Städte wie Teotihuacán bei Mexiko City und Monte Albán in Oaxaca. Als sie ausstarben, stiegen die Tolteken auf, die gegen die einwandernden Azteken kämpften. Wie die spanischen Invasoren im 16. Jahrhundert feststellen mussten, glich das Straßennetz ihrer Städte einem Irrgarten, damit sich feindliche Truppen darin verirrten.

Oben: Die Zitadelle bei Teotihuacán mit der Sonnenpyramide und der Mondpyramide im Hintergrund.

Die Tempel waren von einer Mauer mit trapezförmigen Zinnen umgeben; die Mauerkrone diente zugleich als Feuerstellung. In Kriegszeiten dienten die Pyramiden, deren stufenförmiger Aufbau sich bestens als Stellungen für Katapulte eignete, als Zufluchtsort.

Wenn die Schlacht verloren war, dienten die Städte als letzte Verteidigung, doch Festungen waren nahezu unbekannt, Belagerungstechniken primitiv und Nachschublinien meistens schwach. Wo Erdwälle, Tore und Palisaden in aller Eile errichtet wurden, konnten sie mit Leitern bezwungen, untergraben oder gerammt werden.

1458 befahl Montezuma I. die Eroberung des Mixtekischen Gebietes im Südwesten. Seine riesige Armee wurde zurückgeschlagen und wandte sich daraufhin gegen das Handelszentrum Coixtlahuaca. Sie schlug dort ein Palisadenlager auf, doch die Ankunft von Hilfstruppen beendete die Belagerung. Die Azteken rückten gegen Tlaxiaco, bekämpften die Hilfstruppen und eroberten Coixtlahuaca.

Die Mixteken verwendeten oft Bergruinen aus der klassischen Zeit, deren landwirtschaftlich genutzte Terrassen in einer Schlacht Zuflucht boten. Ansonsten befestigten sie von Natur aus sichere Plätze als Paläste und Tempel. Tilantongo besaß auf drei Seiten steile Abhänge, Terrassen, 3 m hohe Plattformen, Wohnbauten, lauter Hindernisse für Angreifer.

Die Inkas in Peru wiederum legten große Steinfestungen außerhalb der Städte an, die Lagerhäuser und bebaute Terrassen umfassten. Die Hauptstraßen und Grenzen sicherten kleinere Festungen, die ständig mit Soldaten besetzt waren. Als die Inkas die Chimú unterwarfen, übernahmen sie deren überlegene Festungen, vor allem jene, die die Küstenebene von den Anden zum Pazifik blockierten.

Paramonga nördlich von Lima und Caneta im Süden bestanden aus drei Terrassen. Die Mauern Paramongas mit Brustwehren waren 3–6 m hoch. Im Kampf verwendeten die Inkas Blockaden oder lockten den Feind aus dem Hinterhalt, indem sie vorgaben, sich zurückzuziehen.

Sacsayhuaman

Die Ruinen dieser Festung überblicken Cuzco, die Hauptstadt der Inkas. Um 1520 ließ ihr Herrscher Pachacuti die Burg als seine königliche Stadt errichten. 20.000 Menschen ver-

Rechts: Monte Alban, Oaxaca, Hauptstadt von Zapotec, wurde 750 errichtet.

brachten damit 60 mühselige, arbeitsreiche Jahre.

Die Mauern hatten weder Zinnen noch Brustwehr und umliefen den Hügel in voneinander abgesetzten Linien, um einen Zickzackeffekt zu erreichen. Die verwendeten Steinblöcke wogen über 100 Tonnen und wurden ohne Mörtel so sorgfältig versetzt, dass keine Schwachstelle zu finden war. Die Mauern umgaben drei Steintürme, Soldatenunterkünfte und Lagerräume und ein Gewirr unterirdischer Tunnel verband die Türme miteinander.

1533 griff der spanische Eroberer Francisco Pizarro Cuzco an. Er hatte nur 130 spanische Soldaten, wurde jedoch unterstützt von Einheimischen, die sich gegen die Inkas auflehnten. Ihr damaliger Herrscher, Atahualpa, war von den Spaniern gefangen genommen und getötet worden. Die Gewehre und Pferde der Spanier versetzten die Inkas in einen solchen Schrecken, dass sie aufgaben. Pizarro und seine Soldaten betraten die Festung, ohne auch nur einen Schuss abgegeben zu haben.

Drei Jahre später lehnten sich die Inkas gegen die Spanier auf und eroberten die Festung Sacsayhuaman zurück, nur um sie wieder an die Spanier in Cuzco zu verlieren. Doch unerschrocken belagerten die Inkas die Stadt. Erst im April 1537 konnten die Spanier die Inkas zum Rückzug zwingen. Leider sind große Teile der Festung verloren gegangen, da die spanischen Siedler aus den Steinen Häuser bauten.

Oben: Ein Mauerabschnitt in Sacsayhuaman mit perfekt zugeschnittenen und oft massiven Steinen.

Unten: Die Inka übernahmen die Bauweise von Chimu-Festungen wie Paramonga in der Nähe von Lima.

Die Rolle der Burgen

Lage, Stil und Geschichte der Burgen sind in diesem Buch bereits behandelt worden, doch wie wurden Schlachten geführt? Wenn möglich, wurden Konflikte vermieden, doch während einer Belagerung hatten beide Seiten die verschiedensten Werkzeuge und Taktiken.

Für Invasoren waren Burgen feindliche Stellungen, die, so sie nicht erobert werden konnten, die eigene Armee und den Nachschub bedrohten. Dies bedeutete den Einsatz von Truppen, um die Soldaten in der Burg gefangen zu nehmen oder sie am Ausbruch zu hindern.

Andererseits konnten sich auch Rebellen gegen den König auf ihre Burgen zurückziehen und seiner Autorität trotzen. Streitsüchtige und neidische Burgherren belagerten sich auch gegenseitig, sofern sie dafür Zeit und Leute hatten.

Im Mittelalter wurde der Feind nicht in riskanten Schlachten geschlagen, sondern belagert. Daher gewann Heinrich V. trotz seines überwältigenden Sieges in der Schlacht von Agincourt (1415) nichts, bis er 1417 zurückkam und die von Franzosen besetzten Burgen und Städte eliminierte. Bei der Belagerung von Meaux 1421 dürfte er an der Ruhr erkrankt sein, die ihn letztendlich tötete.

Festungen wurden nicht immer belagert. Manchmal konnte eine Burg durch Bestechung den Besitzer wechseln. Andererseits konnte auch reiner Terror vor den Mauern – der Ruf des Angreifers oder physische Demonstrationen seiner Stärke mit Hilfe von Gefangenen oder den Köpfen Erschlagener – ausreichen, um die Verteidiger zur Aufgabe zu zwingen.

Wenn ein Belagerer formell die Übergabe der Burg verlangte, es jedoch zu keiner Kapitulation kam, so hatte er das Recht, die Burg einzunehmen und die Insassen niederzumetzeln. War der

Rechts: Diese Illustration aus einem Manuskript aus dem 15. Jahrhundert zeigt den Grafen von Lancaster, wie er 1373 im Hundertjährigen Krieg die Burg Brest belagerte. Kanonen, Leitern und Bogenschützen kamen zum Einsatz.

Gegenüber: Der Versuch, eine Burg einzunehmen. Der Rammbock an der Vorderseite eines kleinen Wagens trifft auf die Burgmauern. Die Verteidiger der Burg ließen eine Matte herab, um die Stöße zu dämpfen. Ein mobiler Belagerungsturm wurde über eine speziell angefertigte Rampe aus Erde und Stein über den Burggraben geschoben. Soldaten greifen über die heruntergelassene Zugbrücke an, und mit Hilfe eines Katapultes wird ins Burginnere geschossen.

Burgherr nicht anwesend, so wurden Boten mit der Bitte um weitere Instruktionen aus der Burg gelassen, besonders wenn der Belagerer eher gnädig war. Viele Ritter und Knappen kannten einander von Turnieren oder erkannten Ritter des gleichen Ordens. Manchmal führten aber auch Überraschung, Tricks und Verrat zum Erfolg.

Eine Burg anzugreifen kostete Menschen und Geld, sodass es einfacher war, die Insassen auszuhungern – ein Grund, warum ein Brunnen in der Burg zum Überleben notwendig war. Doch auch die Belagerer hatten ihre Probleme: Ihre Truppen mussten zusammengehalten werden, auch wenn die Dienstzeit beendet war, Söldner mussten bezahlt und Krankheiten verhindert werden. Die sanitären Zustände waren schrecklich, besonders in der Hitze des Heiligen Landes anlässlich der Kreuzzüge.

Hilfstruppen und Langeweile

Manchmal wollte oder konnte der Heerführer nicht länger warten; er baute selbst eine hölzerne Belagerungsburg, die manchmal innerhalb eines Erdwalls lag, und ließ einige seiner Männer als Besatzung zurück, um die Burg des Gegners zu bewachen. Städte mit langen Mauern, besonders im Heiligen Land, wurden auf diese Weise belagert, weil es schwer war, sie vollkommen einzuschließen. Doch konnte auf diese Weise nicht verhindert werden, dass Nachschub und Versorgung in die belagerte Festung gebracht wurden.

Auch bei einer Rundumbelagerung konnten einzelne Personen durch die feindlichen Linien schlüpfen. Aus diesem Grund wurden um die Burg, aber auch im eigenen Rücken, Gräben mit oder ohne Palisaden errichtet, um zu Hilfe eilende Truppen abwehren zu können. Richard Löwenherz belagerte 1189 bis 1192 Akko und wurde selbst von Saladins Heer belagert. Durch die Ankunft von Hilfstruppen weitete sich die Belagerung oft zu einer Schlacht aus.

Manchmal stürmten Angreifer aus dem Burgtor oder aus Ausfallpforten, um Feinde zu töten oder ihre Belagerungsmaschinen in Brand zu setzen. Dies ist kaum überraschend, wenn man bedenkt, dass unter den Soldaten auch Ritter waren, die kämpfen wollten oder sich so langweilten, dass sie mit den Rittern der Gegenseite formelle Kämpfe ausfochten. Furchtlose Kommandanten öffneten sogar das Tor und forderten den Feind zum Eintritt in die Burg auf.

Zur Übergabe wurde der Schlüssel der Festung ausgehändigt, danach marschierten die Sieger in die Burg, während die Verlierer mit ihren Waffen abzogen. Nach einer langen Belagerung konnte es jedoch vorkommen, dass die Situation in ein Gemetzel ausartete oder formale Exekutionen als mahnendes Beispiel durchgeführt wurden.

Die Einnahme einer Burg

Burgen konnten auf die verschiedenste Weise angegriffen werden, wobei es am effektivsten war, die Mauern zu untergraben. Die Fundamente wurden durch den Stollen abtransportiert und die Mauer mit Holzstämmen gestützt. Anschließend legten die Feinde ein Feuer, um die mit Fett eingelassenen Holzstämme zu verbrennen. Ohne Stütze brachen die Mauern in sich zusammen.

Wasserfässer standen bereit, um beim geringsten Anzeichen von Gefahr eingesetzt zu werden, trotzdem war es extrem schwer, ein Untergraben zu verhindern: Die Burgbewohner konnten Minen graben, um den feindlichen Stollen zu zerstören, oder Behelfsmauern errichten. Der beste Schutz jedoch war ein Wassergraben oder reines Felsgestein.

Manchmal gruben die Belagerer einen geschützten Graben in Richtung Mauer und Soldaten mit Pickeln stemmten Steinblöcke aus der Mauer. Rammböcke versuchten die Mauer zu zerstören, deren Stoßkraft jedoch von ausgestopften Säcken aufgefangen wurde, wie auch die Spitzen der Mauerbrecher von Greifern erfasst werden konnten. Die Soldaten an den Rammböcken wurden durch bewegliche Schilde geschützt, die Katzen, Säue oder Mäuse hießen und die mit rohen oder nassen Tierhäuten zum Schutz gegen brennende Pfeile bedeckt waren. Außerdem legten sie unter Feuerschutz einen Gang an, in dem sie sich bewegen konnten.

Auch Katapulte dienten der Zerstörung von Mauern. Diese Maschinen benutzten die Windungen des Seiles als Antrieb für den Wurfarm und funktionierten so ähnlich wie eine Wippe. Ihre Flugbahn war etwas ungenauer als die der im 12. Jahrhundert entwickelten Balliste.

Um das Katapult zu spannen, mussten mehrere Männer den Wurfarm mit Seilen niederhalten oder ein Gefäß mit Erde angefüllt werden. Moderne Experimente haben die Präzision dieser Maschinen bewiesen, die beständig die gleiche Stelle in der Mauer oder Umwallung beschießen konnten. Der Befehlsstand lag hinter hölzernen Schließklappen in der Festungsmauer.

Rechts: Mit der Seilwinde wird ein Katapult gespannt, um ein Wurfgeschoss abzufeuern.

Unten: Mit Hilfe eines ballistischen Bogens wurden große Pfeile abgeschossen. Mit der Schraube wurde der Pfeil gespannt, wenn die Sehne auf dem Auslöser lag.

Sturm und Abwehrfeuer

Der Balester ähnelte einem Bogen, war am Boden fixiert und konnte auch mehrere Männer auf einmal aufspießen. Die ersten Gewehre waren nur wenig wirkungsvoller. Die im 15. Jahrhundert verwendeten Kanonen wiederum schossen bis zu 150 kg schwere Steinkugeln auf den Feind.

Bei einem Sturmangriff mussten die Soldaten über die Mauern, es sei denn, es konnte eine

Bresche in die Mauer geschlagen werden. Hierzu befestigte man Leitern mit Haken an der Mauerkrone und mit Spießen am Boden. Dieser Vorgang glich einem Glücksspiel, denn die Verteidiger versuchten, die Leitern mit Forken umzuwerfen, und die Soldaten erreichten die Mauerkrone nur einzeln.

Der Belagerungsturm oder Wandelturm war eine gefürchtete Waffe. Gezimmerte Türme, höher als die Mauerkrone und voller Soldaten, konnten an die Burg gerollt werden und entließen Männer *en masse.* Diese Türme konnten unten Rammböcke und oben ein Katapult tragen.

Manche Belagerungstürme dienten einfach als Wachturm oder als Schießstand für Bogenschützen. Schwerfällig und eine Angriffsfläche für brennende Pfeile, wurden auch sie mit Tierhäuten bedeckt. Manche von ihnen fielen in die Gräben, die die Verteidiger vor der Burg gegraben hatten. Einem Turm der Kreuzfahrer wurde die Zugbrücke zerstört, ein anderer wurde in Brand gesetzt.

Die Verteidiger schossen mit Bögen durch Schießscharten in den Burgmauern und die Pfeile konnten hölzerne Schutzwände der Gegner durchschlagen. Torhäuser waren schwer befestigt, zuerst mit einem einzelnen Turm und später mit Zwillingstürmen, in denen die Soldaten lauerten. In der Decke des Durchgangs waren Löcher, durch die man Eindringlinge bewerfen, aber auch Feuer löschen konnte.

Auch die Zugbrücke funktionierte wie eine Schaukel: Schwere Gewichte zogen das innere Ende in eine Vertiefung, während die gegenüber liegende Seite aufwärts ging. Das Fallgatter, ein mit Eisen verkleidetes Holzgatter, konnte den Eingang rasch verschließen, speziell dann, wenn ein Ausfall misslungen war. Große Torhäuser besaßen mehrere Fallgatter und Tore.

Flankentürme versorgten die Bogenschützen mit einem besseren Überblick, während Bretterzäune durch vorstehende und auf Kragsteinen ruhende Wehrgänge ersetzt werden konnten. Pechnasen hingegen waren kostspielig und wurden meistens nur für Torhäuser und Türme verwendet.

Oben: Hölzerne Vorbauten erlaubten den Soldaten, sich außerhalb der Burgmauern zu positionieren, um Befehle zu erteilen. Durch Schlitze im Boden konnten sie mit den Bodentruppen kommunizieren.

Oben: Pechnasen entstanden durch vorspringende Zinnen, die auf steinernen Mauervorsprüngen auflagen. Zwischen diesen Konsolen hindurch konnte heißes Pech auf die Angreifer gegossen werden.

Oben: Dieses Katapult arbeitet mit einem Gegengewicht: Der Wurfarm wird hochgeschleudert, indem man das andere Ende mit Seilen oder wie hier mit einer Kiste mit Tonnen von Erde oder Steinen herunterzog.

Unten: Eine Bombarde kurz vor dem Abfeuern. Sie wird mit einer Steinkugel geladen.

Neue Befestigung der Burgen

Durch die Verwendung von Schießpulver mussten sich die Burgen den neuen Gefahren anpassen, die Mauern mussten die stärkere Feuerkraft abwehren. Aus Burgen wurden Festungen – Unterkünfte für Soldaten und nicht für Herrscher und Adel.

Die Entwicklung von Schusswaffen um 1326 hatte vorerst noch keinen großen Einfluss, doch einige Länder passten sich der Gefahr schneller an als andere. Italien und Frankreich änderten den Baustil Ende des 15. Jahrhunderts, früher als England. Vielerorts war die Einfügung von Schießscharten für Kanonen weit unten in den Mauern das einzige Zugeständnis.

Gegen Ende des 16. Jahrhunderts führten die Sehnsucht nach mehr Komfort und die ruhigeren Lebensbedingungen in Teilen Europas dazu, dass Herrscher und Adel die Burgen immer seltener besuchten. Die Schlösser Frankreichs zeigen deutlich diesen Wandel, der völlig auf Kosten der Verteidigungsanlagen ging.

Nun entstanden Festungen, die ganze Garnisonen beherbergten. Sie waren keine Residenzen mehr, sondern Heerlager – befestigte Baracken. Auch der Grundriss unterschied sich gravierend von den meisten Burgen: Niedrige Mauern mit davor liegenden breiten Erdwällen sollten Kanonenkugeln abhalten. Auch die Bollwerke waren breit und stark genug, um Kanonen zu tragen und den Rückstoß beim Abschuss auszuhalten.

Im 16. und 17. Jahrhundert entstand eine völlig neue Form der Befestigungsanlagen. Als erste Versuche wurden runde oder halbmondförmige Bastionen errichtet. Heinrich VIII. baute eine Reihe solcher Festungen entlang der Südküste von England, Pendennis in Cornwall ist ein typisches Beispiel. Bald jedoch wurde ein anderer Grundriss populär.

Dieser wurde zuerst von Micheli Sanmichele in Verona, Italien, um 1530 bis 1540 angewendet, dürfte jedoch aus dem östlichen Mittelmeerraum kommen. Das Bollwerk liegt in Richtung offenes Feld, die Winkel variieren, während die Flanken des Bollwerks im rechten Winkel zur Mauer stehen. Alle Verteidigungsanlagen waren aus Erde, mit einer Verkleidung aus Stein, Holz oder Ziegel.

Unten: Der in den 1540er Jahren von Heinrich VIII. erbaute Rundturm bei Pendennis mit seinen mehreckigen Verteidigungsmauern. Die beiden Hauptgeschosse dienten der Artillerie.

Verteidigungswinkel

1554, als der venezianische Ingenieur Giovanni Battista Zanchi sein Werk über Festungen schrieb, war die Sternform die übliche Form von Bastionen um Festungen und Städte. Zeitweilig wurde ein ähnlicher Baustil auch in den Überseekolonien in Asien und Amerika übernommen. In Europa entstanden diese neuen Festungen im Dreißigjährigen Krieg (1618–1648), in England waren die Bürgerkriege Anlass ihrer Errichtung.

In Frankreich hatten Mauern mit weniger als neun Seiten einen rechten Winkel zwischen der Front und der Flanke der Bastion und folglich einen spitzen Winkel zwischen der Mauer und der Flanke selbst, was eine Verteidigung der Front einer Bastion von der Flanke oder der nächsten Bastion erschwerte. Daher wurden im Graben Zangen oder Vorschanzen errichtet. Hatte die Anlage mehr als neun Seiten, stand die Flanke des Bollwerks im rechten Winkel zur Mauer.

Holländische Baumeister bevorzugten Bastionen dieser Art, mit senkrecht zur Mauer vorspringenden Verteidigungslinien. Die Distanz vom Fuß der einen Bastion bis zur nächsten war bei einer Verteidigung mit Musketen nicht größer als 200 m, bei Artillerie jedoch auch größer. Dieses Verteidigungssystem wurde, beeinflusst durch das Engagement in den Niederlanden unter Prinz Maurice, nach England importiert. Die Seiten der Bastionen aus dem Bürgerkrieg bildeten manchmal einen stumpfen Winkel, entweder auf Grund des Terrains oder, wie im Fall von Carisbrooke Castle auf der Isle of Wight, um die Vorderseite einer Bastion durch die Flanke der benachbarten Bastion zu schützen.

Oben: Die Burg Blaye befindet sich am gegenüberliegenden Ufer der Flussmündung, nicht weit von Bordeaux, Frankreich. Das Bild zeigt die Vorschanze (rechts), die durch eine Brücke mit dem Hauptteil der Burg verbunden ist.

Links: Castillo de San Marcos, zwischen 1672 und 1695 von den Spaniern zum Schutz von St. Augustine, Florida, erbaut, war die erste permanente Siedlung in den USA. Gewinkelte Eckbastionen erheben sich über den Burggraben; dahinter befindet sich das schützende Glacis. Der Graben wurde nur in Notsituationen mit Wasser gefüllt.

Runde und sternförmige Festungen

Runde Festungen wurden im 16. Jahrhundert von sternförmigen abgelöst.

Deal

Burg Deal, eigentlich eine Festung, liegt zwischen den nördlichen und südlichen Forelands von Kent in England. Heinrich VIII. erbaute dieses letzte und größte Küstenfort 1539, um den Süden vor Angriffen der katholischen Herrscher Frankreichs und des Heiligen Römischen Reichs zu schützen. Es lag zwischen zwei Ankerplätzen und konnte von seinem Platz aus die vor Anker liegende Flotte verteidigen.

Aus einem niedrigen runden Turm treten sechs halbkreisförmige Basteien hervor, die nur bis zum ersten Stock des Bergfrieds reichen. In der Mitte des Turms liegen ein Laternenraum und zwei Treppen. Alle Zinnen an Turm und Bastionen entstanden 1732 anstelle runder Brustwehren.

Eine niedrige Mauer umschließt die innere Verteidigungsanlage, wobei der Zwischenraum durch Kanonen und aus Schießscharten in den Bastionen verteidigt werden konnte. Vor dieser Mauer liegen wieder sechs Bastionen mit Schießscharten für Kanonen. Da die Kanonen auf den Mittelturm und beide Sets von Bastionen

Rechts: Die geräumigen Artillerieplattformen auf den Bastionen von Deal.

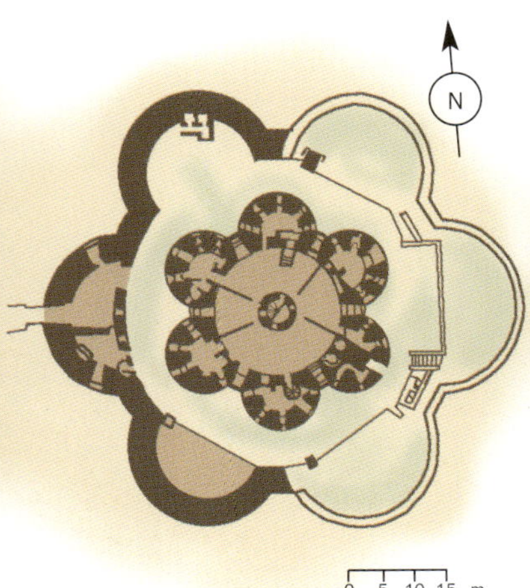

gehievt werden konnten, standen Angreifer hinter dem Graben vor fünf Geschützreihen.

Ursprünglich war die Festung mit einem Hauptmann und 24 Männern besetzt. Es besitzt eine Küche, Bäckerei, verschiedene Wohnräume und ein Warenlager im Kellergeschoss des Turms.

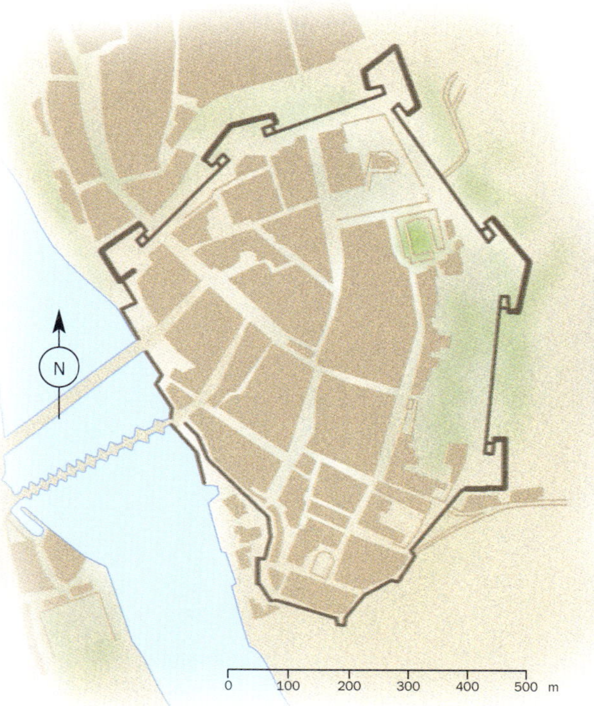

Berwick

Die mittelalterlichen Stadtmauern und die Burg von Berwick-upon-Tweed an der Ostküste der englisch-schottischen Grenze werden von den neuen Befestigungsanlagen überragt. 1522/23 errichtete Heinrich VIII. Befestigungen sowohl im Osten (Windmill Bulkwark) als auch entlang des Flusses (Bulkwark by the Sands); 1539–1542 fügte er eine steinerne Rundfestung (die später so genannte Lord's Mount) an der nordöstlichen Seite hinzu. Kleinere runde Kanonentürme wurden an Burg und Mauern angebaut.

Unter Edward VI. war der Bau einer quadratischen Festung im Osten der Stadt geplant worden. 1558 befahl Maria I., die Mauern und Burg aus dem Mittelalter durch Bastionen zu ersetzen, doch wurde diese Arbeit erst durch Elisabeth I. abgeschlossen.

Die Hauptmauern umschließen nur den südlichen Teil der Stadt und nicht die Burg im Nordwesten. Die 6 m hohe Steinmauer war mit Bastionen verstärkt. Die äußere Grabenböschung deckte das Mauerwerk, während der Weg der Wachtposten um die Bastionen von niedrigen Brustwehren bewacht wurde.

Oben: Festung St. Angelo auf der Landzunge am großen Hafen von La Valletta.

Links: Grundriss der Bastionen von Berwick-upon-Tweed.

La Valletta

Die Insel Malta mit ihrer Hauptstadt La Valletta wurde 1530 vom Johanniterorden übernommen. Die Johanniter verstärkten die Befestigungen der alten Hauptstadt Mdina im Landesinnern und der Hafenanlagen, erbauten die Festungen St. Angelo auf dem Vorgebirge von Birgu und St. Michael gleich daneben – verbunden durch eine Hafensperre und eine Schiffsbrücke. Die Sternfestung St. Elmo auf einem weiteren Vorgebirge im Nordwesten sollte die Einfahrt kontrollieren.

1565 griffen die Osmanen den Hafen an und errichteten ihre Artilleriestellungen an der Stelle des heutigen Valletta. Sie beschossen die Festung St. Elmo, die sich mit Griechischem Feuer, Flammenwerfern und heftigem Gegenfeuer tapfer wehrte. Als sie endlich fiel, soll Mustafa Pascha, der türkische Feldherr, ausgerufen haben: „Wenn uns ein so kleiner Sohn so teuer zu stehen kommt, was kostet dann der Vater?“ Der Großmeister soll mit den Köpfen gerade exekutierter türkischer Gefangener zurückgeschossen haben.

Ein Stollen brachte Teile der Mauern von Birgu zum Einsturz, doch die Ritter führten einen Gegenangriff durch und vernichteten den Belagerungsturm der Türken. Als Hilfstruppen aus Sizilien ankamen, mussten die Türken abziehen.

Rund um die Hauptstadt Valletta entstanden neue sternförmige Festungen. St. Elmo erhielt eine 18 bis 21 m breite Mauer und wurde vom Festland durch einen breiten Graben getrennt. Im Osten entstand die Festung Ricasoli und eine Inselfeste auf Manoel im Westen.

Festungen im 17. und 18. Jahrhundert

Die Festungen des 17. Jahrhunderts hatten die verschiedensten Formen. Einige Städte wurden von Mauern und Bastionen oder Festungsanlagen umgeben. Vorhandene Festungen wurden zusätzlich mit Bastionen und Bollwerken verstärkt; daneben wurden aber auch weitere einzeln stehende Festungen errichtet.

Ähnliche Festungen entstanden in den Kolonien: Fort James, 1755 von den Briten in Gambia erbaut, war nur eine der vielen Festungen an der afrikanischen Atlantikküste, die von den europäischen Nationen auf der Suche nach Gold, Elfenbein, Gewürzen und später Sklaven erbaut wurden. Gegen Ende des 18. Jahrhunderts hatten manche Festungen zwei Türme, waren mit 30 Kanonen bestückt und nahezu uneinnehmbar.

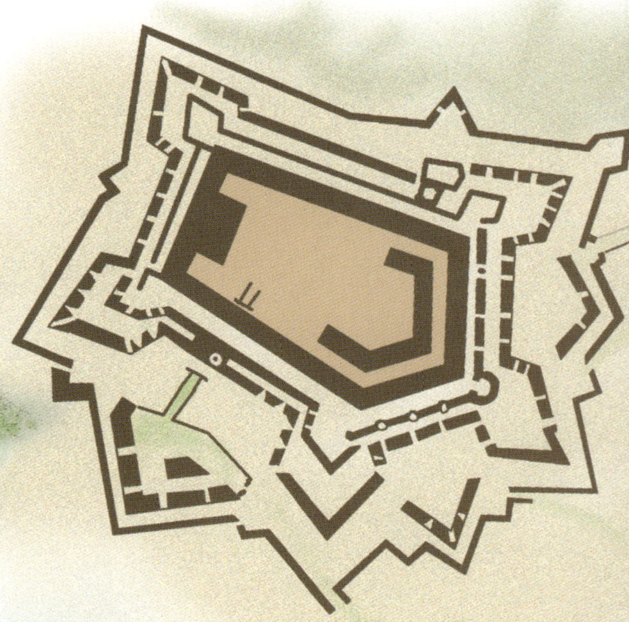

Grundriss und Rekonstruktion von Fort Bellegarde

Grundriss von Fort James, Gambia 1755

Fort Bellegarde

Die erste Festung auf dem Hang oberhalb von Le Perthus im Roussillon, Frankreich, legte 1285 Peter III., König von Aragon, an, um den Pass von Spanien nach Frankreich zu kontrollieren. 1674 erobert und wieder verloren, wurde 1678 nach Plänen von Marshal Vauban eine fünfeckige Festung anstelle der alten Burg erbaut.

Eine äußere Grabenböschung, fünf Bastionen, eine zweite Mauer und eine dritte Mauer, die die Rückseiten der Häuser im Inneren der Festung bildeten, machten die Festung fast uneinnehmbar. Sie enthielt Baracken für 600 Soldaten, eine Kapelle, Mühle, Bäckerei, Küchen und ein Spital.

Das Schießpulver lagerte in gelüfteten Räumen tief in den Bastionen und in den Gebäuden der dritten Verteidigungslinie. Warum eine der Bastionen der zweiten Linie rund ist, ist unbekannt. Hinter der Festung lagen zwei Schanzwerke und 150 m entfernt ein zweites Fort.

Spanische Truppen eroberten Bellegarde 1793, nach einer 34-tägigen Belagerung eroberten die Franzosen sie 1794 jedoch wieder zurück.

Fort George

Diese gut erhaltene Festung steht auf einer sandigen Landspitze am Moray Firth, 20 km nord-

Links: Die Artilleriebefestigung von Fort George.

östlich von Inverness in Schottland. 1748 nahm sie die Familie Adams unter Vertrag; sie wurde von William Skinner, Militäringenieur für Nordengland, entworfen, als nach dem Aufstand der Jakobiner 1746 für die Armee von Georg II. eine Basis gefunden werden musste. Die Bauarbeiten waren 1769 abgeschlossen.

Die Festung hat einen fünfeckigen Grundriss mit sechs Bastionen. Die Militärgebäude im Inneren sind intakt: Offiziers- und Mannschaftsunterkünfte, Munitions- und Vorratslager und die Kapelle. William Skinner wurde der erste Festungskommandant über 1600 Offiziere und Mannschaften und einer Artillerieeinheit. Die mächtige Festung wurde jedoch nie angegriffen.

Fort Ticonderoga

Am Lake George im Staate New York liegt die von den Franzosen zur Kontrolle des Sees 1755 erbaute Festung Carillon, die aus einem sternförmigen Erdwall und einer Blockhütte bestand. Die wirkungslose Verteidigungsanlage wurde durch eine kleine Festung, die Grenadier Redoubt, ersetzt.

Im Siebenjährigen Krieg (1758) hielten die Truppen des Marquis de Montcalm 15.000 britische Soldaten westlich der Festung fest. Eine massive Attacke (1759) verjagte die französischen Truppen und General Amhurst eroberte die Festung mit nur 16 Mann Verlusten und gab ihr den Namen Ticonderoga. Obgleich das Munitionslager gesprengt worden war, ließ Amhurst die Festung wieder aufbauen und im Norden die stärkere Festung bei Crown Point errichten.

Ethan Allen, Benedict Arnold und eine Gruppe Patrioten nahmen die Festung 1777 während der Revolutionskriege ein. George Washington und Benjamin Franklin gehörten zu den Besuchern des Forts.

Gemeinsam mit Mount Independence behinderte Ticonderoga 1776 die Invasion aus Kanada und hielt eine britische Streitmacht. Bereits 1777 wurde sie vom britischen General Burgoyne zurückerobert, doch noch im gleichen Jahr nach der Kapitulation von Saratoga verlassen und nie mehr mit einer Garnison besetzt.

Unten: Gewinkelte Eckbastionen flankieren das Eingangstor, das zum rechteckigen Place d'Armes von Fort Ticonderoga führt.

Der Wandel der Belagerungstechniken

Im 16. Jahrhundert veränderte sich der Ablauf einer Belagerung nicht grundsätzlich, obwohl sich die Waffen weiterentwickelt hatten. Steinkugeln wurden durch Eisenkugeln abgelöst und die Kanonen von mit Erde gefüllten Körben geschützt. Die Katapulte verschwanden. Seit dem 15. Jahrhundert wurden Stollen unter den Mauern wie auch Tore mit Schießpulver statt mit Feuer zum Einsturz gebracht. Leuchtgeschosse erleuchteten die Gegend und Kartätschen schleuderten ihren Inhalt über eine weite Fläche. Mörser und Haubitzen mit einer hohen Flugbahn wurden üblich.

Menno de Coehoorn (1641 bis 1704) war ein niederländischer Ingenieur. Er verstärkte 1691 die Zitadelle in Namur in Belgien, verteidigte sie im nächsten Jahr und eroberte sie 1695. Coehoorn nahm sie im Sturm und schickte seine besten Truppen durch die Mauerbreschen, die massive Artillerie geschlagen hatte, vor allem die von ihm erfundenen Miniaturmörser. Als Verteidigungsmaßnahme lehnte er große Außenwerke und Schutzwälle nach französischem Vorbild ab, denn sie waren teuer und leicht zu erkennen. Er bevorzugte verdeckte Feuerstöße von den Schanzen, kleine Schutzwälle aus Erde, mit Bastionen verstärkte Flanken und einen Sammelort für seine Truppen vor einer Gegenattacke. Er ließ abwechselnd Wassergräben und trockene Gräben graben, letztere bis knapp über den Grundwasserspiegel, sodass Belagerer Erde heranschaffen mussten, um sie zu queren – beim Abgraben wären sie überflutet worden.

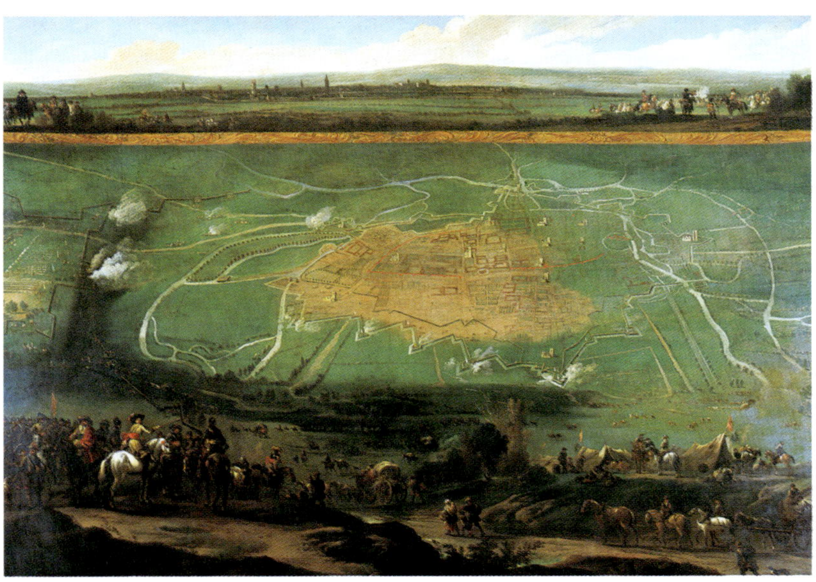

Oben: Die Belagerung von Namur, 1692, dargestellt von Martin Jean-Baptiste le Vieux.

Unten: Die Belagerung von Oxford, 1645, dargestellt von Jan Wyck.

In Frankreich wurde das geschickte Vorgehen von Marshal Vauban (1633–1707) erkannt, der als Annäherungsmethode im Zickzack angelegte Schützengräben dem freien Feld vorzog. Solche Gräben beschützten seine Männer, hinderten die Artillerie daran, einen Graben zu bestreichen, und beschränkten die Wucht der Druckwellen. Am Ende dieses Grabens führte ein weiterer entlang der feindlichen Mauern. Schanzkörbe schützten die grabenden Soldaten. Mit den Gräben konnte auch Artillerie dichter an die feindliche Festung gebracht werden. Die Kanonen konzentrierten dann ihr Feuer auf wenige ausgesuchte Stellen.

Standard und hohe Kosten

Vauban verwendete den Reichtum Frankreichs, um zu 160 Festungen und Städte zu errichten oder neu zu befestigen. In der Verteidigung vertraute er auf Artillerie, meist auf 18- und 12-Pfünder. Um das Außenwerk von feindlichen Soldaten zu „säubern“, ließ er mit Mörsern große Steinhaufen abfeuern.

Vaubans Bastionen waren weniger spitz als die holländischen, aber auch nicht so stumpf und bullig wie die italienischen. Die Flanken waren manchmal gerade, andere wiederum zurückweichend und konkav oder mit Mauervorsprüngen versehen. Alte Festungen wurden nicht einfach zerstört, denn oft musste nur eine Zitadelle errichtet oder eine Brustwehr angefügt werden.

Sein zweites System umfasste hohle, mit Schießscharten versehene Steintürme mit Bastionen, die nach dem Verlust der Festung noch gehalten werden konnten, wie in Besançon. Sein drittes Modell waren die mit Kasematten verse-

henen Vorschanzen und die Zurücknahme des Zentrums des Mauerkranzes, um beiderseits der Bastionstürme Flanken zu erhalten.

Der Schwede Erik Dahlberg (1625–1703) war der dritte große Festungsbaumeister. Sein „Markenzeichen" war ein mehrstöckiger Turm mit Kasematten, der als Insel-Geschützstellung, als Hügelfeste oder als Bergfried dienen konnte.

Vaubans Werk wurde von Herrschern des 18. Jahrhunderts wie Friedrich der Große verdaut und wiedergekäut. Die hohen Kosten stellten jedoch bald die Frage nach der Notwendigkeit ständiger Verteidigungsstellungen. 1776 brachte Marc-René, Marquis de Montalbert, ein Werk heraus, das weitreichende Prinzipien vertrat: Für eine Verteidigung waren viele Kanonen notwendig und die gezackten Bastiontrassen sollten durch eine lange Mauer mit Kasematten und einem großen dreistöckigen und vorspringenden Turm ersetzt werden. Dieses „polygonale" System ließe sich jeder Bodenform besser anpassen. Nahezu ganz Nordeuropa und im Besonderen Deutschland übernahm die Idee, nur Frankreich lehnte den neuen Baustil ab.

Oben: Die Belagerung von La Rochelle, 10. August bis 12. Oktober 1628, auf einem Gemälde eines unbekannten Künstlers des 17. Jahrhunderts nach einem Stich von Jacques Caillot.

Romantische Ruinen und Festungen des 19. Jahrhunderts

Oben: Die äußere Kalksteinschicht verbirgt die Ziegelmauern des romantischen Schlosses Neuschwanstein.

Viele Burgen verfielen im 19. Jahrhundert oder dienten als Steinbruch. Burgen galten als Symbole für Unterdrückung und Kerker, was auf die Dichter des 19. Jahrhunderts zurückzuführen ist. Tatsächlich waren einige ein Gefängnis. Aber sie förderten auch nostalgische Gefühle, Sehnsucht nach einer Welt voll Frieden und Ordnung. Reiche Männer ließen sich eine neue alte Burg bauen – doch die Realität des Krieges spielte sich weiter in unromantischen Festungen ab.

Mitte des 19. Jahrhunderts war in Europa das polygonale Fort üblich. Billiger und kompakter als die früheren Basteien, konnte es seine gesamte Feuerkraft auf den Feind richten, dabei ein weites Feld bestreichen, während die Besatzung von Geschützposten in der Steilmauer aus den Gegner beschoss. Einzelne Festungen innerhalb einer ganzen Reihe von Anlagen zum Schutz der Flanken konnten die gleiche Wirkung erzielen wie lange Mauern um eine Stadt.

Die altmodischen französischen Festungen wurden im Deutsch-Französischen Krieg von 1870 schwer erschüttert und errichteten schnell Schanzen nach deutschem Vorbild. Einige Ringfestungen in Westeuropa waren von enormer Größe – Antwerpen hatte 1898 106 km Umfang.

Neuschwanstein

Dieses beeindruckende Schloss thront über der Pöllatschlucht in den Bayrischen Alpen. König Ludwig II., der im nahe gelegenen Schloss Hohenschwangau als weltfremder Träumer aufgewachsen war, begann den Bau 1869. Bei seinem Tod 1886 war das Schloss unvollendet.

Das Innere verfügte über die damals modernste Technik: fließendes Wasser und WCs in allen Etagen, heißes Wasser für Bad und Küche und eine Heißluftheizung. Eine 200 m oberhalb des Schlosses gelegene Quelle lieferte Trinkwasser.

Eine Verkleidung mit Kalksteinblöcken verbirgt die Ziegelmauern. Ludwig selbst entwarf Teile der Inneneinrichtung: Der zweistöckige Thronsaal wurde als Parzivals Halle des Heiligen Gral mit einer byzantinisch inspirierten Kuppel im Stil der Hagia Sophia in Kostantinopel angelegt. Die Räume des dritten Stocks stellen die Legenden dar, die Ludwigs Günstling Richard Wagner inspirierten. – Neuschwanstein selbst inspirierte das Dornröschenschloss in Disneyland.

Fort Nelson

Die Festung liegt in Hampshire in England. Ihr Bau wurde 1860 begonnen, als die Angst vor der

Rechts: Das landeinwärts gerichtete Fort Nelson mit dem spitzen Redan im Vordergrund. Die äußeren beiden der drei weißen Dächer sind Überreste von zehn Flak-Munitionslagern aus dem Zweiten Weltkrieg.

französischen Bedrohung am größten war, und entspricht dem deutschen Baustil. Sie ist polygonal und eine von mehreren Festungen rund um den Hafen von Portsmouth.

Die Mauer im Norden ist mit Pfeilspitzen besetzt; die Baracken liegen im Süden und sind mit Erde bedeckt; Stollen erlauben einen sicheren Zugang. Das Munitionslager liegt versteckt unter dem Paradeplatz. Die Bewaffnung bestand aus schweren Kanonen und Mörsern sowie Gewehren für die seitliche Verteidigung.

Als die Festung 1871 fertig war, hatte die Geschichte sie bereits überholt: Die Gefahr durch die Franzosen war vorbei. Nun diente sie der Armee für Manöver, bis die Festung im frühen 20. Jahrhundert abgerüstet wurde. Während des Ersten Weltkriegs wurde sie als Transitlager verwendet und im Zweiten Weltkrieg als Flakmagazin und Geschütz. Nach dem Krieg verfiel die Festung, doch seit 1988 ist sie an die Königlichen Streitkräfte zur Verwendung als Artilleriemuseum vermietet.

Hearst Castle

Auf einer Felsnase oberhalb der San Simeon Bay auf halber Strecke zwischen San Francisco und Los Angeles in Kalifornien liegt 8 km landeinwärts Hearst Castle. Es ist das Werk des amerikanischen Millionärs William Randolph Hearst und heißt „La Cuesta Encantada" (der Zauberberg). 1922 begannen die Arbeiten, und ein riesiges Team von Designern und Arbeitern brauchte drei Jahre, um den Hauptbau, die Casa Grande, fertigzustellen, eine Residenz wie im Mittelmeerraum. Bis 1947 wurde an Erweiterungen gearbeitet.

Die Absolventin der École des Beaux Arts in Paris, Julia Morgan, arbeitete mit Hearst am Entwurf, der Elemente verschiedener Zeiten und Stile vereint, die meist aus Südeuropa stammen, jedoch mit modernen Materialien wie Eisen, Stahl und Zement realisiert wurden. Das Material lagerte im Hafen von San Simeon, ehe es den Berg hinaufgehievt werden konnte, gemeinsam mit Hearsts Kunstschätzen, bis das Haus bereit war, sie aufzunehmen.

Die Gästehäuser waren zuerst fertig – die Casa del Mar, die Casa del Monte und die Casa del Sol, die im Stil der italienischen Renaissance erbaut sind. Die Dimensionen sind großzügig: Die Casa del Sol zum Beispiel enthält 18 Zimmer, darunter vier Schlafzimmer und vier Bäder. Als das Haupthaus fertig war, enthielt es 130 Zimmer. Im Versammlungsraum im Erdgeschoss sollten sich Hearsts Besucher versammeln können.

Hearst war ein Pionier der Produktion von Wochenschauen und Filmen, und die Casa Grande verfügt daher – ebenfalls im Erdgeschoss – über ein Filmtheater. Hier befinden sich auch der Speisesaal und ein Billardzimmer. Hearsts Privatsuite und Arbeitszimmer – im Stil der Gotik gehalten – erstreckten sich über den gesamten dritten Stock.

Die oberen Stockwerke enthalten auch eine Küche. Dazu kommt eine Dogensuite, die in „italienischem Stil" angelegt wurde und einen Balkon enthält, der an den Dogenpalast in Venedig erinnert. Vier Klosterzellen schließen an einen offenen Gang an. Die Bibliothek beherbergt 5000 Bände und eine wichtige Sammlung griechischer Vasen. Das Schloss enthält auch Teile von Hearsts Sammlungen von Silber, Möbeln, Antiquitäten, Gemälden, Kunsthandwerk, Skulpturen, Tapisserien, Textilien und Orientteppichen.

Zuletzt wurden unterirdische Lagerräume angelegt. Selbst in den Glockentürmen gibt es Schlafzimmer. Die wunderbaren Gartenanlagen enthalten Wasserbecken und Marmorstatuen.

Hearst starb 1951. Er hatte fünf Söhne.

Unten: Die Casa Grande dominiert den Gebäudekomplex von Hearst Castle, Kalifornien.

Forts in den USA

Rechts: Zeichnung nach einer Fotografie des 1862 in Nevada erbauten Fort Ruby.

Das Nordamerika des 19. Jahrhunderts war Schauplatz zweier sehr unterschiedlicher Konflikte: Die Stein- und Ziegelmauern des Sezessionskriegs wurden angesichts immer stärkerer Artillerie ersetzt oder mit breiten Erdwällen zusätzlich geschützt, um die Wucht von Kanonenkugeln und Granaten abzufangen.

Der Konflikt mit den nordamerikanischen Indianern wiederum beruhte auf dem unentwegten Vordringen weißer Siedler und Soldaten nach Westen in indianisches Gebiet. Die Forts der Soldaten im Westen waren meist aus Holz oder aus Luftziegeln und reichten von primitivsten Holzhütten bis zu einer Anzahl von Gebäuden mit etwas mehr Komfort für die Soldaten.

Fort Sumter

Das Fort aus dem Jahr 1829 steht auf einer Insel am Eingang zum Hafen von Charleston und verdankt seinen Namen dem Kriegshelden aus den Revolutionskriegen. Vier Seiten seiner 1,5 m dicken Mauern konnten drei Reihen Kanonen mit Kasematten aufnehmen, während an der fünften Seite – mit den Quartieren der Offiziere – nur die dritte Reihe weiterlief. Insgesamt lagerten 135 Kanonen und 650 Männer im Fort Sumter.

Anfang 1861 war das Fort noch im Bau, als die Südstaatler die Evakuierung der Unionstruppen unter Major Robert Anderson verlangten. Präsident Lincoln sandte zwar Verstärkung, doch die Konföderierten eröffneten am 12. April das Feuer. Der schwere Beschuss zwang Major Anderson letztendlich zur Aufgabe. Der Bürgerkrieg hatte begonnen.

Vom April 1863 bis Januar 1865 beschossen die Unionstruppen das Fort mit mehr als drei Millionen Kilo Metall, doch wurde es erst evakuiert, als die Unionstruppen vorrückten. 1948 wurde Fort Sumter zum amerikanischen Nationaldenkmal erklärt.

Unten: Luftansicht von Fort Sumter, wie es heute aussieht.

Fort Fisher

Die Südstaatler erbauten Fort Fisher 1861 auf einer Landzunge im Fluss Cape Fear in North Carolina, um Wilmington zu schützen und die Schiffe der Union fernzuhalten. Bis Juli 1862 waren etwa 24 Kanonen im Fort stationiert. Colonel William Lamb verstärkte unter dem Eindruck des Malakoffturms bei Sewastopol auf der Krim die Verteidigungsanlagen. Dabei kamen großteils Sand und Erde zum Einsatz.

1865 war die Verteidigungslinie meerseitig 1,6 km lang, mit 22 Kanonen in 3,7 m hohen Geschützstellungen und 13,7 und 18,3 m hohen Batterien an der Südseite. Ein kleiner Hügel wurde ein bombensicheres Lazarett, ein anderer eine Telegrafenstation. Die landeinwärts gerichteten Linien mit 2,70 m hohen Palisaden erstreckten sich über 500 m und waren mit 25 Kanonen bestückt. Unter 10 m hohen Erdhügeln befanden sich bombensichere Räume, die Pulvermagazine und ein unterirdischer Gang.

Der Angriff der Unionstruppen im Dezember 1864 schlug fehl, doch der zweite Versuch am 12. Januar 1865, mit einer Flotte unter dem Kommando von David Dixon Porter und mit 8000 Infanteristen, endete drei Tage später mit der Kapitulation des Forts. Nur einige Rekonstruktionen erinnern noch an die Anlage.

Oben: Bei Fort Robinson stationierte Soldaten posieren 1898 für ein Foto.

Links: Eine einzelne Kanone unterhalb der Konföderierten-Flagge markiert die mageren Überreste von Fort Fisher.

Fort Robinson

Aufgabe der Soldaten des 1874 errichteten Camps war die Sicherheit der Red Cloud Agency und die Bewachung des Sidney-Deadwood-Siedlerzugs zu den Gebieten der Black Hills. Der Häuptling der Sioux, Crazy Horse, ergab sich im Mai 1877 und wurde am 5. September bei einem Handgemenge ermordet, als die Soldaten ihn in die Arrestzelle sperren wollten. Die Agentur zog aus und das Camp wurde 1878 wieder als Fort bezeichnet.

Die Einführung des Schienenverkehrs 1880 ermöglichte schnelle Truppentransporte, sodass sich das Fort zu einem Armeeposten entwickelte und Fort Laramie an Wichtigkeit weit übertraf. 1885 zogen die ersten afrikanisch-amerikanischen Soldaten der Neunten Kavallerie ein. 1919 wurde das Fort zur Pferdestation für die Kavallerie.

1942 diente das Fort als Hundetrainingslager und nur ein Jahr später als Kriegsgefangenenlager. 1948 war die Aufgabe des Forts als Militärposten zu Ende.

Blockhäuser und Bunker

Der ungeheuren Macht der Artillerie im 20. Jahrhundert waren Festungen nicht mehr gewachsen. Auch die Bedrohung aus der Luft musste beantwortet werden. Im Ersten Weltkrieg schützten sich die Soldaten an der Westfront in Frankreich und Belgien mit einem Stollensystem und unterirdischen Bunkern, die zusätzlich mit Holz und Sandsäcken geschützt waren.

Auch die Festungen „versanken" in die Erde. Sie wurden eine unterirdische Welt für Soldaten und standen nur über Funk miteinander in Verbindung. Auf der Oberfläche verbreitete das Artilleriefeuer Angst und Schrecken. Mit Unmengen von Beton, vermischt mit Sand, begegnete man der Gefahr der Druckwellen der explodierenden Geschosse. Auch für die Bettung mancher Kanonen wurde Beton verwendet.

Die Siegfried-Linie, ein System aus Bollwerken und Bunkern aus den 30er-Jahren an der deutschen Westgrenze, hielt das Vordringen der Amerikaner von 1944 eine Zeit lang auf und gab den sich zurückziehenden Deutschen bis zum Frühjahr des nächsten Jahres Aufschub. Sogar am Grund des Ärmelkanals wurden Stützpunkte befestigt; sie dienten als Flugabwehrbatterien.

Mit Ende des Zweiten Weltkriegs waren die Kanonen in den Festungen überholt und Lenkraketen und Flugzeuge bestimmen die Schrecken des Krieges. Die „Star-Wars"-Technologie verlegt das Kriegsgebiet in das Weltall, wo Frühwarnsysteme, Teleskope und Satelliten Fernlenkwaffen beider Seiten aufspüren sollten.

Unten: Ein vereinfachter Querschnitt eines typischen *gros ouvrage* (Forts) der Maginot-Linie von 1930, der die Bandbreite der französischen Verteidigungslinie zeigen soll.

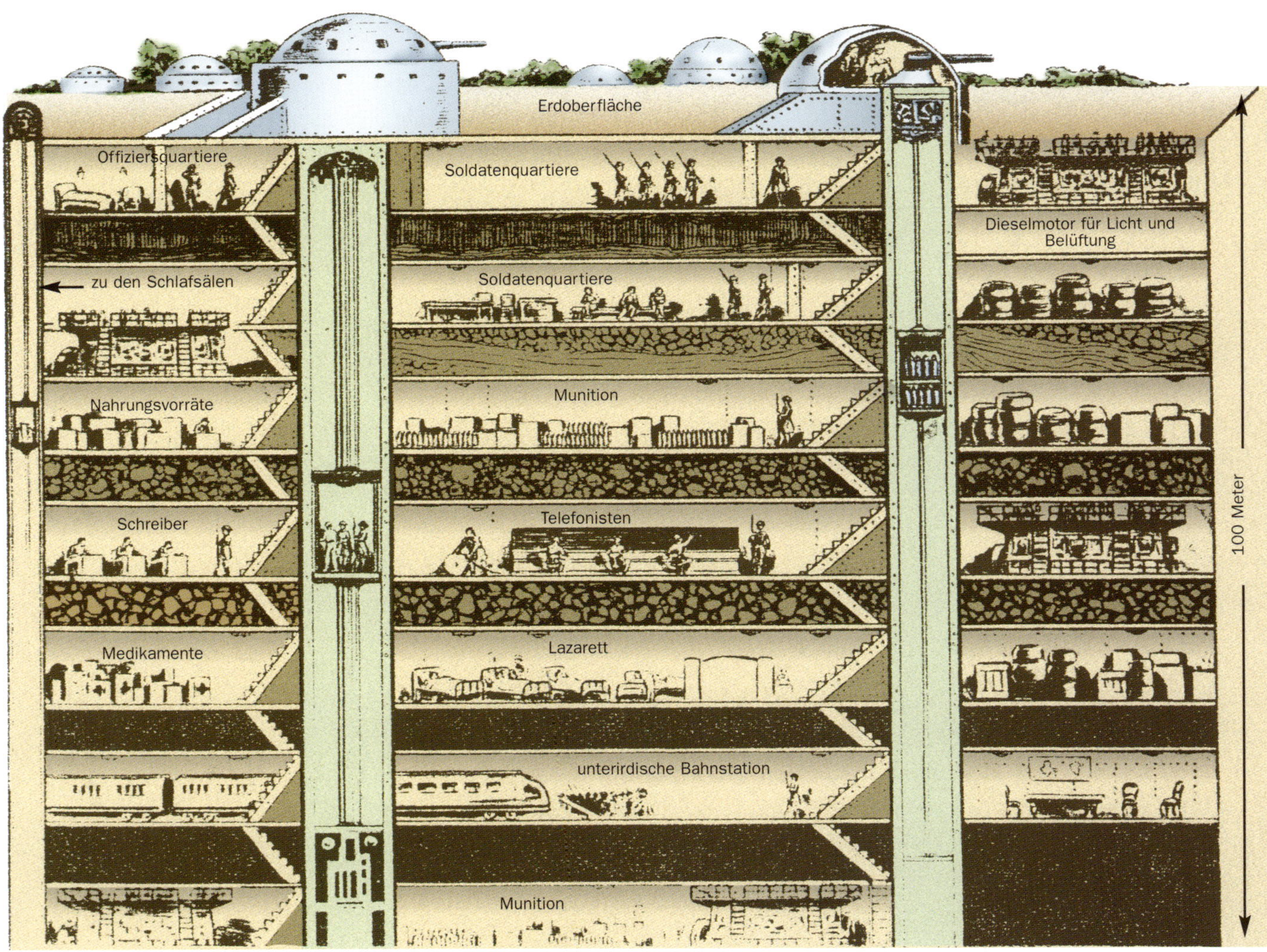

Die Maginot-Linie

Der französische Kriegsminister André Maginot entwarf die in den 30er-Jahren entlang der französisch-deutschen Grenze im Nordosten Frankreichs erbaute Abwehrlinie. Da einige Festungen des Ersten Weltkrieges den Angriffen standgehalten hatten, wurde eine ähnliche Bauweise als Grundlage genommen.

58 große Festungen *(gros ouvrages)* und fast 400 Blockhäuser *(petits ouvrages)* sind miteinander verbunden. Es gab Gräben und in die Erde gerammte Eisenschienen als Maßnahmen der Panzerabwehr, während Maschinengewehrfeuer das Vordringen der Infanterie abhalten sollte. Artilleriegeschütze mit einer wesentlich stärkeren Feuerkraft wurden unter stählernen Kuppeln in einem Betonbett verankert.

Oben: Eingang eines *gros ouvrage* der Maginot-Linie (Casemate 353) im Elsass.

Unten links: Blockhaus *(petit ouvrage)* in der Nähe von Menton.

Die Betondecken nahmen an Stärke zu, während sich ca. 800 m hinter der Linie und rund 20 bis 30 m unter der Erde ein Netz von Quartieren und Warenlagern befand. Eigene E-Werke erzeugten Strom für die Frischluftzufuhr, Licht, Munitionswagen und für einen Zug, der die einzelnen Stationen der Linie verband, um einen schnellen Truppentransport zu gewährleisten.

Die Maginot-Linie erstreckte sich aber nicht entlang der Grenze zu Belgien, sodass die Deutschen am 12. Mai 1940 die Linie umgehen konnten und am nördlichen Ende bei Sedan mit ihren Panzern durch die Wälder der Ardennen brechen konnten. Trotz tapferen Widerstands in den Festungen mussten die Franzosen aufgeben.

Atombunker

Die Gefahr eines nuklearen Angriffs veranlasste einige Länder, unterirdische Bunker zu errichten, von denen aus die Regierungen auch weiterhin operieren könnten, brachte aber auch die Frage mit sich, wer zu den Auserwählten gehören würde und wer der Vernichtung preisgegeben werden sollte. Von diesen, oft in den Bergen errichteten Regierungsbunkern lassen sich die Ziele der feindlichen Langstreckenlenkwaffen feststellen und Vergeltungsmaßnahmen anordnen.

In diesen Bunkern sind auch gewisse Bequemlichkeiten eingeplant, denn der nukleare Regen verbietet ein Verlassen der Bunker auch nach dem Ende eines Angriffs, es sei denn, man ist mit einer speziellen Sicherheitsbekleidung ausgerüstet. Die Bunker benötigen bleiverkleidete Türen, entsprechende Warenlager und Wiederaufbereitungsanlagen für Wasser und Luft, da die Außenwelt kontaminiert sein würde.

Burgen heute

Viele Burgen und Festungen bestehen heute noch, trotz der Anstrengungen von Katapulten, Panzern, Bomben, Stollen, Feuer, Dieben und „enthusiastischen" Restaurateuren.

Oben: Fast symbolisch für das britische Königshaus wurde 1992 über ein Fünftel des Schlosses Windsor in einem Feuer zerstört. 1997 war es zur Gänze restauriert. Auch heute noch ist das Schloss eine beliebte Touristenattraktion.

Nachdem ihre Aufgabe als militärische und administrative Zentren beendet war, erhielten die Burgen neue Verwendungen ganz nach den Wünschen ihrer Besitzer, als Privatwohnungen, Büros, Garnisonen (oft mehr aus traditionellen Gründen) und bis vor kurzem auch als Gefängnis. Manche gut erhaltene Burgen, aber auch Ruinen, bilden den Hintergrund für Filmszenen, Kostümdramen und Theateraufführungen historischer Ereignisse am Originalschauplatz, um diesen zu bewerben.

Windsor

Diese berühmte Touristenattraktion steht auf einem Kreidefelsen oberhalb der Themse. Bereits Wilhelm der Eroberer begann mit dem Bau, der heute noch als königliche Residenz verwendet wird. Ursprünglich als Erdhügelburg mit Vorhof erbaut, hat Windsor heute zwei Burghöfe mit einer im Zentrum liegenden Motte.

Der Runde Turm, ein steinerner Bergfried, entstand kurz nach Baubeginn unter Heinrich II. (1154–1189) auf der Motte, und Edward III. (1327–1377) fügte im 14. Jahrhundert noch weitere Innengebäude an. Unter Georg IV. (1820 bis 1830) wurde der Bergfried aufgestockt, erhielt Stützen und Brustwehren, während die Staatsgemächer an der Nordseite des oberen Burghofs mit der Einrichtung für Karl II. renoviert wurden. Weitere Renovierungsarbeiten unternahm Königin Viktoria.

Windsor enthält viele wertvolle Kunstobjekte, wie auch das entzückende Puppenhaus für Königin Mary aus den 1920er-Jahren. Die St.-Georgs-Kapelle aus dem Jahr 1475 beherbergt nicht nur die Gräber von Heinrich VI., Edward IV., Heinrich VIII., Karl I., Georg III., Georg IV., Wilhelm IV., Edward VII., Georg V. und Georg VI., sondern ist zugleich die Kapelle des Hosenbandordens und wird für Einsetzungen neuer Ritter verwendet, deren Wappen und Banner das Innere auskleiden. Die angrenzende Albert-Memorial-Kapelle stammt aus dem Jahr 1870. Edward VIII. liegt im Windsor Home Park begraben und Königin Viktoria in einem Mausoleum in Frogmore, Windsor.

Blair

Die Burg im Strath of Garry liegt an der Straße Peth–Inverness mitten im schottischen Hochland und ist Privatbesitz des Herzogs von Atholl.

Die erste Burg dürfte John Comyn 1269 begonnen haben; sie war aber bis 1457 im Besitz der englischen Könige und wurde dann Sir John Stewart von Balvenie, Halbbruder von James II. und Ahnherr des jetzigen Herzogs, übergeben.

Der Hauptturm wurde 1869 restauriert. Bereits im 16. Jahrhundert wurde Blair um mehrere Säle vergrößert. Beim Jakobineraufstand 1745

Links: Wegen ihrer bedeutenden Rolle als Hochsicherheitsgefängnis im Zweiten Weltkrieg, und wegen der zahlreichen Verfilmungen diverser Ausbruchsversuche ist die Burg Colditz heute eine Touristenattraktion.

kehrte Lord George Murray zu seinem Besitz zurück, den hannoveranische Truppen erobert hatten, und belagerte ihn – die Belagerung einer Burg Englands. Sein Bruder, der zweite Herzog, änderte die Burg im georgianischen Stil. Dem Herzog von Atholl wurde die Auszeichnung verliehen, als einzige Privatperson in England eine Privatarmee halten zu dürfen.

Colditz

Die schroffe Burg sitzt hoch oben auf einem steilen Hügel und überblickt die Stadt Colditz an der Mulde in Sachsen, etwa 48 km südöstlich von Leipzig. Die ehemalige Residenz sächsischer Könige wurde im 15. Jahrhundert nach den Hussitenkriegen wieder aufgebaut, 1939 ein Kriegsgefangenenlager und ein Jahr später ein Hochsicherheitsgefängnis, aus dem trotzdem 32 alliierte Gefangene fliehen konnten.

Grundriss der Burg von Colditz im Zweiten Weltkrieg

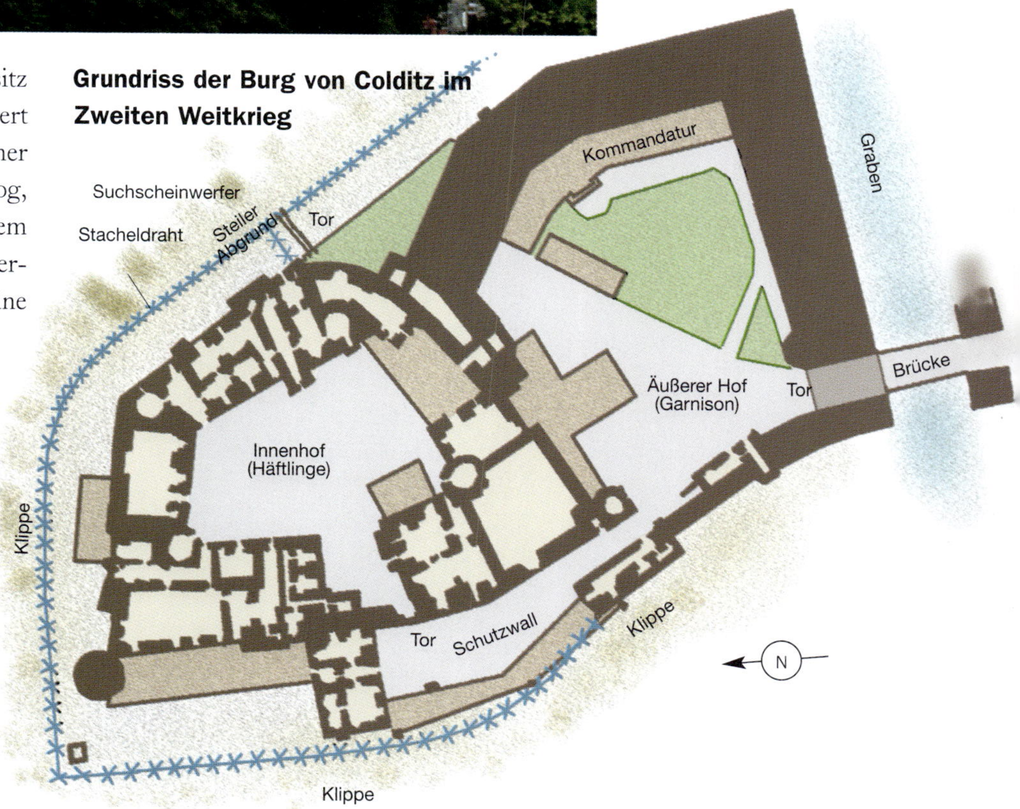

Links: So stellt man sich eine prunkvolle Burg im schottischen Hochland vor – das mit vielen runden Türmchen verzierte Blair.

Glossar

Armbrust: Bogen mit einer Sehne und einem Schaft mit Kolben. Mit ihr wurden Pfeile und später auch Kugeln verschossen

Außenwerk: Der Hauptverteidigungsanlage vorgelagerte zusätzliche Befestigungen

Bastion: Vorspringende Festungsmauern – Bollwerk

Belagerungsturm: Ein Holzgestell, einem Turm ähnlich, das an die Burgmauer gerollt wurde. Die Zugbrücke des Belagerungsturms wurde zum Wehrgang der Burg heruntergelassen und die im Turm versteckten Soldaten stürmten die Burg

Bergfried: Ein stark befestigter Turm mit zentraler Verteidigungsfunktion und letzte Zufluchtsstätte der Burgbewohner. Im Bergfried befanden sich auch die wichtigsten Räumlichkeiten und meistens ein Brunnen. Später trat die Verteidigung in den Hintergrund und Komfort wurde wichtiger

Brustwehr: Brusthohe Schutzvorrichtung aus Stein, Ziegeln oder Holz auf der Burgmauer

Burggraben: Ein trockener oder mit Wasser gefüllter Graben, der den Zugang zur Burg erschwerte

Donjon: siehe Bergfried

Fallgatter: Holzgatter, meistens mit Eisen bewehrt, die im Torgang heruntergelassen werden konnten und so den Eingang zusätzlich verschlossen

Feudalherrschaft: Alle Herrschaftsfunktionen werden von der über den Grundbesitz und die darauf arbeitenden Menschen verfügenden aristokratischen Oberschicht ausgeübt

Ganerbenburg: Eine Burg im Besitz mehrerer Eigentürmer, z. B. mehrerer Linien einer adeligen Familie

Haubitze: Wie Mörser – gehören zu der Gruppe der Steilfeuergeschütze, jedoch mit einem Schusswinkel von 45 Grad aufwärts

Kanonen: Gehört zu der Gruppe der Steilfeuergeschütze mit einem Schusswinkel von 45 Grad abwärts

Kasematte: Ein gegen feindlichen Beschuss gesicherter Platz

Kastellan: Burgverwalter

Katapult: Eine Wurfvorrichtung, mit der Steine, Unrat, aber auch brennendes Pech in das Innere der Burg geschleudert wurden

Kragsteine: Stützen – Steine, die aus dem Mauerwerk ragen. Auskragende Holzbalken trugen oft den Wehrgang

Mörser: Siehe Haubitze

Motte: Ein künstlicher Erdhügel, umgeben von einer Mauer oder einer Palisade, auf dem ein Turm errichtet wurde

Mudéjar: Dekorationen in Stein, die von maurischen Steinmetzen gearbeitet wurden

Palas: Hauptgebäude einer Burg, speziell wenn die Wohn- und Verwaltungsräumlichkeiten aus dem Bergfried ausgelagert wurden

Palisade: Ein Zaun aus dicht nebeneinander in die Erde gerammten Pfählen

Pechnase: Öffnung in der Mauer, ähnlich eines kleinen Erkers, durch die siedendes Pech, Unrat, siedendes Wasser, brennende Strohbüschel o. ä. auf die Angreifer gegossen wurde

Rammbock: Eine Art Stamm, dessen Spitze verstärkt ist und mit dem die Mauern oder die Tore gerammt wurden

Randhausburgen: Die um den Burghof liegenden Häuser verstärken (oder ersetzen) die Burgmauer

Ritter: Ein adliger Junge, der das Kriegshandwerk erlernte und durch den „Ritterschlag" in den Ritterstand aufgenommen wurde

Schießscharte: Verdeckte Öffnungen in der Mauer, hinter denen die Schützen Stellung beziehen konnten

Turnier: Ritter in voller Rüstung und auf Pferden traten gegeneinander an und mussten sich mit einer Lanze vom Pferd stoßen. Der Sieger wurde im „K.-o.-System" ermittelt und erhielt eine Siegesprämie

Wandelturm: Siehe Belagerungsturm

Wasserburgen: Liegen inmitten eines künstlich angelegten oder natürlichen Sees

Wehrgang: Geschützter und oft überdachter Gang an der Mauer, vom dem aus die Soldaten den Feind bekämpfen konnten

Wohnturm: siehe Bergfried

Zinnen: Zahnartige Aussparungen auf der Burgmauer, durch deren Lücken die Soldaten Pfeile abschießen oder aus Geschützen feuern konnten

Zisterne: Wasserreservoir – sammelt Regenwasser

Zugbrücke: Brücke über einen Graben, die vom Inneren der Burg mit Seilen und später mit Ketten hochgezogen werden konnte

Zwinger: Der Raum zwischen zwei Mauern. Oft wurden zur Abschreckung scharfe Hunde und wilde Bären im Zwinger gehalten

Register